只要天没塌，一切都会好的

钢铁大王卡内基自传

[美国] 卡内基 ◎ 著
Andrew Carnegie

郑娟娟 ◎ 译

图书在版编目（CIP）数据

只要天没塌，一切都会好的：钢铁大王卡内基自传 / （美）卡内基（Carnegie, A.）著；郑娟娟译. — 南京：江苏凤凰文艺出版社，2016

书名原文：Autobiography of Andrew Carnegie
ISBN 978-7-5399-9233-4

Ⅰ.①只… Ⅱ.①卡… ②郑… Ⅲ.①卡内基，A.（1835～1919）－自传 Ⅳ.①K837.125.38

中国版本图书馆 CIP 数据核字(2016)第 097160 号

书　　名	只要天没塌，一切都会好的：钢铁大王卡内基自传
著　　者	（美）卡内基
译　　者	郑娟娟
责任编辑	孙金荣
出版发行	凤凰出版传媒股份有限公司 江苏凤凰文艺出版社
出版社地址	南京市中央路 165 号，邮编：210009
出版社网址	http://www.jswenyi.com
经　　销	凤凰出版传媒股份有限公司
印　　刷	江苏凤凰通达印刷有限公司
开　　本	880×1230 毫米 1/32
印　　张	9.875
字　　数	245 千字
版　　次	2016 年 9 月第 1 版　2016 年 9 月第 1 次印刷
标准书号	ISBN 978-7-5399-9233-4
定　　价	35.00 元

（江苏凤凰文艺版图书凡印刷、装订错误可随时向承印厂调换）

目录

一　我的父母，我的童年时代 / 1

二　从邓弗姆林到美国 / 17

三　匹兹堡和工作 / 28

四　安德森上将和他的书籍 / 40

五　电报局 / 48

六　就职铁路公司 / 57

七　宾夕法尼亚铁路公司主管 / 73

八　内战 / 86

九　架桥 / 98

十　铁厂 / 110

十一　纽约总部 / 126

十二　商业谈判 / 140

十三　钢的时代 / 151

十四　搭档、书和旅行 / 164

十五　马车旅行和婚姻 / 175

十六　工厂和工人 / 183

十七　霍姆斯特德罢工 / 190

十八　劳动力的问题 / 200

十九　财富的福音 / 212

二十　教育基金和养老基金 / 223

二十一　和平宫和皮藤克利夫 / 234

二十二　马修·阿诺德以及其他人 / 248

二十三　英国的政治领袖 / 258

二十四　格莱斯顿和莫利 / 266

二十五　赫伯特·斯宾塞和他的信徒 / 278

二十六　布莱恩和哈里森 / 285

二十七　华盛顿外交 / 293

二十八　海和麦金莱 / 300

二十九　会见德国皇帝 / 307

一 我的父母，我的童年时代

如果真像某些圣人所言，每一个人的生平只要如实讲述都一定是有趣的，那么我接下来要讲的故事一定不会让我的亲戚和亲密的朋友们失望。他们一直坚持让我写下自己的故事。值得欣慰的是，我可以有把握地说，我讲述的故事至少可以吸引认识我的一些人。正是这一点鼓励着我把故事讲下去。

很多年前，我在匹兹堡的朋友梅隆法官就写了这样一本书。这本书让我爱不释手，也让我更深信圣人们说的话。这位法官所讲述的故事给他的朋友带来了无限的满足感，也一定会不断影响他的家族后代，帮助他们获得更好的生活。不仅如此，有的人虽然不是他的直系亲属，却把他奉为自己最喜欢的作家之一。他的书包含了人性价值最核心的一个特点，那就是：展露一个人原本的样子。他的书无意于哗众取宠，仅仅为了造福家族后代。我也抱着同样的目的和态度来讲述我的故事，不是在人前故作姿态，而是站在我的家人和朋友中间。他们都是值得我信赖的人，在他们面前我可以毫无拘束地讲话。我感觉到，就算是再琐碎的小事，对他们来说也不乏乐趣的存在。

故事就此开始。 1835年11月25日,我出生在苏格兰邓弗姆林①一个单层小房子的阁楼里,这座房子就坐落在穆迪街和小修道院街的交界处。 就像人们常说的那样,我的父母"虽然贫穷,却很诚实;我们的亲戚朋友也都是好人"。 一直以来,邓弗姆林都以花缎生意为人所知,我的父亲威廉姆·卡内基就是一位花缎纺织工。 我的祖父是安德鲁·卡内基,我是按他的名字命名的。

祖父卡内基在我们当地是一个很有名的人物,他睿智、幽默,性情亲切和蔼,有着不屈不挠的个性。 他不仅引领了同龄人里最活跃的那批人,而且是那个充满欢乐的俱乐部"帕提尔姆学院"的掌舵人,因而远近知名。 在离开家乡十四年后,我回到了邓弗姆林。 我还记得,刚一回来,就有一位老人走向我,因为他听说我是"教授"的孙子("教授"是祖父的众多头衔之一)。这位老人一副典型的中风患者的样子,

"他的鼻子和下巴让人害怕。"

他跟跟跄跄地穿过整个房间走到我面前,颤抖的双手摸着我的头,说道:"你就是安德鲁·卡内基的孙子呀! 我又看到了那段岁月:你祖父和我的一声高呼就能让人方寸大乱。"

邓弗姆林的其他老人还告诉了我很多关于祖父的故事,接下来的这个故事就是其中之一。

这个故事是关于一个老妇人的,她在村里是个人物呢。 有一年的除夕夜,一张乔装打扮的脸庞突然从窗户探进来,让她吃了一惊。 她抬起头,停顿片刻,然后喊道:"原来是疯疯癫癫的苏格兰小伙子安德拉·卡内基呀!"是的,这就是我的祖父。 那时的他已经75岁高龄了,还装神弄鬼吓唬他年老的女性朋友们,就像

---

① 苏格兰的一个行政区。

无忧无虑的年轻人一样。

我觉得,自己乐观的天性,应对困难、笑对生活的能力,以及把拥有的一切都视为财富的态度都是从这位可爱的、喜欢乔装打扮吓唬人的祖父身上继承来的。能用他的名字命名,我深感荣耀。拥有开朗的性格胜过腰缠万贯,而年轻一代应该明白,阳光积极的个性是可以培养的,我们可以像挪动自己的身体那样,让自己的思想从阴影处走出来,沐浴在阳光下。让我们行动起来吧,尽可能地将烦恼一笑置之。如果你多少有点头脑,而且你的自责不是因为自己做错了事情,那么通常你是可以笑对烦恼的。你做错的事情会一直在那里,是永远都不能洗涤的污点。内心的良知就像端坐在最高法庭的法官,永远不会被蒙蔽。于是,就有了彭斯①那句伟大的生命法则:

"你真正需要惧怕的,是自责。"

这句我从小就信奉的格言让我获益颇多,远远多于我从所有布道文里获得的东西。不过,我也没有听过多少布道。我得承认,成年后的我与我的朋友贝利·沃克很相像。当医生问他睡眠质量如何时,他说一点儿都不好,总是失眠,然后补充道:"我时不时地可以在教堂里好好打个盹儿。"说话的时候眼睛里还闪着光。

我的外祖父托马斯·莫里森是一个更了不起的人物,因为他是威廉·科贝特②的朋友,而且还为他的《记录报》撰稿,两人经常有书信往来。正如我所说,在邓弗姆林,认识外祖父的老人们

---

① 罗伯特·彭斯(Robert Burns, 1759—1796),苏格兰诗人。
② 威廉·科贝特(William Cobbett, 1763—1835),一位英国记者和小册子作家。

都认为他是最好的演说家和最能干的人。他是《先驱报》的出版商，这份报纸可以算是一份浓缩型的《记录报》，在当时被认为是苏格兰的第一份激进报纸。我曾经读过他写的一些文章，如果从对技术教育的重视程度来说，我认为最值得注意的是七十多年前出版的一份小册子。在这本名为《智力开发与手工技能》的册子里，外祖父强调了动手能力的重要性，显示出与当今技术教育的最热忱倡导者同样的认识高度。文章的结尾是这样的："感谢上帝，我年轻的时候学会了怎么做鞋子和怎么修鞋子。"1833年，科贝特在《记录报》上刊印了这份册子，并评论说："关于这一主题，《记录报》所发表的最有价值的文章之一在本期刊发，文章出自托马斯·莫里森之手，我们来自苏格兰的尊敬的朋友和通讯员。"我的写作能力似乎遗传自祖父和外祖父，因为卡内基家族的人们也是读者和思考者。

我的外祖父莫里森天生就是个演说家，一个热血政治家，而且还是当地激进党先进团队的领袖。后来，我的舅舅贝利·莫里森成为他的接班人。不少知名的苏格兰人来拜访我，来和"托马斯·莫里森的孙子"握握手。克里夫兰和匹兹堡铁路公司的总裁法默先生曾经对我说："我拥有的所有学识和修养都归功于你的外祖父。"邓弗姆林非凡历史的记录者埃比尼泽·亨德森先生说，他生平获得的进步主要得益于当他还是个小男孩时，幸运地成了外祖父的学徒。

迄今为止，我不是没有得到别人的赞誉，不过没有什么赞赏比格拉斯哥一家报纸的记者对我的赞赏更让我高兴。这个记者曾经在圣安德鲁大礼堂听过我关于美国地方自治的演讲。他写道，苏格兰的媒体已经对我本人和我的家族，特别是我的外祖父做了很多报道。他继续写道："你还是很难想像，当我发现讲坛上的那个人举手投足之间简直就和老托马斯·莫里森一模一样时，我有多么惊讶。"

虽然我不记得自己曾经见过外祖父，可是我和他出奇的相似是毋庸置疑的，因为我依然记得，二十七岁的我第一次回到邓弗姆林，和贝利舅舅坐在沙发上，他黑色眼眸里噙满了泪水。他说不出话来，无法控制情绪，还跑出了房间。过了一会儿他回来了，对我解释说我身上的某些若隐若现的东西让他时不时看到自己的父亲，瞬间消失，偶尔又出现，有时是一些动作，一些他不能准确理解的动作。我母亲也频繁地注意到，我身上有一些外祖父才有的怪癖。遗传这一学说每时每刻都在得到印证，可是支配身体语言的法则又是多么微妙，好像这些语言是不受肉体局限的。我被深深地震撼了。

外祖父娶的是爱丁堡霍奇家的小姐，她是一位受过良好教育、举止优雅、有社会地位的女子。她去世时，孩子们还很小。那时外祖父已经是邓弗姆林制革行业的皮革商人，境况优裕。可是，滑铁卢战役之后的和平状态毁掉了他和成千上万的同行的生意。所以，作为长子的贝利舅舅是在尚算奢华的环境里长大的，而年幼些的孩子们就经历了更艰苦的日子。

母亲玛格丽特是外祖父的二女儿。关于她，我不能说很多。她继承了外祖母的正直、优雅、教养和气质。也许有一天我可以向世界讲述这位主人公的某些故事，可是我拿不准，因为我觉得母亲对我来说是神圣的，我不能让其他人了解她。没有人可以真正了解她，只有我。因为父亲去世得早，母亲就成了我的一切，所以我才会把我的第一本书献给她，并写下："献给我最喜爱的女主角，我的母亲"。

拥有这样的祖辈是我的幸运，感谢他们让我出生在邓弗姆林。一个人出生在哪里对他是很重要的，因为不同的环境和传统可以诱导和激发出孩子不同的潜在倾向。 拉斯金①说得对,每一个聪慧的爱丁堡男孩都受到城堡的影响。 同样地,邓弗姆林的孩子们都受了高贵的修道院的熏陶,也就是苏格兰的威斯敏斯特修道院。 十一世纪早期,马尔科姆·坎莫尔②和他的王后,也就是苏格兰的圣人玛格丽特创建了这处修道院。 这座伟大的修道院和国王们出生时所在的宫殿的遗址仍然矗立在那里,皮藤克利夫公园环抱着玛格丽特女王的神邸和马尔科姆国王的宝塔遗址,有一首名为《圣帕特里克·斯彭斯》的古老的曲子里提到了这座宝塔:

"国王端坐在邓弗姆林宝塔上,饮着雪红的酒。"

布鲁斯③国王的坟墓在修道院的正中间,旁边躺的就是玛格丽特女王,还有长眠于此的"皇室成员"。 出生在这个浪漫城镇的孩子真的很幸运。 这个地方位于福斯湾以北绵延三英里的高地,可以俯瞰大海,向南可以看到爱丁堡,向北可以眺望欧其尔斯山峰。 所有这一切都让人想起辉煌的过去,那个时候邓弗姆林还是苏格兰的首都和宗教中心。

有幸在这样的环境里成长的孩子从他每日呼吸的空气里吸收着诗歌和浪漫情怀,从他看到的万事万物里吸收历史和传统知识。 对于童年时代的孩子来说,这就是他们真实的世界,当下的现实世界就是理想的世界。 等他慢慢成人,开始面对充满严酷现实的世界时,真实也就到来了。 可是,即使在那个时候,直到他

---

① 约翰·拉斯金(John Ruskin, 1819—1900),英国维多利亚时期著名的艺术评论家,还是著名的社会思想家和慈善家。
② 马尔科姆·坎莫尔(Malcolm Canmore):苏格兰国王,在位三十五年,死于1093年11月13日。
③ 苏格兰国王,在位时间是1306年到1329年。

临终之日，最初的印象都会一直保留着。这些记忆有时也许会短暂消失，但只是表面上被人们消除或者压抑住了。它们总是会再一次复苏，再次前来施加影响，提升人们的思想，丰富人们的生活。邓弗姆林的聪明孩子们无不受到修道院、宫殿和公园的熏陶。所有这一切都会打动他，点燃他内心隐藏的火花，让他与众不同，甚至可以让他突破并不理想的出生环境的限制，获得更大的成就。我的父母也出生在这让人振奋的环境里，所以我才遗传到他们身上的浪漫气质和诗歌情怀。

父亲的纺织生意做得很成功，我们得以从穆迪街搬进里德公园一所更宽敞的房子里。父亲把他的四五辆织布机放在楼下，而我们住在楼上。从一楼外侧的楼梯可以上楼，这模仿了苏格兰老房子的建筑特点。我最初的记忆就是从这里开始的，而很奇怪的是，我首先想起的是有一天发现了一幅美洲地图，这是一幅卷轴地图，成一个大约两尺的正方形。在这幅地图上，父亲母亲，还有威廉叔叔和艾特肯姨妈寻找着爱丁堡，还找出了伊利湖和尼亚加拉河。过了不久，我的叔叔和姨妈就坐船驶向了那片充满希望的土地。

我记得，当时表弟乔治·劳德（我叫他"多德"）和我都被笼罩在头顶的危险震慑住了，因为我们的阁楼里藏了一面违法的旗帜。这面旗帜事先被涂了颜色，准备在反《谷物法》的游行中扛出来。我相信，扛这面旗帜的应该是父亲或是叔叔，或家族里某个善良的激进派。镇里已经发生了暴动，有一队骑兵部队正驻扎在市政厅。我的祖父和外祖父，叔叔和舅舅，还有父亲，一直在各种会议上积极演讲，全家人处在一片激昂的情绪中。

有件事依然历历在目。一天晚上，后窗上传来的轻敲声把我吵醒，原来是有人来通知我的父母，我舅舅贝利·莫里森因为召开了被明令禁止的会议，已经被投进了监狱。当时，他正在离城镇几英里的地方主持会议，治安官在士兵的帮助下逮捕了他，连夜把他带进了城，他身后跟了一大群人。

人们很怕发生麻烦，因为跟来的人群威胁要营救我的舅舅。后来我们还听说，市长劝说舅舅走到窗边，朝下看看主街道上的人，并劝他们都回去。舅舅确实这么做了，他对着街上的人说："在场的人，如果是支持我的伟大事业的朋友，请把胳膊交叉在胸前。"他们都这么做了。停顿片刻后，他说道："现在，安静地离开吧！"和我所有的家庭成员一样，舅舅坚信道义的力量，遵守法律，可是他骨子里是一个激进的人，而且十分崇拜美利坚合众国。

大家可以想象一下，当公众面对这样的事情，他们在私下里会有多么充满仇恨的言论。他们痛斥君主制和贵族社会，谴责任何形式的特权，称赞共和体制的伟大，宣扬美洲的优越性，称那是一片属于我们种族的土地，是自由人的家园，在那里人人平等。我从小就是听着这些让人振奋的观点长大的，所以，虽然只是个孩子，但是如果有可能，我就会手刃一位国王、公爵或者勋爵，而且会认为他们的死是效忠国家，因此是一种英勇的行为。

童年时期最早接受到的这些思想对我的影响如此之深，所以，长久以来我都不能带着敬意谈论任何特权阶级或者个人，特别是那些某个方面并不出众，而且无权得到公众尊重的人。对那些只依靠出身的人，我依然抱着嘲笑的态度："他一无是处，一事无成，他的存在只是一个意外，是一个狐假虎威的骗局。他虽然出生了，却没有给这个世界带来任何东西，他的家族里最有功劳的成员已经像土豆一样，入土了。"我很好奇，睿智的人怎么能够容忍某些人生来就有特权，而自己却不能享受那些权利。我总是不厌其烦地引用这段唯一能让我发泄愤恨的话[1]：

---

[1] 引用自莎士比亚的《尤利乌斯·凯撒》。

从前有一个布鲁特斯①，

不愿轻易让罗马被一个国王来管理他的国家，

因为那就像把国家交给了永生的恶魔。

不过，国王毕竟是国王，而不仅仅是影子。当然，王位都是通过世袭传承的。我只是复述从家人那里听来的情况。

长久以来，邓弗姆林大概都被认为是英国最激进的城镇，虽然佩斯里②宣称自己才是最激进的。这更说明了当时的激进主义多么强盛。在我提及的那个时间段，邓弗姆林的人口大部分是小生产商，家里有一台或者几台织布机。他们的工作不受规律的时间表限制，劳动都是计件的。他们从大一点儿的产商那里领到材料，然后在家里织。

这是一段政治热情浓烈的时期，你时常能从城镇的角角落落感觉到这种浓烈的氛围。午饭后的一小段时间里，几小拨还系着围裙的男人讨论着国家大事，休谟③、科布登④和布赖特⑤是大家经常挂在嘴边的名字。虽然我那时还小，却经常被他们完全一边倒的对话吸引，成为他们的热心听众。他们普遍接受的观点就是，必须来一场变革。人们组织起各种俱乐部，还订阅了伦敦的各大报纸，每晚都有人把头版的社论读给大家听。奇怪的是，他们是在镇上的某个布道坛上读这些东西的。我舅舅贝利·莫里森经常负责阅读。每次读完文章以后，舅舅和其他人就会对文章作出评论，所以，这些聚会的气氛很热烈。

---

① 罗马的政治家。
② 位于苏格兰中西部低地的历史名城伦弗鲁市的最大的城镇。
③ 休谟（David Hume, 1711—1776）：苏格兰哲学家，历史学家以及经济学家和评论家。
④ 科布登（Richard Cobden, 1804—1865）：英国生产商，激进自由派政治家。
⑤ 布赖特（John Bright, 1811—1889）：英国激进自由派政治家，同时代最伟大的演说家之一。

这样的集会时常有。正如人们预料的，我和家里的其他人一样对此有着浓厚的兴趣，所以参加了许多次，一般是为了去听某个叔叔或者听父亲的讲话。我记得，有一天父亲在澎斯①那里的一次大型室外会议上发言。我从众多听众的腿下用力挤出一条路，人群中某个人发出一声高呼，让我再也抑制不住兴奋。我躲在一个人的腿下，抬起头跟他说，发言的人是我的父亲。结果他就把我举到了肩上，让我坐在那里听父亲的讲话。

还有一次，父亲带我去听约翰·布赖特的演讲，那是为了支持J.B.史密斯成为斯特林自治市的自由党候选人。回到家里，我批判了布赖特先生，理由是他有一个地方说得不对，当他说"maan"这个单词时，他的发音很像单词"男人"的发音"men"。在发"a"这个音的时候，他的嘴张得不够大，这和我们在苏格兰所习惯的发音是不同的。毫无疑问，在这样的环境里长大，我自然成了一个血性的、信仰共和党的年轻人，视"特权阶级必死"为座右铭。其实那时的我并不知道特权意味着什么，但是父亲知道。

劳德姨夫经历的最好的故事之一是关于我之前提到的J.B.史密斯的，就是约翰·布赖特的朋友，他是邓弗姆林的议会代表。劳德姨夫是史密斯议会的成员，议会的事情一直进展得很好，直到有人宣称史密斯是一位唯一神论派②。人们开始在邓弗姆林张贴公告，对这个地区的人提问：你要投票支持一个唯一神论派吗？事态严重起来。史密斯委员会在凯尔尼希尔村的主席是一个铁匠，据称他已经宣布不会投票支持一个信仰唯一神论的候选人。劳德姨夫开车去游说他，他们在一家小酒馆碰面，边喝

---

① the Pends：通往圣安德鲁斯（英国苏格兰东部港市、疗养胜地）修道院的通道。
② 唯一神论派：认为上帝是一个人，而不是三位论派认为的三个人（圣父，圣子，圣灵）。

边聊：

"老兄，我不会把票投给一个唯一神论派的，"主席说。

"可是，我们的竞争对手梅特兰信奉三位一体论。"

"该死，那会乱套的，"他回答说。

于是，我们的铁匠主席做出了正确的选择，而史密斯以微弱优势赢得选举。

手工织布机向蒸汽织布机的转变对我们家的影响是灾难性的。父亲没有意识到这一即将到来的变革，仍然用旧的织布机拼命工作着。后来，织布机急剧贬值。危难关头，需要母亲出场挽救局面了。每到危急时刻，母亲总能带着全家渡过难关。她在穆迪街开了一家小店，贴补家用，虽然收入并不多，在那时却足以让我们全家人舒适而体面地生活着。

我记得，是在这些事情发生不久后，我才开始尝到贫穷的滋味。父亲把织好的最后一批布送到大生产商那里后，糟糕的日子就开始了：母亲焦急地等待父亲回来，这样才好知道有没有新的任务，或者是不是暂时缺活儿。引用彭斯的话，父亲是一个"既不卑鄙，不小气，又不邪恶的人"，而让我感觉心如刀绞的是，这样一个人却不得不

> 乞求他的同胞
> 给他一点事情做。

就在那个时候，我下定决心，等我长大成人，我会改变这种境况。不过，我们终归没有陷入邻居所经历的那种拮据和窘迫。我不知道为了让自己的两个儿子成为白领阶级，穿着整齐体面，母亲还有什么贫穷是不能忍受的。

有一次，父母草率地答应说，只要我不要求去学校，他们就不会送我去。不过我后来听说，这个许诺让他们开始不安起来，

因为慢慢长大的我丝毫没有提出去上学的迹象。于是，他们去请求学校的校长罗伯特·马丁先生，请他关注我一下。有一天，马丁先生带着我，还有我已经在上学的同伴们去远足。不久后的一天，我去征求父母的同意，想要去马丁先生的学校，这让他们深深地松了一口气。不用说，他们马上同意了我的请求。于是，八岁的我开始上学了。后来的经历告诉我，对任何一个孩子来说，八岁上学都还是算早的。

上学是一件很快乐的事情，所以如果有任何事情让我没有办法去学校，我就会不开心。可是，这样的事情有时还是会发生，因为我早上要负责去穆迪街街头的那口井里打水。井水不是很多，而且时有时无，有时候不等到日上三竿，人们不能开始打水。于是，很多年老的家庭主妇们就围井而坐；每个人的位子是前一天晚上就占好了的，而帮她们排队的，就是一个廉价的桶而已。不用说，这种排队等水的境况会伴随很多争吵，不过我从来不会在这些长辈面前屈服的。于是，我就有了"坏小伙子"这个名声。可能就是通过这种方式，我慢慢锻炼成了辩论的能力，或者对抗的性格，而且这种性格伴随了我的一生。

因为要完成这些任务，我经常会上学迟到。马丁校长了解这一情况，也就原谅了我。此外我想提一下，放学后我经常要去商店买东西。回想过去，我有一种满足感，因为在十岁的时候我就可以帮助父母做事情了。不久后，来这家商店买东西的很多人让我帮他们记账，所以我在童年时期就通过这种方式对商业经营有了些了解。

不过，在学校里还是有一件事让我很痛苦：男孩子们总是管我叫"马丁的宠物"，有时还在大街上这样叫我。我不知道这个绰号是什么意思，不过在我看来它是极大的耻辱。我意识到，正是由于这个绰号的存在，我不能和那位优秀的老师、我唯一的校长轻松自如地交流。对他，我抱着深深的感激之情，可是我很后悔，因为在他去世之前，除了对他表示敬意，我不能做更多来报答他。

在这里我还要提及一个人，他对我的影响无可限量。他就是我的劳德姨夫，乔治·劳德的父亲。父亲必定是经常待在纺织机店的，所以一整天都很少有时间陪我玩。而劳德姨夫在主街开了一家店铺，时间不像父亲那样受约束。大家要注意一下这家店的位置，因为这里是店铺的上层社会。你看，在邓弗姆林，连店主之间都会有地位的高低贵贱之分。我刚开始上学不久，西顿姨妈就去世了，这对劳德姨夫的打击很大。那之后，他最大的慰藉就是陪着自己唯一的儿子乔治，还有我。他在和孩子打交道方面表现出非凡的天赋，而且总是教给我们很多东西。其中，我尤其记得他教我们了解英国历史：他让我们想象每一位国王在墙壁的不同位置做着他们最为人所知的那件伟事。于是，直到今天，在我的记忆中，约翰国王依然坐在壁炉台上，签署《大宪章》①，而维多利亚女王坐在门的后面，儿女们围绕在她身边。

所以，当我看到挂满了国王画像的威斯敏斯特修道院牧师会礼堂时，我理所当然地发现这里有所遗漏。威斯敏斯特修道院一处小礼拜堂的石板上写道，奥利弗·克伦威尔②的遗体已经不在这里了。我记得，当年我依偎在姨夫的膝边听他讲那些国王的故事。在我的印象中，这位伟大的共和派国王正在给罗马主教写信，告诉他说："如果他不停止迫害新教徒，英格兰的大炮就会在梵蒂冈打响。"所以，毋庸置疑，我们认为克伦威尔的画像有资格和其他国王放在一起。

---

① 大宪章：是约翰国王1215年签署的，这是英国的封建贵族强迫一个英格兰国王签署的第一个文件，目的是通过法律限制国王的权力，并保护贵族自己的权利。

② 奥利弗·克伦威尔(Oliver Cromwell, 1599—1658)：英国的军事和政治领袖，是英格兰、苏格兰和爱尔兰联邦的护国公。

我对苏格兰早期历史的所有了解都归功于姨夫。我知道华莱士[1]、布鲁斯和彭斯，还有瞎子哈利[2]的故事，还认识了司各特、拉姆齐、坦尼希尔、霍格和弗格森。借用彭斯的话，我可以这样说，就是在聆听这些故事的时候，苏格兰人的偏见（或者说苏格兰爱国主义精神）融进了我的血液里，而且会伴随我的一生。华莱士当然被我奉为英雄，英雄应该有的所有行为都体现在他的身上。可是，那天我很伤心，因为学校里有一个很坏的大男孩告诉我说，英格兰比苏格兰大多了。我去找劳德姨夫，因为我知道他总会有答案。

　　"才不是这样的，内基。如果你把苏格兰像英格兰那样平展开，它就比英格兰大多了。可是，你愿意看到苏格兰高地被展开成平地吗？"

　　哦，当然不！你看，姨夫总有办法让我宽心，就像基列[3]总是有药膏来医治受伤的年轻战士。可是，后来我又不得不面对英格兰的人口比苏格兰多这回事。于是，我又去找姨夫。

　　"是的，内基，英格兰的人口是苏格兰的七倍。可是，在当年的班诺克本战争[4]中，英格兰军队是苏格兰军队的七倍还要多呢。"我又高兴起来了，因为我们赢得了那次战争，而当时的英格兰军队越多，就意味着我们获胜的荣耀越大。

　　战争滋生战争，每一次战斗都为下一次战斗埋下了伏笔，所以国家之间就成了宿敌。而我的上述经历可以算得上对这一事实的某种诠释吧。美国男孩的经历与苏格兰男孩的如出一辙。当

---

[1]　华莱士（William Wallace, 1270—1305）：苏格兰独立战争的主要领袖之一。
[2]　瞎子哈利（Blind Harry, 1440—1492）：记录华莱士生平的书籍《华莱士》一书的作者。
[3]　圣经中提到基列的香树油有治愈作用。
[4]　班诺克本战争（The Battle of Bannockburn 1314年）：是苏格兰历史上的一个里程碑，苏格兰第一次独立战争中的一次巨大胜利。

他们慢慢长大，通过读书了解了乔治·华盛顿和福吉谷的历史，了解到英军雇用了黑森人杀害美国人，他们也会开始憎恨英国人。 我的那些美国侄子们都有这样的思想。 他们可以接受苏格兰人，可是与苏格兰人打斗的英格兰人就被认为是邪恶的。 直到他们长大成人，这种偏见才慢慢消失，不过始终可能会有所遗留。

劳德姨夫告诉我说，自从我找过他两次以后，他经常邀请别人到家里来，并向他们保证说，他可以让"多德"和我一会儿哭，一会儿笑，一会儿又握着拳头准备去战斗。 其实，他是在通过诗词和歌曲的影响来操控我们所有的情绪。 华莱士被背叛那一段是他的杀手锏，他总是能通过这一段故事让年幼的我们啜泣，然后嚎啕大哭。 虽然他经常讲这个故事给我们听，我们还是每次都被吸引住。 不用说，姨夫每次都加了一些新的渲染细节。 姨夫的故事里从来不缺少沃尔特·司各特故事里诸如"他戴上帽子，拿起拐杖"之类抓住人的神经的情节。 英雄故事对于孩子的影响是多么美妙呀！

我和姨夫，还有"多德"，在主街的店里度过了很多个日夜，因此我和"多德"结下了终生的兄弟情谊。 在我们的家族里，我们一直互称"多德"和"内基"，因为小时候我不会发"乔治"这个音，而他也发不出"卡内基"这个音，于是就有了前面两个称谓。 所以，除此之外的其他称呼对我们来说没有什么意义。

从主街的姨夫家到我位于市区边缘穆迪街的家有两条路可以选择，一条沿着修道院教堂墓地，没有灯光，另一条是取道五月门，沿着明亮的街道走。 每当到了我该回家的时间，姨夫就带着一丝狡黠，问我要走哪条路，而我总是回答说会沿着教堂墓地走。 那时候自己从来没有，哪怕一次，向诱惑屈服，去选择另外一条路，就是沿着五月门被照亮的路回家。 这让我有一种满足感。 于是我就经常走过那片墓地，穿过修道院漆黑的拱门，紧张得心都跳到了嗓子眼儿。我一边吹着口哨，试着给自己打气，一边迈着缓慢沉重的步伐。每次遇到突发状况，我就会设想在遇到任何敌人时华莱士会怎么做，不管敌人是自然的，还是超自然的。

国王罗伯特·布鲁斯从来没有在表弟和我这里得到公正的评价。对我们来说，虽然他是国王，可是华莱士是人民公仆。在我们心目中，约翰·格雷厄姆爵士排在第二。对于每一个和我有着相同的成长环境的苏格兰男孩来说，强烈的爱国主义是他一生中一股真正的力量。如果有一项研究是关于我的勇气的来源，那么我肯定最终的分析结果会是华莱士这位苏格兰的英雄。对于一个小男孩来说，有一个英雄偶像就有了一座力量宝塔，一个可靠的支柱。

到了美国，我发现除了苏格兰，还有其他国家自称有引以为豪的东西。这让我经历了一阵剧痛。一个没有华莱士，没有布鲁斯和彭斯的国家算得了什么呢？直到现在，我发现一些未远行过的苏格兰人依然有这种想法。只有等到你慢慢长大成人，获得更多的知识，你才会明白每一个国家都有自己的英雄、自己的浪漫情结、自己的传统习俗和成就。虽然真正的苏格兰人即使到了晚年也不会降低对祖国的评价，在他们的心里祖国永远高于地球上的任何其他国家，不过他们会有理由地提高自己对其他国家的评价，不仅是因为这些国家有自己值得骄傲的东西，更是为了鼓励自己的孩子们履行自己的职责，不要丢了自己祖国的脸。

在美国过了很多年后，我才意识到这片新的土地对我来说仅仅是一个临时居所。我的心一直在苏格兰。我很像校长皮特森的小儿子，当时他身在加拿大，当回答某一个问题时，他说道，他很喜欢来加拿大"旅行，可是永远不能定居在离布鲁斯和华莱士的故土很远的地方"。

二　从邓弗姆林到美国

我的好姨夫劳德很重视背诵在教育中的价值，多德和我因此获得了很多便士。我们穿着小斗篷或者衬衫，袖子卷起来，戴着纸做的头盔，脸涂成黑色，手里拿着木板条当做剑，然后在同学或长辈面前背诵诺瓦尔和格雷纳温①的对白，还有罗德里克·杜和詹姆斯·菲兹-詹姆斯②的对白。

我清楚地记得，当背诵诺瓦尔和格雷纳温那段有名的对白时，我们对重复"该死的虚伪"这个短语感到很紧张。起初，每读到"该死"这个令人反感的词，我们就故意咳嗽一下，观众们就会笑起来。后来，姨夫告诉我们，我们可以说"该死"这个词，不需要一边说一边咳嗽。这真的是太好了。我们已经练习了那么多次，而且我总是扮演格雷纳温，所以总会很多次说到这

---

① 诺瓦尔和格雷纳温：约翰·霍姆（1722—1808，苏格兰牧师和作家）的无韵体悲剧作品《道格拉斯》中的人物。剧中，年轻的诺瓦尔救了勋爵伦道夫的性命，勋爵很感激他，这让勋爵的继承人格雷纳温心生妒忌，格雷纳温到处散播关于诺瓦尔的谎言，对他的母亲谎称诺瓦尔被勋爵杀害，导致诺瓦尔的母亲自杀。故事的最后，诺瓦尔杀死了格雷纳温。

② 沃尔特·司各特的叙述体诗歌《湖上夫人》里面的人物，除此之外还有 Malcolm Graeme，诗歌叙述了三个人为了赢得女主人公艾伦·道格拉斯的爱，而进行的竞争。

个词。 正是因为我们忌讳这个词，所以背诵对白反而让我感觉到它奇妙的魅力。 我现在能理解发生在玛乔丽·弗莱明[①]身上的那个故事了：一天早上，弗莱明很生气，正巧沃尔特·司各特问她感觉怎么样，她回答说：

"司各特先生，我今天早上很生气。 我只想说'该死'（发音拐了一个弯儿），但是我不会说的。"

因此，把一个本来让你害怕的词表述出来的瞬间，是一个伟大的时刻。 牧师们可以在讲道坛上说"该死"而不会被认为犯了罪。 于是，我们也开始在背诵中大胆地说"该死"这个词了。 还有一个场景也给我留下了深刻印象：诺瓦尔和格雷纳温决斗的时候，前者说："如果我们再斗，必分出你死我活。"我曾经在1897年给《北美评论》[②]的文章里用到了这些话。 姨夫读到这篇文章后，立刻从邓弗姆林写信给我，说他知道我是怎么学到这些话的。 他是还在世的人当中唯一一个知道这件事的。

我记忆力的巨大提升一定得益于姨夫的教学法。 除了鼓励年轻人去记忆最喜欢的作品，然后经常背诵，我想不出其他更能让年轻人受益的方法。 只要是我喜欢的东西，我就能飞快地学会，这让我的一些朋友很惊讶。 不管某种东西让我快乐与否，我都能记住，可是如果它不能给我留下很强烈的印象，那么几个小时后我就不记得它了。

在邓弗姆林上学时，我面临的考验之一就是每日背诵两段赞美诗。 我的计划是出门上学前开始看诗歌。 如果慢慢走的话，从家到学校只有五到六分钟的路程，可是我还是很容易地在这么短的时间里记住了两节诗歌。 因为到学校后的第一节课就是背诵，所以我做好了准备，成功地通过了这次测试。 但是，如果三

---

① 玛乔丽·弗莱明（1803—1811）：苏格兰儿童作家和诗人。
② 美国最古老的文学杂志。

十分钟后再让我背诵一遍,我恐怕会输得惨不忍睹。

我从家人以外的其他人那里挣得或者说收到的第一个便士是来自我的老师马丁先生,那次我在全校面前背诵彭斯的诗歌《使人类悲痛》。在晚年写到这部分时,我想起当时和约翰·莫利先生一起吃饭的情形。席间谈到了华兹华斯的生平,然后莫利先生说,他一直在自己收集的彭斯作品里找《往昔的时光》,可是没有找到。我有幸背诵了一段给他听,他马上给了我一个便士。哈,虽然莫利很伟大,可是他是第二个给我一便士的人,而我的老师马丁先生是我认识的第一个可以称得上"伟大的"人。对我来说他真得很伟大,不过"诚实的约翰·莫利"①真得算得上一个英雄。

在宗教方面,我们没有受到很多限制。学校里的孩子被要求学习《简短教义问答》②,而多德和我可以免于做这些,好像是学校做出了某种安排,关于细节我们都不是很清楚。我们家族里的所有人,不管是劳德姨夫那边,还是莫里森舅舅那边,在神学观点上都是很超前的,如同他们超前的政治观点。毋庸置疑,他们是反对宗教信仰问答的。我家里找不出一个正统的长老教会员。我父亲、舅舅和艾特肯姨妈,还有劳德姨夫、卡内基叔叔都已经脱离了加尔文教派的教义。后来有一段时间,他们在斯维登堡③的教义里找到了庇护。母亲对宗教总是保持沉默,她从来不在我面前提起,也从来不去教堂。早期我们是没有仆人的,所以她需要承担所有的家务活,包括准备我们的星期天晚餐。她很爱好

---

① 约翰·莫利(1838—1923):出生在英格兰,作家,作品包括《伏尔泰》、《卢梭》等;政治家,1883年到1895年,是纽约卡斯市的议会代表;他支持议会改革,爱尔兰自治提案,反对英国和南非布尔人之间的布尔战争。人们称他为"诚实的约翰·莫利"。
② 简短教义问答:长老教会信徒们的教义准则。
③ 伊曼纽尔·斯维登堡(Emanuel Swedenborg, 1688—1772):瑞典科学家、哲学家、神学家。

读书,《一神论者钱宁》①是她那个时候的最爱。 她是一个传奇的女人!

在我的童年时期,周围的环境呈现出一种极度的骚乱,不管是在神学上还是政治上。 整个政治世界都在鼓动着最激进的政治观点,比如废除特权、公民人人平等和共和主义。 与此同时,我还能听到人们在神学话题上的很多争论。 那时的我是一个很容易受到影响的孩子,于是在长辈们意想不到的情况下,我接收了很多观点。 我记得很清楚,加尔文主义的严厉信条就像一个噩梦一样萦绕在我头上,不过这种状态很快过去了,因为我还受到了其他影响。 慢慢长大的我一直记得这样一件事情:一天,当教堂里的牧师在宣扬婴儿诅咒论②时,父亲站起身离开了基督教长老会。 这发生在我开始去教堂后不久。

父亲再也不能忍受牧师的说辞,说道:"如果这就是你的宗教信仰和你的上帝,那么我最好去寻找更好的宗教信仰和一位更高贵的上帝。"说着,他离开了长老教会教堂,没有再回去过,不过他还是去了很多其他的教会。 每天早上,我看到他走进小储物间祈祷,这给我留下了很深的印象。 他的确是个圣人,而且一直很虔诚。 对他来说,所有的宗教教派都是成为好人的媒介。 他发现,神学有很多派别,可是宗教只有一个。 我很满意,因为我的父亲比牧师懂得多。 牧师塑造的不是神圣的父,而是《旧约》里残忍的复仇者,安德鲁·D.怀特③在他的自传里称之为"永恒的施虐者"。 幸运的是,这种对未知世界的看法已经是过去式了。

---

① William Ellery Channing (1780—1842):十九世纪早期美国最重要的一神论传教士。

② 婴儿诅咒(infant damnation):这种观点认为,死去之前没有受洗礼的婴儿会在地狱里受尽永生的折磨,因为婴儿生来是有原罪的,只有受洗礼,才可以帮他去除原罪。

③ 安德鲁·D.怀特(Andrew Dickson White, 1832—1918):美国外交家,历史学家和教育家,康奈尔大学的创始人之一。

我童年的一大乐趣是养鸽子和小兔子。每次想起父亲费力给这些宠物们搭建合适的房子,我就很感激。我们家变成了我和小伙伴的大本营。母亲一直认为家庭的影响是保证自己的儿子们健康成长的最好方法。她曾经说,做到这一点的第一步是创造舒适的家庭环境。为了让我们兄弟俩和邻居的孩子们快乐,她和父亲愿意做任何事情。

我的第一次创业是让小伙伴们做我一个季度的雇员,而回报是,如果有小兔子出生,可以用他们的名字命名。星期六,我和小伙伴一般会给小兔子们找吃的。今天,回想起和小伙伴达成的那个无情的协议时,我很自责。他们居然心甘情愿地和我采了一个季度的蒲公英和苜蓿草,只为了获得这么特别的回报,那是劳动后能获得的最微不足道的回报了。唉!可是我还能给他们什么呢?我身无分文呀!

我一直珍藏着那次创业经历的记忆,因为这最早证明了我的组织能力。我在物质方面取得的成功都有赖于这一能力。我的成功不是归功于自己已知或者已做的事情,而归功于我明白并选择了那些比我更有头脑的人。这是任何人都要掌握的宝贵知识。我不了解蒸汽机械,可是我尝试去理解一种更复杂的机制,那就是人。1898年,我们坐马车出去旅行,途中在一家小小的高地旅馆停歇。有位绅士走过来做了自我介绍。他叫麦金托什,是苏格兰一位很厉害的家具生产商。后来我发现他的性格也很好。他说,他之所以介绍自己,是因为他是当年给小兔子们采集食物的男孩之一。他还说,他很惭愧,因为有时候他只是"运送"食物。后来,有一只小兔子是用他的名字命名的。你也许能想象到我有多么高兴,因为他是我长大后见到的唯一一个和我一起照顾小白兔的男孩。我很希望我们能一直保持彼此之间的友谊,并且经常去看他。(今天,也就是1913年的12月1日,当我阅读手稿时,我从他那里收到了一封很珍贵的信。他在信中回忆了我们还是小男孩时一起度过的旧时光。 此时，他应该收到了我的回复，我相信那会温暖他的心，就像他的信温暖了我。）

随着蒸汽机的引入和改良，邓弗姆林小生产商的纺织生意越来越不景气。 最后，父母给我在匹兹堡的两位姨妈去了信，说我们已经很认真地考虑去投奔她们，并说这个选择不是为了改善自己的境遇，是为了自己两个年幼的儿子。 姨妈在回信里给了让我们很满意的答复，于是我们决定卖掉织布机，并把家具拍卖。 接下来的日子，我经常听到父亲用甜美的声音给母亲、弟弟和我唱歌：

"到西部去,到西部去,到自由的国度去,
在那里,密西西比河奔流入海；
在那里,即使是做苦工的人也被当人看,
最贫穷的人也可以收获土地孕育的果实。"

织布机的价格让人失望，基本上没有卖到多少钱。 到最后，我们还差二十镑才能凑够全家去美国的路费。 在这里，请允许我提及母亲的一位终身挚友和她的慷慨相助。 母亲总能吸引到很忠实的朋友，因为她自己就是这样的人。 这位挚友就是亨德森夫人，结婚之前的名字是埃拉·弗格森，我们家的人都这样称呼她。 她干脆地提出借给我们急需的二十英镑，而劳德姨夫和莫里森舅舅做还款的担保人。 劳德姨夫同样伸出了援助之手，还给出了建议，帮我们打理了大小事宜。 1848年5月17日，我们启程离开邓弗姆林。 那时，父亲四十三岁，母亲三十三岁，我十三岁，而弟弟汤姆才五岁。 他长着一头浅色的头发，黑色眼眸炯炯有神，是个人见人爱的漂亮孩子。

自此，我永远告别了学校。 后来，我在美国上了一个冬天的夜校，在晚上跟一位老师学习过一段时间的法语。 说来奇怪，后来我从一位演说家那里学会了演讲。我会读，会写，会算术，也已经开始学习代数和拉丁语。在去美国的途中，我给劳德姨夫写过一封信，后来他把信还给了我。从这封信来看，那时候我的写作能力比现在好。英语语法一直让我很头疼，我就像小孩子一样，搞不清楚语法到底要教给我们什么。我读书不多，除了关于华莱士、布鲁斯和彭斯的书。不过，我还是记住了很多耳熟能详的诗歌。这里还要提及的是童话故事，特别是《一千零一夜》，那些故事将我带进了一个新的世界。我贪婪地读着那些故事，觉得自己身处梦境里。

早上，我们启程离开亲爱的邓弗姆林。公共马车沿着驶往查尔斯顿的运煤铁路行驶着。我记得自己眼含泪水，望向窗外，直到再也看不到邓弗姆林。最后消失在视野里的，是宏伟而神圣的老修道院。在我离开故乡的十四年里，就像这个早上一样，我每天都会想，"我什么时候才能再见到你？"在那以后差不多每一天里，我的内心都会浮现出修道院塔楼上刻着的辟邪字符"罗伯特·布鲁斯国王"。我关于童年的所有回忆，我所知道的所有关于仙境的故事，都围绕着古老的修道院和那口宵禁晚钟。每天晚上八点钟晚钟就会响起，这是在告诉我，要在钟声结束前上床睡觉。在《在英国的美国四马马车》这本书里，我提到了那个钟声，还描述了我们路过修道院的情形，所以我还是直接引用吧：

> 马车沿着澎斯通道行驶，我和修道院院长沃尔斯站在马车的前排座位上。这时，我听到了修道院传来的钟声，那是为母亲和我而敲响的。我膝盖发软，眼泪夺眶而出。我转向院长，告诉他我一定会忍不住崩溃的。有那么一瞬间，我觉得自己要晕过去了。幸运的是，马车的四周没有很多人。我慢慢地控制住自己，咬着嘴唇，直到咬出了血。我低声对自己说："没关系的，镇定，你必须坚持。"可是，从来没有一种声音能像修道院的

钟声一样渗透进我的灵魂,萦绕在我周围,用它甜蜜的、亲切而动人的力量征服着我。

往常,宵禁晚钟响起时,我被放到小床上,带着孩子气的纯真进入睡梦里。每天晚上,父亲和母亲,有时候是其中一个,会怜爱地弯腰看着我,告诉我晚钟在说些什么。通过他们,我知道晚钟对我说了很多很多美好的话语。如果白天我做了什么错事,钟声会在我入睡之前告诉我,伟大的父已经看到了一切,但是他没有生气,从来不会生气,而只是很遗憾,非常遗憾。直到今天,当我听到那钟声时,它依然没有沉默,依然对我说着话。而现在,它在欢迎这对被放逐的母子再次回到它的怀抱,接受它珍贵的庇护。

敲响晚钟这样的奖赏是世界上的任何其他力量想不出来的,更不用说把这一奖赏赠与我们。我当时想,弟弟汤姆在的话该多好,因为在我们出发去新大陆前,他也开始了解到晚钟的神奇了。

卢梭希望听着甜美的音乐死去。如果我也可以选择,我希望在慢慢没入远方的幽暗时,耳边响起修道院的钟声,听它跟我讲述我曾经参加的比赛,像哄弟弟入睡一样,最后一次,把我带进梦乡。

后来,很多读者给我来信,信中都提到书中的这段表述。有的读者说,在读到这段文字时甚至流下了眼泪。这是我发自内心的感受,所以才会打动其他人吧。

一艘小船把我们带到了停靠在福斯湾的爱丁堡轮船上。正当有人要把我从小船带上轮船时,我冲向劳德姨夫,紧紧攀着他的脖子,哭着说:"我不要离开你!我不要离开你!"一个善良的水手把我们两人分开,然后把我举上了甲板。后来,当我回到邓弗姆林时,这位慈爱的老水手来看我,告诉我说,那是他见过最让人伤心的离别。

　　我们乘坐 800 吨重的"威斯卡西特"号帆船从格拉斯哥的布鲁米劳港出发。在为期七个星期的航行中，我已经跟水手们很熟稔了，不仅知道了各种缆索的名字，还能调动乘客们给水手长帮忙。当时，这艘船上的人手不够，迫切需要乘客的协助。最后，水手们邀请我加入他们的星期日聚餐，我可以在他们的食堂吃到美味的葡萄干布丁。下船时，我心里很难过。

　　到达纽约后，周围的一切让我眼花缭乱。我曾经去过爱丁堡，见到过女王，那是我来美国之前去过的最远的地方。虽然从格拉斯哥出发，可是出发前我们也没有时间好好看看那座城市。纽约是我接触到的第一个大城市，这里是人类工业文明的聚集地，它的喧嚣和热闹让我招架不了。在纽约期间，让我印象最深刻的一件小事发生在城堡花园的滚木球草场上。我当时在那里散步，然后"威斯卡西特号"轮船上的一个水手过来抱住了我。那是罗伯特·巴里曼，他穿着蓝色夹克，白色裤子，是水手上岸后的典型打扮。我觉得他是我见过最好看的男人。

　　他带我到一处小吃摊，帮我点了一杯菝葜饮料，我津津有味地喝着，好像那是上帝赠与的琼浆玉液。直到今天，我依然记得当时的情形：发泡的饮料从那个装饰非常精美的铜质容器流出来，我见过的任何器皿都不能和那个华丽的器皿媲美。后来，我经常会路过那个地方，依然会在同一个地方看到老妇人的饮料摊，也总会好奇，那位亲切的老水手现在怎么样了。我试图找过他，可是都无功而返。我只希望，如果能找到他，他正在享受着幸福的晚年，我也希望能尽自己的微薄之力，让他的垂暮之年多一些快乐。在我心里，他就是汤姆·鲍林的化身，每当那首老歌响起，每当我听到"阳刚之美"，我就觉得那是在形容我亲爱的老朋友巴里曼。唉！在我告诉他这些之前，他已经去世了。可是，在那七个星期的航行中，他的善良感动了我，让我成为他真挚的朋友和仰慕者。

在纽约，我们只认识斯隆夫妇，就是著名的约翰·斯隆、威利·斯隆和亨利·斯隆的父母。斯隆夫人（婚前的名字是尤菲米娅·道格拉斯）是母亲在邓弗姆林的童年玩伴，而斯隆先生是父亲做纺织工时的工友。我们去拜访他们时，受到了热情的招待。让我高兴的是，1900 年，斯隆先生的儿子威利从我的手上买下了我们纽约居所对面的土地，给他的两个女儿建起了房子。于是，我们的曾孙辈们也成了玩伴，就像我们的母亲在苏格兰那样。

在纽约的移民中介劝说下，父亲带着我们沿着伊利运河，取道布法罗和伊利湖到克里夫兰，然后沿着运河到比弗①。整个行程需要三个星期，而现在乘火车只需要十个小时。那时候还没有火车通到匹兹堡，确切地说，没有火车通到西部的任何地方。伊利铁路正在铺设当中，旅途中我们看到很多工人在施工。年轻的时候，人们觉得一切经历都是好的，所以回想起我在运河上度过的三个星期，那时的我感觉到的是很纯粹的快乐。所有不愉快的经历都从我的记忆里淡去了，除了那个晚上：在比弗，我们被强迫待在趸船上，等待轮船沿着俄亥俄州把我们送到匹兹堡。这是我们第一次体会到蚊子有多么凶猛。母亲的情况最糟糕，到了早上她几乎看不清东西了。我们都被蚊子咬得惨不忍睹，可是我记得，虽然那天晚上不得不忍受蚊子的叮咬，我还是睡得很香。我总是能睡得着，从来没有经历过人们说过的"让孩子无法入睡的可怕夜晚"。

匹兹堡的朋友在焦急等待我们的消息，他们温暖而热情的招待让我们忘记了旅途上所有的不顺。我们住到了他们所在的阿勒格尼市。霍根姨夫的兄弟在丽贝卡街尾的角落里开了一家小小的织布商店，这家店的二楼有两个房间，我们就在这里住下来（不

---

① 宾夕法尼亚州的一个小城镇。

需要交租金，因为这是艾特肯姨妈的房产）。姨夫不久后就不再做织布的营生了，父亲接替了他，开始制作桌布。后来他不仅自己做桌布，还做起了商人。因为没有经销商会大批购买这些桌布，父亲就走街串巷去卖。他不得不自己一家挨一家地推销，收入非常微薄。

像以前一样，母亲来营救我们了。没有什么能把她打倒。她年轻时跟着外祖父学习过如何做鞋子，那个时候是为了赚零花钱，而现在这项技能却可以用来为家人谋福利了。父亲的朋友兼合伙人亨利·菲普斯先生是一个熟练的造鞋商，在阿勒格尼时他是我们的邻居，所以母亲可以从他那里接活。除此之外，母亲还得做家务，因为我们没有佣人。我的母亲就是这样一个神奇的女人，每个星期可以赚到四美元。在空闲时间，如果母亲没有家务要做，弟弟就会依偎在她的膝边，帮她穿针引线和给线打蜡，而母亲会背诵那些她好像铭记于心的苏格兰吟游诗人的经典作品给他听，就像她以前背给我听一样。有时母亲也会讲故事给他听，每一个故事里都包含了母亲想教给弟弟的一个道德方面的准则。

这就是在贫穷但诚实的家庭里长大的孩子能拥有，而富人家的孩子享受不到的宝贵优势。在这样的家庭里，母亲是护士、厨师、家庭教师、学校老师和圣徒，所有角色集于一身，而父亲是榜样、向导、顾问，更是朋友！弟弟和我就是在这样的环境里被抚养成人的。与这样一份遗产相比，那些百万富翁或贵族的孩子们又有什么呢？

母亲很忙碌，可是这丝毫没有妨碍她很快成为邻居眼中睿智、善良的女人。她们遇到麻烦时会向母亲寻求建议或帮助。很多人都向我提过母亲给过她们的帮助。在以后的很多年里，不管我们住在哪里，情况都是如此。穷人和富人会在有困难时来找她，也总能获得好的建议。不管走到哪里，她总能成为邻居们可以信赖的那个人。

三　匹兹堡和工作

到了匹兹堡后，我们面临的最大问题是，我可以做什么工作。 我已经十三岁了，非常急于找一份工作，以便帮助家人在新大陆创造新的生活。 未来可能面对的贫穷对我来说是一个可怕的噩梦。 这个时期，我所有的思想都集中在一个信念上，那就是我们要赚钱，要攒足够的钱，一年要赚三百美元，也就是说每一个月要赚二十五美元，因为我计算过，二十五美元足以让我们自给自足，不用依靠别人过活。 在那个时候，所有生活必需品都很便宜。

霍根姨夫的弟弟经常会问我的父母打算让我做什么，于是就发生了我有生以来看到的最悲剧的场景。 我永远都不会忘记那个场景。 他带着最善良的意图，对我母亲说我是一个很有希望的孩子，善于学习，所以他认为，如果母亲帮我定做一个合适的篮子，装上一些小玩意儿，我可以到码头周围去叫卖，没准能赚到很多钱。 此前，我不知道女人发起火来是什么样子，直到目睹了下一刻发生的事情。 他说这些话的时候，母亲正坐在那里做针线活，只见她突然站起来，伸出手，在他面前挥舞着。

"什么？ 让我的儿子去做小贩儿，在码头上的那群粗人里转来转去？ 我宁愿把他扔进阿勒格尼河里。 你给我出去！"她一边喊一边指向门口。 霍根先生走了出去。

她站在那里，像悲痛的女王。 下一刻她就崩溃了，可是她只哭泣了一小会儿，然后把弟弟和我揽进怀里，告诉我们说不要介意她的愚蠢。 这个世界有很多我们可以去做的事情，如果我们一直做正确的事，就能成为有用的人，会受人敬仰和尊敬。 她说话时的口气就像海伦·麦克雷格①在回应奥斯博迪斯通，威胁说她会把她的囚犯剁成无数片，像苏格兰格子呢上的格子那么多。 但是，母亲之所以会勃然大怒，原因是不同的。 并不是因为霍根先生建议的工作是一种平凡庸碌的劳动，因为母亲也曾教育我们，无所事事是可耻的行为。 她生气的原因是，做这样的工作让人漂泊不定，而且在她看来不是很受人尊重，还不如死了的好呢。 是的，母亲宁愿一手抱着一个孩子和他们一起消失，也不愿意让他们在年幼的时候就和粗俗的人为伍。

当我回忆起年轻时做过的挣扎和奋斗，我可以这么说：我们是这片土地上最值得自豪的家族。 在我的家里，随处可以体会到强烈的荣誉感、独立和自尊自重。 沃尔特·司各特评价彭斯说，在我见过的人当中，他有着最特别的眼睛。 我也可以这样来形容我的母亲，像彭斯说的：

> 她的眼睛能让空无一物的空间生动起来，
> 闪耀着荣光。

母亲崇高的灵魂接受不了任何低俗的、卑鄙的、虚伪的、诡诈的、粗俗的、阴险的东西，或者闲言碎语。 父亲也是一个很高贵

---

① 海伦·麦克雷格和奥斯博迪斯通都是沃尔特·司各特的小说《罗布·罗伊》(Rob Roy)中的主人公。 在这本小说里，奥斯博迪斯通是叙述者，也是主人公。 他是一个二十岁出头的受过教育的年轻人，在冒险历程中被罗布·罗伊搭救，并慢慢开始尊敬和崇拜他。 罗布·罗伊是海伦的丈夫，是一个诚实正直的苏格兰高地绅士。

的人,受所有人爱戴,被视为圣人。有着这样的母亲和父亲,汤姆和我也就慢慢成长为受人尊敬的人。

　　发生霍根先生那件事情后,父亲认为有必要放弃手工纺织,所以他转而加入了布莱克斯托克先生的棉花工厂。布莱克斯托克先生是一个年老的苏格兰人,也住在阿勒格尼。父亲也给我在这家工厂找了一份绕线工的职位,我的工资是每星期一美元二十美分。在工厂工作的日子很艰辛。冬天,父亲和我摸黑起床,吃早饭,然后在天亮前赶到工厂;中午有短暂的午餐时间,然后一直工作到天黑。漫长的工作时间让我喘不过气来,而且我也不喜欢这份工作。可是凡事总有好的一面,因为这份工作让我感觉到我正在为我的世界——我的家付出着。从那以后,我赚到过几百万美元,可是它们却不能像最初参加工作时赚到的那些钱一样,让我感到那么快乐,因为我知道自己可以给家里人帮忙了,可以养家糊口,再也不用完全依赖父母了。我经常听到父亲唱起那首美丽的《赛船者之歌》,也经常渴望自己能达成这首诗最后一句表达的意愿:

　　　　"当阿勒克、乔克和珍妮特,
　　　　长大了,学到了知识,
　　　　他们就可以掌舵了,
　　　　就可以减轻我们的忧虑了。"

我会让我们的小船轻快地掠过水面。这里需要注意的是,首先,阿勒克、乔克和珍妮特要接受教育。苏格兰是第一个要求所有父母,不管是上层阶级还是下层阶级,都要让自己的孩子受教育的国家,而且建立起了各个教区的公立学校。

　　不久以后,阿勒格尼的一位来自苏格兰的锭子制造商约翰·海先生手头需要一个男孩,于是问我要不要去给他工作。于是,我就换到他那里，工资是每星期两美元。 可是，我一开始做的工作比在之前的工厂的工作还令人讨厌。 我要运作一台蒸汽引擎，还有给锭子工厂的地下室烧锅炉。 这份工作对我来说太繁重了。我发现，我每夜坐在床上研究测量器，一会儿担心蒸汽引擎的能量太低，上面工作的工人们会抱怨动力不足，一会儿又担心引擎能量太高，锅炉也许会炸开来。

但是，我不会把这些想法告诉父母，这关乎我的荣誉感。 他们有自己要应对的麻烦，而我必须要像个男人一样担起我要承担的困难。 我一直怀抱着希望，每一天都希望发生一些改变。 我不知道这改变会是什么，不过我很确定如果我继续坚持，它一定会到来。 此外，这个时候，我在面对困难时，还是会问自己华莱士会怎么做，身为苏格兰人应该怎么做。 有一点我是肯定的，那就是他永远都不会放弃。

有一天，机会来了。 海先生要填写一些账单，可是他没有文员，自己又不懂。 于是，他问我字写得怎么样，拿了一些东西让我试试看。 结果让他很满意，于是他让我以后帮他填账单。 我也很擅长计算，他很快发现这对他很有利。 我觉得这位亲爱的老人一定是对我这个浅色头发的少年抱有善意，才会这么做的。 他有着一颗善良的心，同样是苏格兰人，而且他也想让我脱离蒸汽引擎那件苦差事。 于是，他安排我去做了这件不是很让人讨厌的事情，除了有一点不尽如人意。

现在，我的工作任务是在装满油的大桶里浸洗那些新制成的线轴。 幸运的是，有一个单独的房间来完成这个工作，所以我可以独处。 但是，不管我怎样努力坚定自己的意志，怎样鄙夷自己的软弱，我都没有办法阻止胃里的翻江倒海。 我从来没有办法克制油的气味引起的恶心感觉。 这个时候，连华莱士和布鲁斯都不起作用了。 不过，如果我把早饭或者午饭吐出来了，那么吃晚饭时我就会很有食欲，而且我也完成了分配给我的工作。 作为华莱士或布鲁斯的真正的信徒，我是不能放弃的，除非我死掉。

我能为海先生工作，很明显好过在棉花厂工作，而且我还结识了一位对我很友善的雇主。海先生的记账方式是简式记账法，我都可以帮他处理。可是后来我听说所有的大公司都在用复式记账法，于是我和我的伙伴们，也就是约翰·菲普斯、托马斯·N.米勒和威廉·考利商量了一下，决定一起去上冬天的夜校，学习那套更先进的记账系统。然后，我们就一起去了匹兹堡一位威廉姆斯先生那里，跟他学习复式记账法。

1850年初的一个晚上，我下班回家，家人告诉我电报局的经理大卫·布鲁克斯先生询问霍根姨夫是否有合适的男孩介绍给他做送信员。布鲁克斯先生和霍根姨夫都热衷国际跳棋，他正是在下棋的时候向姨夫咨询了这件事情。虽然是这样一些小事，却可以产生重大的影响。一个词、一个表情、一种方言都可能影响一个人的命运，甚至是国家的命运。把任何事情都视为小事的人真是太勇敢了。曾经有这样一个人，别人建议他不要太顾及小事情，他总是说：谁又能告诉我，什么事情算是小事情呢？年轻人应该记住：小事情往往是上帝赠与的最好的礼物。

姨夫向布鲁克斯先生提到了我，并说会问我愿不愿意做这份工作。我一直清楚记得为这件事我们召开的那次家庭会议。我当然是欣喜若狂，因为我比任何一只被关在笼子里的鸟儿都渴望自由。母亲支持我接受这份工作，可是父亲却有意拒绝。他说这份工作对我来说负担太重了，我还太年轻，个子太小。他还说，既然电报局愿意付两美元五十美分的薪酬，很明显他们希望找一个更大一点儿的男孩。而且，深更半夜的时候我可能还要到农村去送电报，有可能遇到危险。考虑了所有因素以后，父亲说我最好待在现在的工作岗位上。不过，他随后又不再反对了，决定让我试一试。我想他一定去咨询了海先生。海先生认为这份工作对我有好处，虽然如他所说，这样会给他带来不便，他依然建议我去试一下,而且很善良地说,如果我失败了,还可以回到原来的岗位上。

事情就这么定下来了。我应电报局的要求,跨过阿勒格尼河去匹兹堡拜访布鲁克斯先生。父亲想跟我一起去,于是我们约定好他陪我走到位于第四大街向伍德大街拐弯处的电报局。那是一个阳光明媚的早上,像是个好兆头。匹兹堡离我家大概两英里,父亲和我从阿勒格尼步行到了那里。到了布鲁克斯先生门前,我让父亲在外面等我,坚持要一个人到用作办公的二楼去见这位伟大的人,看看我的命运到底如何。我之所以那么做,也许是因为那个时候我已经开始把自己当成是一个美国人了。初到美国,很多男孩喊我"苏格兰崽!苏格兰崽!"每当这时我就回答说:"是的,我是苏格兰人,我为自己身为苏格兰人而骄傲。"不过,在讲话的时候我的苏格兰口音还是有一点儿改变的。所以,我觉得如果我和布鲁克斯先生单独谈,我会表现得更聪明一点。如果我那善良的苏格兰老父亲在场,他也许会因为我的故作姿态而嘲笑我。

我身穿一件白色的亚麻衬衫,平时只有在安息日①的时候我才会穿上这件神圣的衣服。我外面穿着紧身短外套,然后套着一件为周日准备的西装。那个时候,包括我开始在电报局工作后的几个星期里,我只有一件夏季的亚麻西装。每个星期六晚上,不管我是不是值夜班,是不是午夜才回到家,母亲都会等我,然后把西装洗一下,熨好,这样的话在安息日的早上我就可以穿上干净清爽的衣服。在这个西方世界,我们努力挣扎着,想要争取一席之地,在这个过程中母亲什么都尝试过了。父亲每天都要在工厂里工作很长时间,累得筋疲力尽。和母亲一样,他也像一个英雄

---

① 犹太教的信徒以及一些基督教的教徒在每周的固定一天里不工作,在这一天向上帝祈祷。

一样战斗着，一直用行动鼓励着我。

　　面试很成功。我如实跟布鲁克斯先生解释说，我不熟悉匹兹堡，也许以后不能胜任这份工作，自己也不够强壮，可是我唯一想要的就是一次尝试。他问我多快可以开始工作，我说如果需要，我当天就可以留下。回顾当时的情形，我觉得年轻人都应该仔细衡量那个答案。不抓住机会，那就是大错特错了。首先，我已经得到了这次机会，如果我不接受，可能会出现其他情况，比如电报局会去找其他的男孩子。所以既然已经得到了这个机会，我就提议说如果可以的话，我当天就留下来。布鲁克斯先生很友善地叫来另外一个男孩子（我的送信员岗位是新增加的，不是替换），让他带我转转，学习一下业务。我找了个机会去拐角见父亲，告诉他一切顺利，让他回家告诉母亲我已经得到这个工作机会了。

　　于是，在1850年，我的生活真正开始。在那之前，我在漆黑的地下室操作着蒸汽发动机，浑身沾满了煤灰，拿着每星期两美元的薪酬，完全看不到那样的工作能给我的生活带来什么提升空间。而现在我好像被托举到了天堂，是的，天堂，环抱着我的是报纸、钢笔、铅笔，还有阳光。我每时每刻都能学到新的东西，每时每刻都发现我知道得太少，需要学习的还有很多。我感觉到自己的双脚踩在梯子上，而我必须要攀上这阶梯。

　　我只害怕一件事情，那就是不能很快地记住那些五花八门的商行的送信地址。于是，我开始留心沿街那些商行的特殊标志。晚上，为了加深记忆，我依次说出这些商行的名字。没多久，我就已经可以闭上眼睛，依次说出这条街街头到街尾的所有商行的名字，然后列出对面那条街街尾到街头的所有商行。

　　下一步就是认识在各个商行工作的人，因为这对送信员是很有好处的。比如，如果他认识某些商行的员工，那就省得送信员大老远去送信，因为他可能在去办公室的路上遇到某个员工。送信的男孩子们认为，能在大街上就把一封信送出去是很大的胜利。再就是，送信员还能得到额外的满足，因为当他们在街上拦下某个很厉害的人物（送信员认为大部分男人都很厉害）时，这个人多数情况下会留意到他，还不忘称赞他几句。

1850年的匹兹堡跟现在有很大的不同。1845年4月10日的那场大火①摧毁了整个商业区，而1850年的匹兹堡还没有从大火造成的破坏中恢复过来。房子主要是木质结构，只有少部分是砖房，没有一间是防火的。匹兹堡及周边的全部人口不超过四万人。商业区只延伸到第五大街。那时的第五大街是一条非常安静的街道，唯一引人注目的是街上有一家剧院。阿勒格尼的联邦大街上散布着各种商行，商行之间隔着很大的空间。我还记得自己曾经在现在的第五行政区中心位置的池塘上滑冰。现在的联合炼铁公司所在地在当时以及之后的很多年都只是一片卷心菜园。

罗宾逊将军是在俄亥俄河西岸出生的第一个白人，我给他送过很多电报。我见证了第一条电报线路从东部地区连进匹兹堡，后来又见证了用于俄亥俄和宾夕法尼亚铁路的第一辆火车头。当时，一艘平底大驳船通过运河把火车头从费城运来，然后在阿勒格尼卸船。那个时候还没有火车通到东部，所以人们需要坐船沿运河到阿勒格尼山脚，然后坐三十英里的火车到宾夕法尼亚州的霍利迪斯堡，接着坐船沿运河到哥伦比亚，而后坐八十一英里的火车到费城。整个行程历时三天。

那时，匹兹堡每天的一件大事就是行驶于匹兹堡和辛辛那提之间的蒸汽邮轮的到港和离开，因为这建立起了两个城市之间的日常沟通。匹兹堡的业务主要是在东部和西部之间运送货物，因为它是从河运转到运河的一个很大的中转站。那时，一家轧钢厂已经轧铁，不过一年生产的生炼金属还不到一吨，即使很多年之

---

① 这场大火吞噬了这座城市的三分之一。

后,钢产量也没有达到一吨。 生铁生产商一开始就全面失败,因为缺乏合适的材料,虽然世界上最宝贵的焦煤矿藏就埋在几英里之外。 人们完全没有想到焦煤可以用来冶炼铁矿石,如同想不到要开采利用很长时间以来埋在匹兹堡地下的天然气一样。

那时,匹兹堡乘坐四轮马车的人不到五六个。 多年之后,人们开始兴起穿制服,连马车夫都有了制服。 一直到1861年,匹兹堡的年鉴中记载的最引人注目的事件也就是法内斯托克先生退休,从他的合伙人那里分得总额十七万四千美元。 在那时,那是多大的一笔钱呀! 而现在,又是多么微不足道!

送信员这份工作让我很快认识了匹兹堡的很多领头人物。 匹兹堡的律师界很有名气,威尔金斯法官是带头人。 我对法官本人,还有法官麦坎德利斯、麦克卢尔、查尔斯·谢勒以及他的合伙人埃德温·M.斯坦顿[1],也就是后来伟大的国防部长("林肯的左膀右臂"),都很熟悉。 特别是斯坦顿先生,因为善良的他注意到了我这个送信的小男孩。 商业圈仍然在世的优秀人物中,托马斯·M.豪[2]、詹姆斯·帕克[3]、C. G.赫西[4]、本杰明·F.琼斯[5]、

---

[1] 埃德温·M.斯坦顿(Edwin McMasters Stanton, 1814—1869):美国律师和政治家,在林肯从政期间,他担任了美国内战时期的国防部长,他的有效管理帮助林肯组织起了北方军队庞大的军事资源,从而取得了内战胜利。

[2] 托马斯·M.豪(Thomas Marshall Howe, 1808—1877):宾夕法尼亚州在美国众议院的辉格党成员。 辉格党是活跃在美国十九世纪中期的政党。

[3] 詹姆斯·帕克(James Park, 1835—1858):苏格兰人,曾因为英勇行为被授予维多利亚十字勋章(颁发给英国和英联邦国家英勇杀敌的军人的最高和最有名望的奖励)。

[4] C. G.赫西(Curtis G.Hussey):匹兹堡&波士顿矿业公司的成立者。

[5] 本杰明·F.琼斯(Benjamin Franklin Jones, 1824—1903):匹兹堡的一位实业家,是匹兹堡钢铁行业的先锋人物。

威廉·索①、约翰·查尔方特②、赫伦上校③都被我们送信员当成榜样。他们是我们的好榜样，因为他们的一生证明了这一切。（唉！1906年，也就是我修改这段文章时，他们都已经过世了。庄严的生命进程稳步前进，不可阻挡。）

做送信员的日子是很开心的，也正是这份工作帮我建立起最亲密的朋友圈。那个资历较老的男孩升职了，公司必须找一个新的男孩接替他的工作。新的邮递员名字是戴维·麦卡戈，也就是后来知名的阿勒格尼河谷铁路总监。他和我成为搭档，我们两人需要负责传递来自东部线路的所有信息，而另外两个男孩负责西线消息。那时候，东西部电报公司还是分开的，虽然都在一栋楼上。"大卫"（戴维的昵称）和我一见如故，其中一个很大的原因是，他也是苏格兰人。虽然戴维出生在美国，他的父亲却和我的父亲一样是不折不扣的苏格兰人，甚至说话的方式也差不多。

戴维来上班没有多久，电报局又开始招募第三个送信员。这次，局里的人问我能不能找到合适的人选。我毫不费力地把我的好朋友罗伯特·皮特凯恩介绍进来。后来他接替我继任了宾夕法尼亚铁路公司匹兹堡分公司的负责人和总代理职位。跟我一样，罗伯特不仅是苏格兰人，而且出生在苏格兰。于是，我们三个苏格兰男孩，"大卫"、"鲍勃"（罗伯特的昵称）、"安迪"就负责匹兹堡的东部电报线路传递的所有信息，每周可以赚到两美元五十美分，薪水非常可观。送信员的任务之一是每天早上打扫办公室，我们三个人轮流做这件事情。所以，你看，我们三个人都是

---

① 威廉·索（William Thaw，1818—1889）：美国商人，通过运输业和银行业积累了庞大的财富。

② 约翰·查尔方特（John Weakly Chalfant，1827—1898）：把天然气作为工业燃料使用的先锋。

③ 赫伦上校（Francis Jay Herron，1837—1902）：美国内战中的一位上将，曾与自己的兄弟开办了银行。

从底层做起的。 后来，霍恩.H. W. 奥利弗和 W.C.莫兰先后加入电报局，和我们一样从底层工作开始做起。 后米，前者成为庞大的制造公司奥利弗兄弟公司的领军人物，而莫兰成为律师。 在人生的赛场上，力求进步的年轻人不需要惧怕富人的儿子们、侄子们或者堂兄弟们。 那些打扫办公室的底层男孩们也会成为赛场上的"黑马"。

那个时候，做送信员会遇到很多高兴的事。 比如，在水果批发商店，如果送信的男孩把信及时送到了，店主就送给他满满一袋儿苹果。 烘焙店和甜食店的老板有时会送给送信员蛋糕呢！ 作为送信员，他总是会遇到很善良、让他心生敬佩的人。 这些人会和蔼可亲地和他讲话，表扬他送信的迅速，有时或许让他在回程的时候帮忙带个信儿。 我不知道还有什么其他职业可以让一个男孩很容易地得到别人的关注，而别人的关注是一个异常聪明的男儿成功所必需的。 睿智的大人总会注意到聪明的小孩。

这份工作还有一个让人兴奋的地方：如果对方想把信送到我们业务范围外的某一个地方，送信员可以额外收取十美分。 自然，我们总是热切地关注这样的业务，关于谁有权利递送这些信，送信员之间总是争吵不断。 有时，有的送信员会在没有轮到自己的时候去接这样的业务。 这些十美分的业务是引起我们之间严重矛盾的唯一原因。 为了解决这一问题，我提议说我们应该把这些额外的收入聚集起来，一个星期结束后，把这些钱公平分配。 于是，我被任命为会计，我们之间也恢复了平静、轻松的气氛。 把额外收益集合起来，不是为了记录人工价格，而是为了合作。 这是我在金融管理方面的第一次实践。

有些送信的男孩认为他们完全有理由使用这些额外的收益，于是开始赊账，大多数男孩在附近的甜品店都有赊账记录，我们的额外收益有时会严重透支。 作为会计，我需要用适当的方式把这种情况告知甜品店，让他们知道我不负责帮这些太贪嘴的送信员偿还任何赊账。 罗伯特是情况最糟糕的一个，很明显他不仅是喜欢吃甜食，而且是疯狂地喜欢。 有一天我批评他的时候，他悄悄告诉我，他的胃里面有活物在啃噬他，只有喂了甜食，它们才会停下来。

四　安德森上校和他的书籍

　　虽然做送信员有很多开心的事，但是我们的工作还是很辛苦的。 每隔一个晚上，我们得留在电报局值班，直到关门。 于是，每个值班的晚上，我几乎都是十一点之后到家，就算不值班，也要六点钟才能到家。 所以我们没有很多时间用来提升自己，家里的生活情况也不允许我们把钱花在买书上。 不过，如同上天眷顾，文学的宝库还是向我敞开了大门。

　　詹姆斯·安德森上校（在写到这个名字时，我为他祈祷着）宣布开放他有四百本藏书的图书馆，每个星期六的下午供男孩子们借阅，而接下来的一个星期六下午他们可以回来换另一本书。 我的朋友托马斯·N.米勒告诉了我这件事情，并说图书馆是对"手工劳作的男孩"开放的。 于是问题就来了，送信员、文员和不从事体力劳动的男孩们可不可以借阅图书。 我给匹兹堡报社《匹兹堡快报》[①]发了一封短信，强调说：我们送信员不应该被排除在外。 虽然我们已经不从事体力劳动，我们中的其他人这么做过，而且我们也确实是在工作着的男孩子。 亲爱的安德森上校很快把我们列入图书借阅人群里。 于是，我作为公众作家的第一次

[①] 匹兹堡主导报纸，1846—1923 年间发行。

尝试成功了。

汤姆·米勒（对托马斯·米勒的昵称）是我的小圈子里要好的朋友。他住在安德森上校家附近。他把我介绍给上校认识。就这样，我感觉地牢的墙壁上开了几扇窗户，知识的阳光开始洒进来。我随身带着借来的书，在工作的间隙里阅读，每天的辛劳和漫长的工作时间也因此而变得轻松了。一想到下个星期六就可以借到一本新书，未来的日子就变得很明亮。通过这样的方式，我慢慢熟悉了麦考利①的文章和他描述的历史，无比认真地阅读了班克罗夫特②的《美国历史》。那时候我对兰姆③情有独钟，而对文学大师莎士比亚所知甚少，仅限于学校的教材上选读的几篇著作。我对他的喜爱萌芽于古老的匹兹堡剧院里。

在我的朋友圈子里，约翰·菲普斯、詹姆斯·R.威尔森、托马斯·N.米勒和威廉·考利都和我一样分享着安德森上校图书馆提供给我们的宝贵财富。因为他的慷慨，我能看到在其他地方没有办法借到的书。因为他，我培养了对文学的热爱，人类累积的百万财富都不能与之媲美。没有文学，我的生活将是无法忍受的。正是由于他，我和我的伙伴才没有结识恶友和染上坏习惯。后来，当我积累了一些财富，我做的事情之一就是为我的恩人竖起丰碑。我把纪念碑赠与阿勒格尼，建在钻石广场的大厅和图书馆前，碑文是这样写的：

致詹姆斯·安德森上校，西宾夕法尼亚自由免费图书馆的建立者。他向工人阶层的男孩子们开放了自己的图书馆，而且

---

① 麦考利（Thomas Babington Macaulay, 1800—1859）：英国历史学家和政治家。他写了大量的文章和评论，他关于英国历史的书籍被称为文学杰作。

② 班克罗夫特（George Bancroft, 1800—1891）：美国历史学家和政治家。

③ 兰姆（Charles Lamb, 1775—1834）：英国作家，随笔作家，最著名的作品是《伊利亚随笔》（*Essays of Elia*）和《莎士比亚戏剧故事》（*Tales from Shakespeare*）。

每个星期六的下午都亲自担任图书管理员,不仅贡献了他的书,还贡献了高贵的服务。安德鲁·卡内基,众多获益的男孩子之一,怀着感激之情建起这座纪念碑,以纪念上校。上校的图书馆向他打开了充满知识和想象力的珍贵宝库,让他们得以不断进步和提升。

这只是一份微不足道的礼物,只略微表达了我对安德森上校的功德有多么感激。 正是由于早年的这些经历,我才会坚定地相信:如果一个社区愿意把公共图书馆作为市政机构来支持,这个社区将是金钱最有价值的利用之所,因为这种方式可以帮助内心善良、志向远大和有能力的年轻男女不断提升自己。 我相信,我有幸成立的那些图书馆在未来会证明我的观点是正确的,因为在每一处图书馆覆盖的区域,只要有一个男孩能够利用到图书馆,即使他只是从中获得了我所收获的益处的一半,我认为这些图书馆的成立就不是毫无用处的。

俗话说,"苗弯树不正"。 幸运的是,书中包罗万象的世界在适当的时间呈现在我面前。 图书馆最根本的好处在于:只有愿意读书的人才能有所收获。 年轻人必须要自己去获取知识,别无他法。 邓弗姆林曾经有五位纺织工,他们收集自己的图书,成立了第一所流动图书馆。 让我非常高兴的是,很多年以后,我发现父亲是这五位纺织工之一。

那所图书馆有一段有趣的历史。 它反反复复挪换了至少七次。 第一次换地方的时候,成立者们用围裙兜着书,还有一些书放在煤斗里,就这样从手工织布机的店里把图书馆挪到了第二个地方。 我生命当中最重要和有意思的事情之一就是,父亲是邓弗姆林第一所图书馆的建立者之一,而我也幸运了成为了最新一家图书馆的创立者。 我在公共演讲中经常讲道,我庆幸自己继承了作为纺织工的父亲,成为一个乐于创建图书馆的人。 我在不知情的情况下追随着父亲的脚步，像他一样建立起了图书馆。 我想说这是天意，这件事给我带来了深深的满足感。 父亲这样一个人是值得追随的向导，他也是我所知的最亲切、纯真和善良的人之一。

　　我在前文中曾提到，剧院是首先激发我对莎士比亚热爱之情的地方。 在我做送信员的那段日子里，古老的匹兹堡剧院是由福斯特先生在打理，正处于发展的鼎盛时期。 电报局给他提供免费的电报服务，而作为交换，电报员们可以免费进剧院。 送信员们一定程度上也享受到了这一特权，不过这恐怕是因为送信员有时候会故意把下午就已经到的福斯特先生的电报扣下来，然后等到晚上在剧院的门口把电报给他，同时小心翼翼地请求他准许自己溜到二楼。 福斯特先生总会答应他的请求，于是我们这些男孩子们就轮流送电报给他，以便每个人可以有机会进入梦寐以求的剧院。

　　就这样，我开始了解绿色幕布后面的那个世界。 总的来说这些剧目是很壮观的。 虽然表演没有很多文学价值，但足以给一个十五岁的年轻人带来炫目的感觉。 在那之前我从来没有看过如此宏大的演出，甚至从来没有看过这种类型的演出。 我从来没有进过剧院，或者音乐会场，也没有看过任何形式的演出。 我的那三位朋友，戴维·麦卡戈、哈利·奥利弗和鲍勃·皮特凯恩都是如此。 我们都被舞台脚灯的迷人魅力折服了，所以更加急切地争取每一次进剧院的机会。

　　后来，那个时代最著名的悲剧演员之一的"强风"亚当斯开始在匹兹堡表演莎士比亚的剧目，我的品味也开始发生变化。 从此，我就迷上了莎士比亚。 我几乎可以不费吹灰之力就记住剧中的台词。 在那之前，我从来没有意识到原来词汇有如此奇妙之处。 每一个节奏、每一个旋律都似乎注入我的身体里，找到自己休息的地方，慢慢凝结成一个结实的集合体，躺在那里，等待着召唤。 对我来说，戏剧是一种新的语言，而舞台表现这一呈现形式，让我开始喜欢它。 不过，直到《麦克白》①的上演，我对莎士比亚的兴趣才真正被激发出来。 要知道，我以前从来没有读过这些戏剧。

过了一段时间，我通过《罗恩格林》②知道了瓦格纳。 之前，我在纽约音乐学院几乎没有听过他的曲子，可是《罗恩格林》序曲却给了我新的启示，让我激动万分。 瓦格纳是一位天才，真正的天才，与他之前的所有天才都不同。 他是我借以向上攀登的新阶梯，和莎士比亚一样，是我的一位新朋友。

在这里，我还想提及另外一件同时发生的事情。 阿勒格尼的一些人，可能总共不超过一百人，组成了斯维登堡教会，我的美国亲戚们都是里面很有名的成员。 父亲离开长老教会后也加入了这个教会，我自然也被带了去。 不过，母亲对这个教会没有什么兴趣。 虽然她一直教导我们要尊重所有宗教，不提倡不同神学间的争论，但是她总是保持着自己特有的信仰，用孔子的著名格言"履行好自己在这一生中的责任，不要去担心另一世，才是最高智慧"也许可以最好地定义母亲的生活态度。

她鼓励我和弟弟去教堂做礼拜，去参加主日学校③，不过很明显，她认为那些多数摘自《新约》和《旧约》的斯维登堡教会的著作称不上神作，也没有资格被当做指导生活的权威向导。 我被斯维登堡的神秘教义深深吸引了，艾特肯姨妈还称赞我解释"精神意义"的能力。 这位亲爱的老太太热切地盼望着我有一天成为新

---

① 《麦克白》(Macbeth)：莎士比亚四大悲剧之一。 英勇的苏格兰将军麦克白得到女巫的预言，说有朝一日他会成为苏格兰的国王。 在权力的诱惑以及妻子的怂恿下，麦克白谋杀了国王邓肯，成为国王。 可是，由于内心的负罪感和妄想症，他变成了暴君。 后来被贵族麦克达夫杀死。
② 德国作曲家瓦格纳的一部三幕浪漫歌剧。
③ 教堂在星期日对儿童进行基督教教育的课堂。

耶路撒冷的耀眼之星。我知道，她有时候一定幻想着有一天我会成长为她所谓的"福音传播者"。

随着我渐渐远离人造的神学理论，姨妈热切的期盼也随之淡去，不过她对我的关注和疼爱从来没有减少过。我是她的第一个侄子。在苏格兰的时候，她总是把我抱坐在膝上，逗我玩。她曾经对我的堂弟利安得·莫里森还抱着一些期盼，希望通过斯维登堡教会的启示拯救他，可是让她心痛的是堂弟也让他失望了，因为他成了浸礼会教友，而且已经施浸礼了。对她这样一个福音传教士来说，这真的很难承受，虽然她还记得自己的父亲也有同样的经历，而且经常在爱丁堡为浸礼会传教。

加入浸礼会后第一次去看望姨妈时，利安得受到了冷遇。家人在提醒他，他背弃斯维登堡教义让家人蒙羞，特别是当斯维登堡教会最虔诚的信徒之一的姨妈已经向他展示了新耶路撒冷的大门时。利安得不以为然地说：

"姨妈，为什么对我这么苛刻呢？您看安迪，他不信奉任何宗教，您怎么不责骂他？我信仰浸礼会，总比什么信仰都没有要好吧？"

姨妈立刻回答道：

"安迪？哦，安迪！他没有任何信仰，像个光身子的人，而你呢，就像一个穿破衣烂衫的人。"

利安得从此失去了亲爱的艾特肯姨妈的疼爱。我也许还可以被改变，因为我不属于任何宗教，而利安得已经选择了自己的教派，而且还是一个跟新耶路撒冷没有关系的教派。

通过接触斯维登堡教会，我开始喜欢上音乐。作为圣歌的补充，教会还从清唱剧中选择了一些较短的作品。好像出于天性，我对这些作品很着迷。虽然我的嗓音不是很好听，可是表情到位，所以我经常参加合唱团的练习。我有理由相信，合唱团的负责人凯森是因为我的热忱才经常原谅我在练习中出现的不和谐的音。 后来，当我完全了解了清唱剧后，我高兴地发现那些在音乐界被称为亨德尔音乐作品精华之作的作品都是我作为一个无知少年时最喜欢的曲子。 所以，可以说我的音乐启蒙教育最早开始于斯维登堡教会的小合唱团。

当然，我也不能忘记，是父亲唱给我听的苏格兰本土的吟游歌谣集为我奠定了基础，培养了我对音乐的热爱，那些歌谣是无可比拟的。 我熟悉几乎所有的苏格兰老歌，不管是歌词，还是曲调，这为我欣赏贝多芬和瓦格纳这样伟大的音乐家奠定了很好的基础。 父亲是我聆听过的歌声最悦耳、最哀婉动人的歌唱者之一，所以，我也许就是从他那里继承了对音乐和歌曲的热爱，虽然没有继承他的嗓音。 孔子的赞叹时常在我耳边响起："音乐，上帝神圣的声音！ 我听到了您的召唤，我来了。"

那个时期发生了另外一件小事，足以表现出父母在另一个方面的开明思想。 作为送信员，我没有假期，只能在夏天的时候休息两个星期。 通常我会在俄亥俄州东利物浦的姨夫家度过这段时间，和我的堂兄弟们在河里划船。 我非常喜欢滑冰，每到冬天，房子对面河流里平缓的河水就覆盖上了漂亮的冰层。 河面的冰封冻得刚刚好。 星期六晚上我很晚才到家，我问父母第二天一早我能不能起床去滑冰，等到了时间再去教堂。 对于普通的苏格兰家长来说，没有什么问题比这个更严肃。 母亲的观点很明确，如果我喜欢滑冰，就应该让我去，父亲也认为我可以去，但是希望我及时回来，跟他一起去教堂。

我觉得，如果这件事情发生在今天，几乎所有美国家长都会允许孩子去滑冰，大多数的英国家长应该也会做出同样的决定，但是在苏格兰不会。 今天，一些人认为安息日是为人而设的，所以他们会对公众开放画廊和博物馆，把这一天变成大家可以愉快享受的一天，而不是敦促人们为了罪恶去哀悼，况且大部分的罪恶都是想象出来的。 这些人和四十年前的我的父母一样，思想很前卫。 在那个正统思想当道的时代,安息日那天悠闲地去散步或者读宗教书籍以外的东西都是不允许的,至少在苏格兰人中间是不可以的,而我的父母已经超越了那个时代。

五　电报局

我在电报局工作了大概一年以后，楼下办公室的经理科洛尼尔·约翰·P.格拉斯上校偶尔会让我帮他照看办公室，他经常要去接触公众，所以有时不在办公室。格拉斯先生是个很受公众欢迎的人，同时也很有政治抱负，所以他不在办公室的时间变得更长更频繁。我很快熟悉了他负责的那部分工作，于是我接收来自各地的电报，然后保证来自操作室的电报能恰当地分配给送信员们，以便及时派送。

这对一个男孩来说是很有挑战性的工作，而且那个时候我在其他的男孩们中间也不是很受欢迎，因为我可以免于做送信员的工作。我也因为自己吝啬的习惯而承受着压力。就像那些男孩们说的，我很小气，从来不把额外赚得的那些美分花掉。可是他们不知道其中的原因：我赚得的每一分钱都要贴补家用。我的父母很明智，从来不会对我隐瞒家里的情况。我知道我们一家人每个星期的收入，也就是父亲、母亲和我的工资之和，我也知道家里的每一项支出。没有哪个家庭像我们一样团结在一起。

母亲每天总能存下五十美分银币，小心地放在袜子里藏好。直到攒到两百美元，我写了一张汇票，还清了亨德森夫人慷慨解囊借给我们的二十镑。我们庆祝了这一天的到来，因为卡内基家族终于还清债务了。哦，那一天我们多么高兴呀！不过，虽然债务已经还清，我们对亨德森夫人的感激之情一直都在，她的恩情我们是还不清的。年老的亨德森夫人今天依然在世。每次回邓弗姆林我都会去看望她，每次去她的家，我如同走进神殿。不论发生什么事情，我们都不会忘记她。（当读起多年前写的这些文字，我低吟着亨德森夫人当年说过的话，"走吧，和其他人一起走吧！"希望母亲这位慈爱、善良、高贵的朋友能够安息。）

在我做送信员的那段时间，发生过一件让我无比高兴的事情。那是一个星期六的晚上，格拉斯上校给送信员们发每月工资的时间。我们在柜台前站成一排，格拉斯先生一一发给我们工资。我站在排头，伸出手去接格拉斯先生递出的十一美元二十五美分。奇怪的是，他并没有把钱递给我，而是递给了下一个男孩儿。我在想，他是不是出错了，因为一直以来我都是第一个领工资的。可是，他还是依次给其他男孩儿发着工资。我的心开始沉下去，羞愧感袭来。难道是因为我做错了什么吗？还是因为我有什么事情没做？我要让家里人感到丢脸了，这一想法让我感觉挨了当头一棒。格拉斯先生给其他男孩发完了工资，等他们都离开，然后把我叫到柜台后面，告诉我说，我应该获得更高的薪酬，他决定把我每月的薪水提高到十三美元五十美分。

我的头一阵眩晕，怀疑是不是听错了。接着，他数了十三美元五十美分给我。我不知道当时有没有感谢他，我想应该没有。我接过钱，一步跨出门去，马不停蹄地跑回家。我清楚地记得自己当时是跑着，或者说跳跃着从桥的一头到了另一头，跨过了阿勒格尼河，然后跑上了马车道，因为感觉人行道太窄了。这是星期六的晚上，母亲总会等我。她是我们家里的财务主管，我把十一美元二十五美分递给她，并没有提到口袋里剩下的两美元二十五美分。那个时候的两美元二十五美分比我自此以后赚到的几百万美元都更有价值。

弟弟汤姆那时候才是个九岁的小男孩，我们两人一起睡在阁楼上。等到我们躺在床上，没有人打扰时，我悄悄地把自己的秘密告诉了我亲爱的弟弟。虽然他还很小，可是他知道这意味着什么。我们畅想着未来，那是我第一次向他描绘以后一起经商的情景：我们会成立公司，名字叫做"卡内基兄弟"应该不错；父亲和母亲以后会有自己的马车坐。那个时候，我们认为那就是自己要努力去争取的东西。曾经有这样一位苏格兰老太太，她的女儿嫁给了伦敦的一个商人。当女婿让老太太去伦敦和他们一起住，并允诺让她"乘坐自己的马车"的时候，老太太回答说：

"如果斯特拉斯博吉①的大伙们看不到，我乘大马车又有什么意义呢？"所以，我不仅要让父亲母亲在匹兹堡乘坐马车，还要让他们可以衣锦还乡，回去看望邓弗姆林的人们。

星期天的早上，当父亲、母亲、弟弟和我坐下来一起吃早饭时，我拿出了那两美元二十五美分。父亲母亲非常惊讶，过了好一会儿才明白是怎么回事。父亲看了看我，眼睛充满爱意和自豪，而母亲的眼睛里闪烁着泪花。我读出了他们当时的感受：这是他们儿子的第一次胜利，有力地证明他是值得被提拔的。没有哪一次成功或者任何形式的认可比这一次更让我兴奋。我甚至想象不出比这更好的了。我脚踏在大地上，却如同找到了天堂，因为我的整个世界都流下了欣喜的泪水。

早上，送信员们要打扫操作室，也就有机会在操作员来之前在电报机上做些练习。这又是一个机会。我很快开始熟悉那些按键，然后和其他电报站点的男孩子们通话。这些男孩子和我一样想要学习怎么使用电报机。我认为，不管你学习做任何事情，都要抓住把这些知识付诸实践的机会。

一天早上，我听到呼叫匹兹堡的急促声音。似乎能预感到有

---

① 苏格兰的一个镇。

人急切地想要通话似的，我接通了电报机，让纸条滚动。这是来自费城的消息，想要马上发送一条死亡通知到匹兹堡。对方问我是不是能接收，我回答说，如果他们能慢慢发送消息，我可以试一试。我成功地记下了内容，然后跑出去递送这条消息。后来，我焦虑地等待着布鲁克斯先生回来，告诉他我大胆妄为地做了些什么。幸运的是，他不仅没有因为我的鲁莽而责怪我，反而表扬了我。不过，在让我离开前，还是警告我要非常仔细，不可以犯错误。没过多久，操作员如果有事不在时，我就被喊去照看电报机。通过这种方式，我学会了电报技术。

幸运的是，那个时候我们的操作员很懒，巴不得我可以帮他做事情。于是，我们有机会练习通过滚动的纸条接收信息，然后操作员把信息读给抄写员。后来，有传言说西部的某个操作员已经可以通过声音读出电报内容，所以只靠耳朵就可以接收信息了。我听说了以后很想学习这个方法。我们办公室里的一个操作员麦克莱恩先生熟练地掌握了这一方法，他的成功鼓舞了我。后来，我惊讶地发现自己竟然能如此轻松地学会这项新语言。有一天操作员不在，我跃跃欲试，想要独自接收信息，可是那位年老的抄写员认为我自以为是，不自量力，拒绝给一个送信的男孩儿抄写信息。于是，我关掉电报机上的字条，拿起铅笔和便笺簿，开始一边听一边记录信息。我永远忘不了他惊讶的表情。他命令我把铅笔和便笺簿还给他。从那以后，慈爱的考特尼·休斯老人和我沟通不再困难。他成了我忠实的朋友和抄写员。

这件事情之后没多久，离匹兹堡三十英里之遥的格林斯堡的操作员约瑟夫·泰勒需要请假两个星期，问布鲁克斯先生可不可以派一个人来接替他。布鲁克斯问我愿不愿做这件事，我马上给了他肯定的答复。

"那好，"他说，"我们就派你过去试一试。"

我是乘坐邮车出发的，度过了非常开心的旅程。乘客中碰巧有一位苏格兰裔的知名律师，还有他的妹妹。这是我的第一次短途旅行，第一次领略这个国家的种种景色。我在格林斯堡宾馆吃了顿饭，这是我第一次在宾馆吃饭，我觉得那里的饭菜非常好吃。

那是1852年。那时的格林斯堡到处是深深的沟渠和堤坝，正在修建宾夕法尼亚铁路。我经常在清晨走出来看看进行中的工程，却怎么都没有想到自己很快就要效力这家大公司了。这是我加入电报局以后担任的第一份责任很重大的职位，所以我很急切地想要待在工作的地方，以防有需要我的时候。一天晚上，风雨大作，我在办公室坐到很晚，想保证线路通信畅通。我离键盘太近了，一道闪电把我从凳子上击倒在地，差点断送了我的事业。后来，我在雷雨天气尤其小心谨慎，办公室里的其他人也注意到这一点。我在格林斯堡的工作让主管们很满意。回到匹兹堡后，我的周身像是罩上了光环，至少其他男孩子是这么认为的。我很快获得升职。事情是这样的：电报局需要一个新的操作员。布鲁克斯发电报给詹姆斯·D.里德，时任匹兹堡电报线路的总负责人，后来成为我的好朋友。在电报里，布鲁克斯先生推荐我去做助理操作员。从路易斯维尔发来的电报中，里德先生说如果布鲁克斯先生认为"安迪"可以胜任，那么他高度赞成提拔他。结果我开始担任电报操作员，每月的薪水为二十五美元。对那时的我来说，这是很大的一笔钱。正是由于布鲁克斯先生和里德先生，我才能从一个送信员成长为电报操作员。十七岁时，我完成了学徒期。自此，我开始担起一个男人的责任，再也不是男孩儿了。而且，我每个工作日都可以赚到一美元了。

对一个年轻人来说，电报局的操作室是一个很优秀的学校。在这里，他接触到的是铅笔、纸张，需要做的是合成和发明。在这里，我对英国和欧洲事务的些许知识派上了用场，帮了我很多忙。知识总是以这种或那种方式来证明自己是有用的。它总会告诉你一些事情。我们通过电报从开普雷斯①接收国外的消息，同时，持续不断地接收来自轮船上的信息是我们最有名的任务之一。后来这个任务也很自然地分配给了我。

那时候的电报线路不能很畅通地传递信息，特别是在有暴风雨的天气，接收信息基本上需要靠猜。我猜信息的能力被认为是异于常人的，我非常喜欢把信息的空缺补足，而不是打断发电报的人，在一两个听不清的词上面花费好几分钟。当接收的信息是外国消息时，我的做法并不算很危险的尝试，因为就算一个大胆的操作员过分自由地猜测了信息，也不会带来很严重的麻烦。我对外国消息方面的知识越来越全面，特别是关于英国事务方面。所以，如果我能听到第一个或前两个字母，我的猜测就都很安全。

匹兹堡各家报社都习惯派一名记者到电报局来抄写新闻报道。后来，有一个人专门负责为所有的报纸提供抄写服务。他建议说，接收到这些消息后，我可以多抄写几份。于是，我们达成协议：我帮他把每份新闻报道抄写五份，他每个星期付给我一美元。这是我给报社做的第一份工作。说实话，这份工作薪酬并不高，可是这一美元还是让我每个月的总收入达到了三十美元，而那个时候，每一美元都很珍贵。家里的情况慢慢好转，成为百万富翁的美好前景好像开始向我招手了。

另一件对我有决定性影响的事情是我和我的五个值得信赖的好伙伴一起加入了"韦伯斯特文学社"。我们组成了一个精挑细选的圈子，大家紧密地聚集在一起。这对我们所有人来说都很有好处。在加入文学社之前，我们组织了一个小型的辩论俱乐部，晚上都聚集在菲普斯先生的父亲的房间里，白天那个房间用来供短工鞋匠们工作。最近，汤姆·米勒到处跟人家说，我有一次针

---

① 位于加拿大纽芬兰岛阿瓦隆半岛东南端上的一片土地。

对"法官是否应该由民众选出"这一问题演讲了接近一个半小时,不过,我们必须抱着同情的态度佯装他的记忆出了问题。"韦伯斯特文学社"是匹兹堡当时最好的俱乐部。想到有资格成为社员,我们都感到很自豪。之前在补鞋匠的工作间所做的辩论练习只不过是让我们做好加入文学社的准备。

我所知道的最能让一个年轻人受益的方式就是加入这样一个俱乐部。我读过的很多书都和接下来的辩论相关,让我的观点更清晰、更坚定。我后来之所以能在观众前那么泰然自若,也许可以全然归功于在"韦伯斯特文学社"的经历。我那个时候(包括现在)发言时坚持的两个原则是:让自己在观众面前完全无拘无束,然后和他们"谈"话,而不是"对"着他们"讲"话。不要模仿其他人,做你自己,用自己的方式讲话,而不是演说。

我终于成为一个可以只通过声音来记录电报的操作员,完全摒弃了打印。这一成就在当时是很罕见的,以至于很多人来到电报局,只是为了目睹这一非凡的事迹。这让我备受关注。后来,一场大洪水切断了斯托本维尔①和惠灵②之间的所有电报通信。两个城市相距二十五英里,洪水过后,我被派到斯托本维尔去负责东西部之间的所有业务。我每一到两个小时派小船把电报沿河送到惠灵,然后每艘船返回的时候都会带回电报。通过这种方式,一个多星期后,匹兹堡东西部城市的整个电报交流建立起来并维持下去。

在斯托本维尔,我得知父亲要去惠灵和辛辛那提③出售他织的桌布。我等待着深夜靠岸的船,终于见到了他。我记得当时自己受到很大的触动,因为我发现他没有坐客舱,而是一直待在甲

---

① 俄亥俄州的东部城市。
② 西弗吉尼亚州的北部城市。
③ 俄亥俄州西南部城市。

板上。让这样善良的一个人这样出行,我觉得很气愤。但是,我还是对父亲说:

"父亲,不久以后母亲和您就可以驾着自己的马车出行了。"这些话让我自己好受了些。

父亲通常比较害羞,为人拘谨,非常敏感,而且很吝啬表扬别人(苏格兰人的特点之一),以免他的儿子们沾沾自喜。不过,如果被感动了,他就不能控制自己了。当时的他就是这个样子。他抓住我的手,脸上是我经常看到而且永远不会忘记的表情。他缓缓低语道:

"安德拉,我为你自豪。"

他的声音颤抖着,好像因为说了太多话而感到羞愧。他向我道晚安,让我回办公室,我竟然看到他慌张地拭去自己的眼泪。以后的很多年,父亲的话都在我的耳边回响,温暖着我的心。我们能读懂彼此。身为苏格兰人的我们是多么拘谨呀!感触最深的时候,表达出来的却越少。的确如此。有一些神圣的真理是不容打扰的,沉默比话语能传达得更多。父亲是最可爱的男人之一,受伙伴们喜欢,对宗教很虔诚,虽然他不属于任何一个教派,也不相信某种具体的神学。他不属于俗世,而属于天堂。他是善良的化身,虽然他的善良是默默表达出来的。唉!就在我们快要让他享受安逸、舒适的生活时,他却在结束旅行,从西部回来没多久后去世了。

回到匹兹堡不久,我结识了一位非常了不起的人,他就是托马斯·A.斯科特。在他的领域,他完全可以被称为"天才"。作为宾夕法尼亚铁路公司在匹兹堡分部的负责人,他来到了匹兹堡。他需要和自己的上司隆巴特先生,也就是在阿尔图纳的总负责人保持频繁的电报交流。正因为这样,他晚上经常来电报局,而我有时候恰巧是当时的操作员。我和他的一个助手相熟。有一天,我惊讶地从他的助手那里得知隆巴特先生曾询问他,我能不能去做他的文员和电报员。这个年轻人回答说："这不可能，他现在就在做电报员。"

听了他的话，我马上说：

"不要这么快回绝他。我可以为他工作，因为我不想只是做电报局的工作。请去告诉他。"

于是，1853年的2月1日，我开始为斯科特先生工作，职位是文员兼电报操作员，每月的工资是三十五美元。薪酬待遇从二十五美元增加到三十五美元是我那时候知道的最大幅度的提升。公共电报线路被暂时安置在城外火车站的斯科特先生办公室。宾夕法尼亚铁路公司得到许可，可以在不干扰公众使用的前提下使用电报线路，直到他们自己的电报线路完成布置。

六　就职铁路公司

我离开了电报局的操作间，走进了开放的大千世界，可是新环境一开始并不是很如意。我那时才刚刚过了十八岁的生日，现在想来，令我觉得不可思议的是十八岁的我竟然如此单纯善良。我相信，到那时为止我从来没有说过一句脏话，也几乎没有听到别人说过。我对一切与卑鄙和败坏有关的事情一无所知。幸运的是，我遇到的都是好人。

而现在，我转瞬间被扔进了一群粗俗的人中间，因为我们的办公室和商店、货运车长、火车制动员和消防员的驻地是连在一起的。所有这些人都可以进出斯科特主管和我所用的办公室，他们也总是会抓住这样的机会。这里与我已经习惯的世界很不同。我为此感到不开心。我不可避免地吞下了知识之树的果实，第一次了解到了善良与罪恶。不过，我在家里依然可以享受温馨、单纯的环境，任何粗俗或邪恶的东西都被拒之家门之外。而且，我还可以和伙伴们待在一起。他们都是很有教养的人，努力提升自己，想要成为受人尊敬的公民。在生命的这一个阶段，我厌恶任何不符合自己的本性和早期教育的事物。接触那些粗俗的人或许是有好处的，因为它让我对很多事情都有"厌恶"，比如抽烟、骂人或者说脏话等行为。幸运的是，这种"厌恶感"伴随了我的一生。

我并不是想说我提及的那些人是真的很粗鄙或者人品不好。我只是想说,那时候更普遍地存在骂人、说粗话、抽烟的情况,而且人们对这些行为也不是很在意。铁路是新事物,很多粗鄙的人被吸引,特别是从河运服务转向铁路服务的人。不过,这些人中的很多人都是善良的年轻人,他们现在已经是非常受尊敬的公民,而且在担任很重要的职位。同时,必须要说的是,他们每个人对我都很好。直到现在,他们中的一些人还健在,我偶尔会收到他们的信,对他们充满深厚感情。后来,机会终于来了,斯科特先生有了自己的办公室,只有我们两个人用。

不久后,斯科特先生派我去阿尔图纳取工资单和支票。那时,跨越阿勒格尼山的铁路线还没有完成,所以我得翻山越岭,这真是一次不同寻常的旅程。那时候的阿尔图纳只有铁路公司建起的几处建筑物,商店在建造中,压根儿不像现在,是一个大城市。正是在那里,我第一次见到了在铁路行业的那个伟大的人物,隆巴特先生。那时候他的秘书是我的朋友罗伯特·皮特凯恩,正是通过他,我才获得了现在的职位。所以,你看,"大卫"、"鲍勃"和"安迪"仍然在一起。我们都离开了电报局,到宾夕法尼亚铁路公司工作。

隆巴特先生和斯科特先生很不同,他不是很喜欢与人交流,很严厉和坚定。所以,当他和我说了几句话,然后补充说"今晚你一定要来我家一起喝茶"的时候,你可以想象罗伯特和我有多么地惊讶。我结结巴巴地说了点儿什么,表示同意,然后惶恐不安地等待着约定的时间到来。直到现在,我依然把那次的邀请当做我收到的最大的荣耀。隆巴特夫人非常地和善,隆巴特先生向她介绍说:"这是斯科特手下的'安迪'。"能得到这样的认可,我真的感觉非常自豪。

旅途中发生了一件差点儿让我的事业毁于一旦的事情。第二天早上，我带着工资单和支票出发回匹兹堡。 我记得，当时我把这些东西安全地放到了自己的背心下，因为包裹太大了，没有办法装到口袋里。 那时候的我对铁路充满热情，总喜欢待在机车上。 我踏上机车，准备到霍利迪斯堡，然后乘坐州立火车翻越阿勒格尼山。 那是一次很艰难的旅程，在某个地方，我不安地摸索装有工资单和支票的包裹，却惊恐地发现，因为火车的颠簸，包裹已经掉了。 我把它弄丢了！

毫不隐晦地说，这件事情将会毁了我。 被派来取工资单和支票，却把我本应"视若荣耀一样紧紧抓住"的包裹丢了，这该给别人留下多么糟糕的印象。 我找到火车的工程师，告诉他包裹一定是在几英里之外的地方被抖出来了。 我问他可不可以把车倒回去，让我回去找一找。 这位工程师非常善良，居然同意了。 我一路上在查看，就在一条大河的岸边，离水只有几英尺的地方，我看到了躺在那里的包裹。 我简直不敢相信自己的眼睛。 我跑下去，紧紧抓住包裹，它完好无损。 不用说，后来一路上我紧紧抓着它，再没松过手，直到把它安全带到匹兹堡。 那列火车上的工程师和消防员是唯一一个知道我不小心犯下错误的人，而他们向我保证说不会告诉其他人。

那件事过去很久以后，我才有勇气说起它。 设想一下：如果包裹掉地更远一点儿，被溪流卷走，那么我要付出多少年的忠实服务，才能抹掉自己的一次粗心大意带来的影响呀！ 如果不是命运的眷顾，我将会失去一些人的信任，而他们的信任是我获得成功必不可少的。 自此，我认为对一个年轻人不能太苛刻，即使他确实犯了一次或者两次糟糕的错误。 在评判一个人时，我总是会记得那次意外。 本来我的事业会因此而不同，可是我意外地在河边找回了包裹，一切就都不一样了。 直到今天我还记得找到包裹的那个地方。 后来乘坐那条线路的火车，经过那个地方时，我总是能看到那个浅棕色的包裹躺在河岸边。 它似乎在对我说着话：

"没关系，我的孩子！上帝与你同在，不过下次不要再犯这样的错误了。"

我早年就成为强烈反对奴隶制的人。虽然那时候还太小，没有达到投票的法定年龄，我还是充满热情地为1856年2月22日在匹兹堡举行的第一次共和党的全国会议欢呼。我对议员威尔逊、黑尔和其他诸位赞叹不已，注视着这些杰出的人物走在街上。在这之前的一段时间，我在铁路人员中间组成了一个专门为《纽约每周论坛报》写稿子的俱乐部，成员有上百人。我们会偶尔尝试给伟大的编辑霍勒斯·格里利写一些短的笔记。在反对奴隶制方面他做了很多事情，想要激励人们去采取行动，推动这一重要问题的解决。

我第一次看到了自己写的文章登载在这份激昂的、追求自由的刊物上，这毋庸置疑标志着我事业的一个新阶段。那一期的《纽约每周论坛报》我保留了很多年。回头去看，我们忍不住要为内战感到惋惜，因为人们付出了如此高的代价，才让我们摆脱了奴隶制的魔咒。不过我们需要废除的不只是奴隶制，还有过于松散的联邦体制。当时，各州拥有的权力太大，以至于很难形成一个牢固的、无所不能的中央政府。同时，南方各州过去的倾向是脱离核心政府的管理。而如今，美国的体制是有向心力的，各州都围绕在中央政府周围，在最高法院的支配下，律师与各州的政治家们非常合理地分别占有一半的决定权。我当时还认为，在某些问题上必须要保持意见一致，比如，负责结婚、离婚、破产、铁路监管、公司管理以及其他相关领域的管理都应该有某个部门统一管理。（1907年7月的今天，再读到这段文字，我感觉它似乎是有预见性的。里面讨论的问题就是现在最迫切的问题。）

不久以后，宾夕法尼亚铁路公司建立起了自己的电报线路，所以我们需要配备自己的电报员。很多电报员都是在匹兹堡的公司接受培训，然后分配到铁路公司的不同地方。那时，电报业务仍然在飞速增加着。 我们勉强能提供需要的设备，同时还需要成立新的电报办公室。 1859年3月11日，我指派做送信员时候的同伴戴维·麦卡戈为电报部门的负责人。 据别人告诉我，在美国铁路部门，也可能是整个美国，戴维和我是第一批雇用年轻女性做电报操作员的人。 我们坚持在各个分支办公室安排了一些女性，让她们学习，偶尔会让她们负责办公室的业务。 在这些女性中间，有一位是我的表妹玛丽亚·霍根。 她在匹兹堡的货运站担任操作员，后来随着学生的数量不断增加，她的办公室就成了一个培训新员工的学校。 我们的体会是，年轻的女性操作员比年轻男性更可靠。 在女性涌入的众多行业中间，我认为没有比电报操作员更适合她们了。

斯科特先生是一个令人感到愉快的上司。 我很快就对他产生了浓浓的亲近感。 他是我眼中的大人物，我把青少年时期拥有的所有英雄崇拜都用到了他身上。 不久后，我就开始想象他有一天会成为伟大的宾夕法尼亚州铁路公司的总裁，他也最终获得了这个职位。 在他身边工作，我逐渐不再只是履行自己的分内职责，我把这一决定性的进步归功于一次记忆深刻的意外。

铁路是单线运行的。 给火车控制人员发电报是很必要的，虽然火车运行不是主要依靠电报指挥。 我记得，那时候只有总监本人有资格代表宾夕法尼亚铁路系统的任何部门或者任何其他系统给火车下达指示。 那时，通过给火车发电报下命令是很危险的尝试，因为整个铁路系统还处于发展初期，人们还没有受过培训。所以，斯科特先生经常需要晚上外出处理故障，监督铁路沿线的故障清除。 所以，很多时候他早上不在办公室。

一天早上，我到了办公室，发现东区的一场严重的事故延迟了西去的快速列车，而另一侧的客运列车向东驶去，每一个转弯处提前安排了信号旗手指挥方向。 向东向西的货运列车都在侧轨上静立不动。 现场看不到斯科特先生的影子。 最后，我实在看不下去，开始着手解决问题，下达"列车运行命令"。当时脑海里的想法就是："大不了是死。"我知道，如果犯了错误，我将面临解雇、耻辱，又或许是刑事处罚。可是另一方面，我有可能让在外面待了整晚的货运列车运行。我可以让一切运转起来，我知道自己可以做到。以前，我经常帮斯科特先生发电报，安排这些事情。我知道该做些什么，于是就尽管开始做。我以斯科特的名义下达命令，让每辆火车启动，然后坐在仪器旁边观察着每一次运转，在站和站之间引导着火车。我格外小心，保证所有事情进展顺利。最后，斯科特先生终于来到办公室。他已经听说了火车的延误，所以开口就问：

"喂！情况怎么样？"

他很快来到我身边，抓起铅笔开始签署命令。这时，我不得不说话了，胆怯地告诉他：

"斯科特先生，今天早上我到处都找不到您，于是就以您的名义下达了命令。"

"那么一切都顺利吗？东方快车现在在哪里？"

我把所有的信息给他看，并在线路图上把每辆列车的位置指给他，包括货运列车、道砟列车和其他所有列车。我还把各辆列车的列车售票员的回应以及火车位置的最新报告给他看。一切顺利。他盯着我的脸看了片刻，我却几乎不敢看他。他一句话也没说，又仔细查看了迄今为止的情况，还是什么也没有说。过了一会儿，他从桌边走开，回到自己的位子上。就这么结束了。他没有公开认可我做的事情，不过也没有责备我。如果事情的结果一切顺利，那么当然就没有关系；如果结果一塌糊涂，责任都在我。实际情况就是这样。不过我注意到：发生这件事情后，他会经常来办公室，有几个早上还来得很早。

当然，我没有对任何人说过这件事情，而那些开火车的人们全然不知道斯科特先生那天并没有亲自下达命令。后来，我几乎都要下定决心，如果再次发生这样的事情，我不会再重复那天早上的行为，除非得到授权。 我因为这件事情感觉特别忧虑，直到有一天，我从负责匹兹堡货运部门的弗朗西斯克斯先生那里听说，在那个难忘的早上过去后，晚上，斯科特先生对他说：

"你知道吗，我那个白头发的苏格兰小鬼做了些什么吗？"

"不知道。"

"如果不是他在没有得到任何许可的情况下，以我的名义让火车运转起来，我就会受到责难。"

"那么他做得很好吗？"弗朗西斯克斯先生问。

"哦，是的，一切都好。"这个消息让我很满足。 当然，这件事给了我提示，我已经知道下次遇到这样的情况该怎么做，也更大胆。 从那天开始，斯科特先生就很少下达火车运行指令了。

那时，我所认识的人中间最伟大的是约翰·埃德加·汤姆森，宾夕法尼亚铁路公司的总裁。 后来我们的钢轨轧机就是以他的名字命名的。 他是我认识的最拘谨、沉默的人，和格兰特将军差不多，不过格兰特将军在家里会朋友的时候是很健谈的。 当汤姆森先生偶尔来匹兹堡，他会踱来踱去，旁若无人。 后来我得知，他的拘谨完全是因为害羞。 可是让我惊讶的是，有一次，在斯科特的办公室，他走到电报机这边和我打招呼，称呼我为"斯科特的安迪"。 后来我才知道，他听说了我代替斯科特先生下达火车指令的事迹。 如果一个年轻人与上层官员私下有了接触，那么他在生活的战斗里已经赢了一半。 每个男孩都应该树立伟大的目标，做一些自己职责范围之外的事情，那些可以吸引上层注意力的事情。

后来，斯科特想要去旅行一两个星期，于是征求隆巴特先生的同意，让我负责匹兹堡分部。 他真是大胆，因为那时候的我不过是个十几岁的青少年。 隆巴特先生同意了他的请求。 我一直盼望的机会终于来了。 在他离开的那段时间，除了由于一个道砟列车乘务员不可原谅的渎职造成了一次事故,其他事情都很顺利。 不过,那次事故的发生还是让我如鲠在喉。 为了履行我在这里的所有职责,我组织了一次"军事法庭",调查了相关人员,果断解雇了主要责任人,并让事故的两个次要责任人暂停工作。 斯科特先生回来后当然得知了此事,而且有人向他提议重新调查和处理这件事情。 我感觉到自己的处理确实过于严厉了,可是处理已经作出了,于是我告诉他所有事情都已经成定局了,我已经调查过,该处罚的也已经处罚过了。 受到处罚的人中间有一些向斯科特先生提出重新审理这件事情的请求,不过,就算他们逼迫我,我也不会同意的。 我没有做过多的解释,不过通过我的表情他已经能明白我在这件微妙的事情上的感觉。 于是,他同意了我的做法。

也许他担心我的处罚过于严厉,其实他很有可能是对的。 事后过了很多年,当我成为铁路分部的主管时,我一直对那些被暂时停职的人感到于心不忍。 我为在第一次"军事法庭"上的行为感到羞愧。 一个刚上任的法官总想站得笔直,却往往会倾斜。 只有经历多了,一个人才会知道温和所具有的巨大力量。 如果有必要,给予犯错误的人轻微的、确切实施的惩罚,也会非常有效。 有时候不需要很严苛的惩罚,明智的原谅反而经常是最好的选择,至少对初犯的人是如此。

随着我们核心圈子里的六个年轻人知识不断增加,不可避免地,关于生和死的神秘、今生和来世的讨论开始出现,成为我们不得不面对的事情。 我们都是被善良、诚实和自重的父母抚养长大的,他们都是某个宗教派别的成员。 受到麦克米伦夫人的影响,我们都加入到她丈夫的教会圈子。 麦克米伦先生是匹兹堡领袖级别的长老教会牧师之一。(1912 年 7 月 16 日,当我在郊外读到这段话,我收到八十岁的麦克米伦夫人从伦敦寄给我的一封短信。 她说,上个星期她的两个女儿在伦敦结婚了,都嫁给了大学教授。一个女儿会留在英国，另一个接受了波士顿的工作邀请。她的两位女婿都是很优秀的人。她们的婚姻让说英语的我们更亲近了。）麦克米伦先生是一个善良严格的老派加尔文主义者，他充满魅力的妻子天生就是年轻人的领袖。比起在其他地方，我们觉得和她在一起的时候，包括参加在她家里举行的聚会时，会更惬意舒服。于是，我们中间有些人会不时去她的教堂。

米勒正是在那里听了一次关于宿命论的最具震撼力的布道，然后我们就开始讨论关于神学的话题，持久不停。汤姆·米勒先生的家族是坚定的卫理公会信徒，他对神学教义知之甚少。宿命论和婴儿诅咒让他感到震惊，所谓婴儿诅咒是说，有的人生来注定成为荣耀，而有的人恰恰相反。后来，我震惊地得知，听完了那次布道后，汤姆到麦克米伦先生家和他讨论这个话题，他最后竟然脱口而出："麦克米伦先生，如果您的观点是对的，您信仰的上帝一定是一个十足的恶魔。"然后起身离开了，留下牧师一人满脸惊讶。

于是，接下来几个星期我们每周日的会议就有了议题：牧师的话到底是真是假呢？汤姆的行为又会造成什么后果呢？我们是不是再也不会受邀到麦克米伦夫人家做客了？我们也许可以不再理会牧师，可是我们不希望再也不能和麦克米伦夫人快乐地聚在一起。有一点是很清楚的。卡莱尔[①]在这些话题上的挣扎给了我们很深的印象，我们可以接受他的坚定想法："如果这是难以置信的，那么以上帝的名义，我们就不信它了。[②]"只有真相可以让我们解脱，所以我们要去追寻真理，完全的真理。

一旦接触到了这个话题，我们就会一发不可收拾。一个接一

[①] 卡莱尔（Thomas Carlyle, 1795—1881）：苏格兰哲学家，被认为是当时最重要的社会评论家。

[②] 原文是："if it be incredible, in God's name, then, let it be discredited." 说话者巧妙处理了 incredible 和 discredited 两个词。

个的教义被否定，被认为是生活在某个不够开化的年代里的人才会有的错误观点。 我不记得是谁让我们开始接受另外一个公认的观念，这是我们经常会深思的一个观念："一位宽容的上帝才是人类最高贵的杰作。"我们接受这样一个经过证明的观点：在人类文明的每一个阶段，人们会创造属于这个时期的上帝。 当人们不断提升，变得更好，人们对未知上帝的概念也同样在改善。 于是，我们每个人都变得越来越不相信神学，不过我可以确定地说，我们在宗教上变得更笃信，更真诚。 危机过去了。 令我们高兴的是，我们没有被驱逐出麦克米伦夫人的社交圈子。 不管怎样，我们冒着被放逐或者承担更严重后果的风险，站在米勒一边的那一天是很值得记住的。 虽然我们在宗教上越来越虔诚，可是在神话观念上正在变得越来越野性。

我们的小圈子遭受的第一次巨大损失是约翰·菲普斯失足落马而死。 这让我们所有人无比痛心，不过我还记得当时对自己说："约翰仿佛是回到了伦敦的家，回到了自己的出生地。 我们很快会追随他而去，然后我们就可以永远生活在一起了。"那时，我对此毫不质疑，那不是我强迫自己接受的一个希望，那是我的坚定想法。 我很高兴那些生活在痛苦中的人们可以找到这样的避难所。 我们每个人都应该接受柏拉图的建议，永远不要放弃永恒的希望："希望引诱着我们，充满了魔力。 怀抱希望的人是高贵的，获得的奖赏会是巨大的。" 非常正确。 我们能够来到这个世界，和我们最亲爱的人度过一生，这是一种奇迹；我们可以到达另一个世界，和他们永远生活在一起，这同样是巨大的奇迹。 对于拥有有限生命的我们，这两个奇迹同样地没有办法被理解。 那么，像柏拉图建议的那样，就让我们抱着这样永恒的、"好像有魔力的"希望吧！ 不过，永远不要忘记：我们在今世有需要完成的职责，而天堂就在我们心里。 我们还相信，那些宣称没有来世的人和那些宣称有来世的人一样愚蠢，因为没有人知道来世到底存不存在，虽然人们也许会期待它的存在，也应该期待它的存在。同时，在那个时代，我们的信条是，"家即天堂"，而不是"天堂即家"。

　　这些年里，家里的境况稳步改善着。我每个月的工资从三十五美元增加到四十美元，是斯科特先生主动提出给我加薪。我们用支票到银行支取工资，我每次都会把工资换成两个二十美元的硬币。对我来说，那是世间最漂亮的艺术品。开家庭会议的时候，我们决定买下当时住的那块地和建在那儿的两个小木屋。其中一个小木屋是我们住着的，另外一个有四个房间，霍根姨妈和姨夫在搬到其他地方之前就住在那里。因为艾特肯姨妈的帮忙，我们才得以住到纺织商店楼上的小房间，现在我们终于能够让她回到原本属于她的房子里了。我们也买下了那个有四个房间的小木屋。后来，霍根姨夫去世了，我们也搬去了阿尔图纳。于是，我们让霍根姨妈回到她的故居。我记得，房子的总价是七百美元，购买的时候我们支付了一百美元现金。那时我们面临的困难是如何凑足半年的利息和那么一大笔本金。没过多久，我们付清了所有债务，成为了房产持有人。可是在这之前，我们遭遇了第一次变故：1855年10月2日，父亲去世了。所幸，家里余下的三个成员还要为了生活努力工作。当悲痛和责任碰撞时，我们只能选择工作。为了给父亲治病，我们花了很多钱，所以父亲去世后我们已经没有多少积蓄。

　　接下来发生的这件事情是我们在美国的早期生活中令人快乐的插曲之一。大卫·麦坎德利斯是我们的斯维登堡小组的主要成员。他曾经注意到我的父亲母亲，可是除了星期天在教堂时随意交谈几句，我不记得他们曾经有过密切的联系。不过，他和艾特肯姨妈彼此熟识，然后让姨妈转告我们，在这个让人悲伤的时期，如果母亲需要任何资金上的帮助，他很乐意倾囊相助。他听说过母亲的很多英勇事迹，对他来说，这就是想要帮助母亲的充足理由。

　　善意的人主动提出给予帮忙时,一般是在两种情况下,一种是你已经不需要帮助了,而另外一种情况是这个人有了机会回报别人的帮助。 正因为如此,能够记录下麦坎德利斯先生纯粹的、不掺杂个人利益的行为,我感到很高兴。 当他看到这个可怜的苏格兰女人失去了丈夫,大儿子的事业才刚刚起步,小儿子才刚刚十几岁时,他同情他们的不幸遭遇,想要通过最小心翼翼的方式缓解他们的不幸。 虽然母亲会拒绝他的帮助,不过在我们的心里,麦坎德利斯先生占据着神圣的地位。 我坚定地相信这样一个信条,应该得到帮助的人关键时刻一般会获得帮助。 世界上总是存在很多拥有令人称奇的个性的人,比如,总会有男男女女不仅愿意,而且急切地对那些他们认为值得帮助的人伸出援助之手。 通常,乐于帮助别人的人不用害怕得不到别人的帮助。

　　父亲去世后,我承担起管理家庭事务的大部分责任。 母亲继续做鞋子,汤姆稳稳当当地升入了高中,而我继续在铁路公司为斯科特先生服务。 就在这时,幸运之神来敲我的门了。 斯科特先生问我手头有没有五百美元,如果有,他想要帮我做一次投资。 五百美分倒差不多是我手上的总资金额。 我肯定没有五百美元的积蓄用来做投资,可是我又不想错过与我的领导这样一个伟大的人建立金融关系的机会。 于是,我大胆地说,我可以凑出这笔钱。 这时他才告诉我,他可以购买亚当斯快车公司百分之十的股份,这些股份之前的持有人是威尔金斯堡的一位火车站管理人雷诺兹先生。 当然,当天晚上我就把这件事报告了家里的领导,而母亲很快就给出了建议。 她总是可以给予我建议。 我们买房子时支付了五百美元,母亲认为,可以用这笔钱来抵押贷款。

　　第二天,母亲乘轮船出发去东利物浦,晚上到达,然后通过她的哥哥拿到了这笔钱。 他是当地的地方执法官,在那个小城镇很有名气,手头有农民们用来投资的很多笔钱。 母亲抵押了我们的房子,拿回了五百美元。 我把钱给了斯科特先生,他很快帮我买下了梦寐以求的百分之十的股份。 想不到的是,我还需要交一笔一百美元的股票溢价。 不过,斯科特先生说我可以在方便的时候再付,这点我当然可以轻易做到。

这是我的第一笔投资。 当年,每个月的分红比现在要多,而亚当斯快车公司正好每月支付分红。 一天早上,我看到一个白色信封躺在桌子上,信封上亲笔署着:"致安德鲁·卡内基先生"。"先生"这个称呼让我和其他男孩兴奋不已。 信封的一角是亚当斯快车公司的圆圆的印章。 我打开信封,里面是纽约黄金交易银行的一张十美元的支票。 我永生都会记得那张支票,记得上面的亲笔签名"出纳员 J.C. 巴布科克"。 这是我通过投资获得的第一笔收入,是我没有付出血汗的前提下收获的东西。"我找到啦!"我喊道,"这是会下金蛋的鹅。"

我们的小团队有一个传统,就是在树林里度过星期天的下午。 我揣着这张支票,等到我们在伍斯兰附近最喜欢的小树林坐下来,我把支票拿给他们看。 我的同伴们受到了巨大的冲击,他们从来没有想过会有这样的投资。 我们当场决定留意下一个投资机会,让大家都可以分享。 后来的很多年里,我们平分那点儿微不足道的投资,像搭档一样一起努力。

直到那个时候,我的熟人圈没怎么扩展过。 弗朗西斯克斯夫人是我们货运管理员的老婆,她非常善良,有几次邀请我去她们匹兹堡的家里做客。 她经常会提到我第一次敲开他们第三大街的家门,帮斯科特先生送电报的事情。 当时,她让我进去,我红着脸拒绝了,她哄劝着,才让我克服了害羞。 不过,她没能说服我去她的家里吃哪怕一顿饭。 我很怕进别人的家,这种胆怯一直持续到晚年。 不过斯科特先生偶尔会执意邀请我到他住的宾馆,和他一起吃饭,这对我来说是很重大的场合。 据我回忆,除了阿尔图纳的隆巴特先生的家,弗朗西斯克斯夫人的家是我进过的第一个大房子。只要这些房子在主要的街道上,而且有大厅,在我眼里都是很时尚的房子。

宾夕法尼亚铁路公司的首席法律顾问,格林斯堡的斯托克斯先生邀请我到他位于乡村的漂亮的家里过星期天。在此之前,我从来没有在陌生人家里过夜。他这么做让我感觉很奇怪,因为我觉得像他这样一位优秀的、有学识的人应该不会对我产生什么兴趣。后来我知道,我受到邀请的原因是我给《匹兹堡日报》写的一封信。虽然我那时才十几岁,不过我会给报社写写东西。做编辑是我的志向之一。霍勒斯·格里利①和《纽约论坛报》就是我的人生榜样。奇怪的是,有那么一天,我竟然差点买下这家报纸。不过,到了那时,珍珠已经失去了它的光泽,不再吸引我。我们曾经的想入非非往往在晚年成为可以实现的梦想,不过到了那个时候,那些想法对我们已经没有什么魅力可言了。

我写的那篇文章探讨的主题是匹兹堡这座城市对宾夕法尼亚铁路公司的态度。我是匿名投稿的,却惊讶地发现它被刊登在《匹兹堡日报》专栏的一个显著位置上,当时的专栏是由罗伯特·M.里德尔②先生管理并负责编辑。有一天,身为电报员的我接收到一份由斯托克斯先生署名,寄给斯科特先生的电报。电报里,斯托克斯先生让他通过里德尔先生查明那篇文章的作者是谁。我知道,里德尔先生没有办法找出谁是作者,因为他不了解这个作者。可是我担心的是,一旦斯科特先生去拜访里德尔先生,后者会把手稿给他看,而那时候斯科特先生一眼就可以看出

---

① 霍勒斯·格里利(Horace Greeley,1811—1872):美国《纽约论坛报》的编辑,这份报纸是同时期最伟大的报纸之一。霍勒斯·格里利在政治上很活跃,曾经短暂担任过国会议员。

② 罗伯特·M.里德尔(Robert M. Riddle,1812—1858):编辑,1853—1854年担任匹兹堡的市长。

作者是谁。于是，我跟斯科特先生坦白了一切，告诉他他们寻找的作者就是我。他好像觉得难以置信，并说，文章刊登出来的那天早上他就读过了，当时就很好奇是谁写的。他那不敢相信的表情我尽收眼底，让我意识到，写作将会成为我的一个武器。这件事发生后不久，斯托克斯先生就邀请我去他的家里过周末，那次的拜访是我生活中最绚烂的插曲之一。从那以后，我们成为了莫逆之交。

斯托克斯先生的房子宏伟壮观，给我留下了很深的印象，其中最吸引我的是书房里摆着的一个大理石壁炉台。在壁炉台的拱门位置雕刻着一本打开的书，书上的题词是：

不能理性思考的人是傻瓜，
不愿意理性思考的人是偏执狂，
不敢理性思考的人是奴隶。

这些高贵的话深深震撼了我。我对自己说："总有一天，总有一天，我会拥有一个书房（我在展望未来）。那时，我也会在壁炉架上刻下这些话。"而今天，你可以在我位于纽约和斯基波古堡[①]的房子的书房里看到这些话。

多年以后，我在斯托克斯先生家里度过的另一个周末同样让我津津乐道。那时候的我已经是宾夕法尼亚铁路公司匹兹堡分部的主管。美国的南方各州已经脱离了联邦政府管制。我满腔激昂地支持联邦旗帜的完整。不过，斯托克斯先生是民主党的主要成员，他反对北方各州利用武力维持联邦政府的完整性。他发泄着内心的情绪，我也失去了控制，大声喊道：

---

① 斯基波古堡：坐落在苏格兰高地海兰镇道那科西部，十九世纪末二十世纪初是卡内基的家，现在是卡内基俱乐部，供俱乐部成员住的旅馆，也用来做乡村俱乐部。

"斯托克斯先生,六个星期内有您这样想法的人就会被我们绞死的。"

当我写下这些文字时,仿佛还可以听到他的大笑。他对着隔壁房间的妻子喊道:

"南希,南希,你听听这个苏格兰小鬼的话。他说,六个星期内他们就会把我这样的人绞死。"

那段时光,我的生活里总会发生很奇怪的事情。我在斯托克斯先生家过完周末后不久,他就来华盛顿找我,让我帮他获得志愿军部队的陆军少校职位。当时我在作战部长的办公室工作,帮助管理军事铁路和政府电报。后来斯托克斯先生被任命为陆军少校,以后一直担任这个职务。你看,他曾经怀疑北方是否有权为了维护联邦政府而开战,现在他亲自披荆斩棘,投入到这个伟大事业里。一开始,人们还在讨论、构想宪法赋予的权利,而当联邦政府的统一遭到攻击时,一切就都不同了。在那一瞬间,所有一切都燃烧起来,甚至包括宪法文本。哦,联邦政府和那古老的荣耀!这就是人们关心的一切,不过这已经足够了。宪法的本来目的就是保证只有一面国旗,正如英格索尔上校强调的:"美洲大陆上没有足够的空气让两面旗帜飞翔起来。"

七　宾夕法尼亚铁路公司主管

1856年，斯科特先生接替隆巴特先生，被提拔为宾夕法尼亚铁路公司的总监。他把二十三岁的我一同带到了阿尔图纳。离开匹兹堡，断开以往所有的联系，对我来说是巨大的考验，不过我不能允许任何事情在任何时候阻碍我的事业的发展。再就是，母亲对这件事很满意，虽然她承受的负担很重。除此之外，我之所以选择追随我的领导，是因为斯科特先生一直以来都是一位真诚的朋友。

他的升职让很多人心生嫉妒。不仅如此，他刚上任就遭遇了一次罢工。而且，不久前他才失去了自己的妻子，度过了一段孤独的时间。在新总部阿尔图纳，他人生地不熟，除了我，好像没有人能陪伴他。我们一起在铁路公司的宾馆里住了好几个星期，后来他才开始管理家事，把他的孩子从匹兹堡接了过来。不过，他还是强烈要求我和他一起住在那个大卧室里，好像想要我每时每刻待在他身边。

罢工变得越来越危险。我记得，有一天晚上有人叫醒我，告诉我说货运列车上的工人们把火车停在了米夫林，整条运输线路都被阻塞，所有交通全面停滞。这时，斯科特先生正熟睡着。我不想去打扰他，因为我知道他已经劳累过度，神经紧张了。不过他还是被吵醒了。我跟他提议说让我去处理这些事情。他半睡半醒，低声表示同意。于是，我来到办公室，以他的名义和罢工的工人们展开讨论，并承诺他们明天将在阿尔图纳举行听证会。就这样，我成功说服他们回到自己的岗位上，交通也恢复了。

不光铁路工人抱有反叛情绪，连店主们也很快组织起来，加入到那些愤愤不平的人们中间去。我是通过一个古怪的途径获悉这个情况的。一天晚上，我正摸黑走路回家，突然感觉到有一个人在尾随我。过了一会儿，他赶上了我，对我说：

"我不能让别人看到和你在一起，不过，你以前帮过我一个忙，我曾经下决心要回报您。那个时候，我拜访了匹兹堡的铁路公司分部，想要找一份铁匠的工作。您说匹兹堡没有职位空缺，不过阿尔图纳也许会需要招聘新人。你还让我稍等，帮我发电报询问此事。你为了帮我，颇费周折，检查了我的推荐材料，给了我乘车证，我才能来到这里。现在我有一份很好的工作，我的妻子和其他家人都在这里，我的生活从来没有如此富足。所以，为了回报您，我想告诉您一些事情。"

我仔细听着他的话，他说商店员工们正快速地签署一份号召他们下周一罢工的文件。时间紧迫，我早上就把这件事告诉了斯科特先生，他马上打印了告示，贴在商店里，内容是：在文件上签了字的人都被解雇，可以到办公室结算工资。同时，我们也拿到了一份写着所有签字的人的名单，并公布了这件事。结果是，那些人惊慌失措，危险的罢工就此中止了。

在我的一生中，遇到过很多类似铁匠的事情。给予卑微的人们一点点关注，或者对他们说一句温暖的话，都经常会带来意想不到的巨大奖赏。直到今天，我还是会偶尔遇到这样的人，我已经记不清他们是谁，可是他们仍然记得我曾经给过的微不足道的关注，特别是当我于内战期间在华盛顿负责政府铁路和电报时，曾经放行一些人,让他们穿越火线。其中有很多这样的父亲,他的儿子或者在前线受了伤,或者生病了,或者他是去接回儿子的遗体,或者类似的情况。我对这些琐事充满了感激,因为它们成为我人生中给予的最令人愉快的关怀,也是最让我开心的小插曲。这些行为之所以让我感到自豪,是因为它们不掺杂任何利益关系,而且,你给予过恩惠的那些人虽然卑微,给予的回馈却是甜蜜的。所以,把你的善意留给一个贫穷的工人,比留给百万富翁要有价值得多,因为有一天也许他也可以回报你。你看,诗人华兹华斯的诗歌是多么准确呀:

一个善良的人最美好的品质——
就是自己那些小小的、不留名的、自己都已经不记得的、充满友善和爱的行为。

如果从事情的结果来看,我在阿尔图纳度过的两年里发生的一件大事就是:在一件控诉铁路公司的案件里,我成为首要证人。案件在格林斯堡审理,法官是斯托克斯先生,那个第一次邀请我回家过周末的人。斯托克斯担心原告会传唤我,同时,他也想要推迟案子的审理,于是他让斯科特先生尽快把我送离宾夕法尼亚州。这对我来说是好事,因为我可以去看望两位在俄亥俄州的克雷斯特莱恩铁路公司工作的密友,米勒和威尔逊。一路上,我坐在最后一节车厢的最后一排位子上,看着整条铁路线。这时,一个农民模样的人向我走来,手里拿着一个小小的绿色袋子。他说,他从司闸员那里得知我在宾夕法尼亚铁路公司工作,他希望可以给我展示一下他设计的夜班火车模型。说着,他从袋子里拿出一个模型,那是卧铺车的一段。

这个农民模样的人就是著名的 T.T.伍德拉夫,他的发明是人类文明史上不可缺少的部分——卧铺车。我瞬间就意识到了这项发明的重要性。我问他，如果我派人请他去阿尔图纳，他会不会去；我还承诺，等我一回到阿尔图纳，就把这件事情告诉斯科特先生。卧铺车的想法一直盘旋在我的脑海里，让我迫不及待想要回到阿尔图纳，把我的想法都倒给他。我确实这么做了，斯科特先生认为我时时刻刻在把握时机，轻松接受了我的想法，告诉我可以发电报让这个发明者来阿尔图纳。他来了以后，与斯科特先生达成了协议：造好两辆卧铺车，在阿尔图纳线路上运营。让我大吃一惊的是，这件事情之后，伍德拉夫先生问我愿不愿意加入他的新事业，他提出给我百分之八的股份。

我马上接受了他的提议，自信自己可以设法支付需要投资的部分。这两辆卧铺车到货后，我们按月分期付款。当需要支付第一笔款项时，我的份额是两百一十七美元五十美分。我大胆地决定向当地的银行家劳埃德先生申请一笔贷款，来支付这笔款项。我向他解释了事情的前因后果，现在我仍然记得他用粗壮的胳膊环着我，对我说：

"我当然会借给你啦。放心吧，安迪。"

就这样，我拿到了平生第一张借据，而且是银行家开具的。对于处于事业发展期的年轻人来说，这是一个值得骄傲的时刻。卧铺车的推广取得了巨大的成功，每月的车票收入已经可以偿还分期支付的车辆制造费用。我的第一笔大数额的收入就是来自这项投资（1909年7月19日的今天，当读到这段文字时，我非常高兴，因为最近我收到了劳埃德先生已经结婚的女儿的信，她告诉我，她的父亲特别地喜欢我，这让我特别高兴）。

全家人搬到阿尔图纳以后，我们家发生了一个重要的变化，那就是，我们认为有必要雇一个用人，不再完全自己照顾自己。可是，母亲非常不情愿让一个陌生人进入我们的家庭。她就是这个家的一切，为自己的两个儿子做所有事情，这就是她的生活。所以，作为一个女强人，她反对雇一个陌生人做家里的任何事情。 曾经，她为儿子们做饭，洗衣服，补衣服，铺床，打扫房间。 谁敢剥夺她作为母亲独享的这些特权！ 不过，我们还是不可避免地雇了一个女佣。 可是，女佣一个接一个地换，以前那种家庭幸福感也被破坏了。 别人的照顾代替不了母亲带着爱意的劳作。 一个不怎么能见到面的陌生厨师拿着薪水做好的奢华饭菜缺少了母亲准备的食物带来的甜蜜，因为母亲摆在你面前的是爱意的表达和证明。

在众多让我感到幸福的事情里，我必须要感恩的是，我的童年不是在保姆或者家庭教师的陪伴下度过的。 难怪穷人家的孩子与众不同，对家庭抱有最温暖的爱和最亲密的依附。 这些孩子还有一个特点，比起那些被误以为幸运的富人家的孩子，他们孝敬父母的意识更强。 他们度过了令人难忘的童年和年轻时代，与父母之间保持着亲密的爱的联系。 他们是彼此的一切，任何第三者都不可以介入。 对于这些孩子来说，父亲是他的老师、伙伴和顾问，而母亲是他的保姆、裁缝、家庭教师、导师、伙伴、女英雄和圣人，所有角色融于一身。 这些穷人家的孩子继承的财富是富家子所没有的。

虽然我亲爱的母亲不一定能明白，不过总会有这样的时刻：她长大成人的儿子不得不拥抱着他的圣人，温柔地亲吻她，然后跟她解释：让儿子在某些方面帮助她，会是更好的做法；他的儿子在外面世界的众人中打拼，处理各种事情，所以有时他会知道什么时候值得做一些改变；生活方式需要做一些改变，让年轻人感到更愉快，让家变得更适合男孩子们邀请朋友来。 而且，一直拼命劳作的母亲从此以后应该过着悠闲安逸的生活，比如读读书，多拜访朋友或者在家里招待自己亲爱的朋友们。 总而言之，她应该享受适合自己的，也是自己应得的尊贵夫人的生活。

当然，这样的改变对母亲来说是很困难的，不过她最后也终于意识到了这些改变的必要性，也许是第一次意识到她的大儿子在不断地进步。"亲爱的母亲,"我用双臂抱着她,乞求道,"您为我和汤姆做每一件事情,对我们来说您就是一切。 现在,让我为您做点事情吧,让我们成为搭档,时刻考虑什么对彼此才是最好的。 现在的您应该扮演一位女士,时不时地驾着您的马车。 同时,还是让那个女孩来家里帮您吧。 这是汤姆和我所希望的。"

我和弟弟终于赢得了胜利,母亲开始和我们一起外出,去拜访我们的邻居。 她不需要去学习沉着或者好的礼节,因为她天生就具有这些特质。 而在教育、学识、判断力和善良方面,几乎没有人能比得上她。 一开始我写下的是"从来没有"这几个词,而不是"几乎没有",不过后来我又划掉了。 不管怎样,我私下认为她是无人能及的。

阿尔图纳的生活因为斯科特先生的侄女丽贝卡·斯图尔特的到来而变得越来越惬意。 丽贝卡帮斯科特先生打理家事。 她尽善尽美地扮演了我的姐姐这个角色,特别是斯科特先生被派去费城或者其他地方的时候。 我们经常在一起,下午经常开车穿越树林。 我们之间的亲近感很多年以来都没有损减。 1906年重读她的信件时,我更是深深意识到她对我的恩惠。 她比我大不了多少,可是好像一直比我年长一些。 很明显她更成熟,更能胜任姐姐的角色。 那时,在我看来她就是完美的女士。 让我感到遗憾的是,以后的几年里我们渐渐走向了不同的方向。 她的女儿嫁给了苏塞克斯的伯爵,她晚年生活在国外(1909年7月19日,我的妻子和我又见到了我的姐姐丽贝卡·艾普莉·拉斯特。 她住在巴黎,丈夫已经过世了,她的姐姐和女儿都很健康,也很快乐。 真让人高兴。 没有人能代替年轻时候的真朋友。)

斯科特先生在阿尔图纳待了大概三年,后来获得了理所应当的升职。 1859年,他被升为铁路公司的副总裁,办公室设在费城。 而我会变成什么样,就成了一个严肃的问题。 他会带我一起走,还是我必须留在阿尔图纳,协助新的长官? 这个想法对我来说是无法忍受的，离开斯科特先生已经够难了，还要让我辅佐接任他职位的长官，我认为这不可能。我会一直跟随他，从来没有想过要升职，即使有，也要通过斯科特先生的提拔。

他到费城和公司总裁面谈，回来后把我叫进了他那间与办公室相连的房子的一个私人房间。他告诉我说，公司已经决定让他到费城就任，这里的部门主管伊诺克·刘易斯会接替他负责阿尔图纳的工作。我非常认真地听着，等着他提及那个无法避免的话题，就是关于如何安排我。他终于开口了：

"接下来就是关于你自己了。你认为你能管理好匹兹堡分部吗？"

那个年纪的我觉得自己可以管理任何事情，会去尝试任何事情。不过，我从来没想过，其他人会认为我已经够资格去做好管理匹兹堡分部这样的工作，更不用说这个人是斯科特先生。当时的我只有二十四岁，但是我的偶像是约翰·罗素①公爵。据说，罗素公爵第二天就会接管海峡舰队。华莱士或者布鲁斯也会做出像我一样的决定。于是，我告诉斯科特先生说，我认为自己可以做到。

"好，"他说，"波茨先生（匹兹堡分部彼时的主管）会被提拔到费城的运输部门，我向总裁推荐你接替波茨先生，他同意让你试一试。你期望的工资是多少？"

"工资？"我一副被冒犯的样子，"我怎么会在乎工资？我不想要工资，我想要的是这个职位。能够回到匹兹堡分部，做您原来做的工作，对我来说已经是一件很光荣的事情了。我的工资由您随意定，不需要高出我现在的工资。"

那时候我的月工资是六十五美元。

"你知道吗？"斯科特先生说，"当我担任那个职位时，我的年

---

① 约翰·罗素（1792—1875）：英国辉格党和自由党政治家，曾担任过首相。

薪是 1500 美元，现在波茨先生的年薪是 1800 美元。 我觉得，把你的起薪定在 1500 美元，应该是合适的。 等你工作一段时间，如果能成功做好自己的工作，你的年薪会增加到 1800 美元。 这样的安排你满意吗？"

"噢，"我说道，"求您了，不要跟我讲钱的事情！"

对于我来说，这不仅仅是一件关乎雇佣和工资的事情。 于是，我升职的事情就这么定下来了，我将拥有一个自己独立管理的部门，而且往返于匹兹堡和阿尔图纳之间的铁路命令不会再署名"T.A.S."，取而代之的是"A.C."①。 这一点已经足以让我感到荣耀了。

任命我为匹兹堡分部主管的命令是 1859 年 12 月 1 日下达的。 家人对我的升职欢呼雀跃，马上做搬家的准备。 住在阿尔图纳有很多好处，特别值得一提的是我们的大房子位于舒适的郊区，周围还有一些空地，而且能享受到乡村生活的很多乐趣。 不过，比起回到肮脏的、浓烟滚滚的匹兹堡，与老朋友以及其他有联系的人相聚，阿尔图纳的那些好处轻如鸿毛。 住在阿尔图纳期间，我弟弟汤姆已经学习了电报学，回到匹兹堡以后，他会担任我的秘书。

搬回匹兹堡后的第一个冬天是有史以来最冷的冬天之一。 铁路线路架设简陋，设备效率低下，完全没有办法应对堆积在它身上的众多业务。 铁轨被架设在巨大的石块上，用铸铁固定在一起，可是据我所知，一夜之间，已经有四十七处铁轨断裂了。 如此说来，铁路频繁失事也就不奇怪了。 在那个年代，分部的主管需要在夜间通过电报指挥火车运行，需要清理所有失事现场，其实可以说他需要做任何事情。 有一次，我连续八天一直在铁路线上，不分昼夜，处理一处又一处失事或运行障碍。 在负责管理一

---

① "T.A.S."是托马斯·A.斯科特的缩写。"A.C."是安德鲁·卡内基的缩写。

处庞大产业的主管中，我大概是最不体恤下属的一个了。 从不知疲劳的我大概是受了责任感的支撑，总是让手下的人过度工作，总是不够细心，没有考虑到人的承受能力是有极限的。 我总是能在任何时间睡着，对我来说，在肮脏的货运火车车厢里偶尔睡上半小时，就足够了。

内战给宾夕法尼亚铁路线带来了异常多的需求，所以我不得不组织了一支夜间服务队伍。 不过，我还是费了些周折才让上司们同意设立夜间线路调度员。 事实上，我这么做并没有得到明确的命令，不过出于自己的责任感，我还是指派了火车调度员。 在当时也许算得上第一个，最起码是宾夕法尼亚铁路系统上的第一个。

1860年，刚一回到匹兹堡，我们一家人就在汉考克大街，也就是现在的第八大街上租了一处房子，并在那里住了一年多时间。 在当时，关于匹兹堡的任何精确描述听来都像是言过其实。 烟雾四下弥漫，无孔不入。 如果你把手放到楼梯的栏杆上，抬起手就发现手变成了黑色；即使你清洗了手和脸，不出一个小时，它们就又变得和一开始一样脏。 烟灰都跑进了头发里，引起皮肤不适，所以我们刚刚从阿尔图纳的高山环境回到匹兹堡的一小段时间里，生活或多或少算是很悲惨的。 于是，我们开始考虑设法到匹兹堡的乡村去住。 幸运的是，多亏了时任公司货运代理的D. A. 斯图尔特先生，我们找到了与他在霍姆伍德的居所比邻的一处房子，马上搬到了那里，而且把电报机也带来了。 这样一来，必要的时候我待在家里就可以管理分部的事情。

就这样，新生活向我们张开了怀抱。 这里有众多乡村小巷和花园，居所周围有五到二十英亩的土地。 霍姆伍德居住区占地上千英亩，拥有漂亮的树林、峡谷和一条潺潺流淌的小溪。 同样，我们也有一个花园，房子的周围也有很多土地。 母亲在这里度过了一生最快乐的那些年。 她侍弄花草，喂养小鸡。 她对花草的喜爱是一种热情，从来不忍心摘一朵花。我记得，自己曾经因为拔了一棵草被母亲责备："再怎么说，这也是一棵绿色生命。"我从母亲那里继承了这一怪癖，所以有时候出门之前想折一朵花插在西装扣眼里，可是往往因为每一朵都不舍得采而放弃。

搬到乡村之后，我们认识了很多人。匹兹堡地区的很多富裕家庭在这片怡人的郊区都有自己的居所，所以说这里可以算得上是贵族聚集区。我这个年轻的主管也被邀请去这些大房子里参与他们的娱乐活动。这里的年轻人都爱好音乐，所以很多个夜晚我们都有音乐相伴。在这些大房子里，我听到人们谈论我从来没有听说过的话题，而我总是告诉自己，听到这些讨论时，要马上从中学到一些关于这些话题的东西。我每天都很开心，因为感觉到自己每天都在学习新东西。

正是在这些聚会上，我第一次认识了范迪沃特兄弟，也就是本杰明和约翰，后者后来成为我众多旅行的同伴，"亲爱的范迪"是我"环球旅行"的密友。我们的邻居，也就是斯图尔特先生和他的夫人成为我们越来越亲密的朋友，原本只是相熟的人现在已经成了终生的朋友。让我高兴的事情之一是，斯图尔特先生随后加入了我们，成为合作伙伴，就像"范迪"一样。不过，住在霍姆伍德最大的好处在于，我们可以接触到西部宾夕法尼亚的显要家族，也就是尊敬的威尔金斯法官一家。那时，这位法官已经快要八十岁了，但是身材挺拔，瘦削，英俊，而且耳聪目明，很健康，行为举止透着一种高贵和优雅。他是我有幸认识的最学识渊博和经历丰富的人。他的妻子，即美国副总统乔治·W.达拉斯的女儿，在我看来，是老年女性中最优雅的一位，是我认识的或者见过的最美丽、最有魅力、最值得尊敬的老妇人。她的女儿威尔金斯小姐和妹妹桑德斯女士，以及妹妹家的孩子都住在霍姆伍德富丽堂皇的大房子里。这所大房子在匹兹堡的地位就像男爵府邸在英格兰的地位一般，代表着文明、修养和高尚。

让我尤其感到高兴的是，作为客人，我好像还是很受欢迎的。音乐聚会、看手势猜字谜游戏以及由威尔金斯小姐扮演主角的戏剧表演成为我提升自己的另一种方法。威尔金斯法官本人是我当时知道的第一个有着重要历史地位的人。我永远不会忘记他留给我的深刻印象。谈话中间，为了解释某一句话，他会说："杰克逊总统曾对我说"或者"我告诉惠灵顿的公爵什么什么"。威尔金斯法官早年（1834年）曾经是杰克逊总统时期的驻俄国大使，他总是会用同样轻松的方式向我们讲述自己与沙皇的会面，让我有一种身临其境的感觉。威尔金斯家的大房子是一个新的环境，与这家人的交往为我提供了强大的推动力，让我想要去提升自己的思想，改善自己的行为举止。

威尔金斯一家与我之间唯一明确的对立是政治上的，虽然这种对立是无声的。我支持废除奴隶制，在当时，一个信奉废奴主义的人如同英国的共和党，我正是一个热忱的自由土地①信仰者，而威尔金斯一家是强烈的民主党，不仅倾向支持南方，而且跟南方的显要家族有着密切的联系。有一次，在霍姆伍德的威尔金斯家里，我刚一走进会客厅就听见这家人在兴奋地讨论着最近发生的一件糟糕的事情。

"你能想象吗？"威尔金斯夫人对我说，"达拉斯（她的孙子）给我写信说西点军校的校长竟强迫他和一个黑人做同桌！你听说过这样的事情吗？这难道不是一件很耻辱的事情吗？西点军校居然招收黑人学生！"

"噢！"我说，"威尔金斯夫人，还有比这更糟糕的呢！据我所知，上帝还让他们中的一些人进了天堂呢！"

我能感觉到空气中的一丝沉默，接着威尔金斯太太庄重

---

① 自由土地：在美国历史，自由土地指没有奴隶的地方，特别是指南北战争前禁止蓄奴的地区。

地说：

"卡内基先生，这是两码事。"

到目前为止，我收到的最珍贵的礼物就是在那个时候。事情是这样的：亲爱的威尔金斯夫人开始编织一条围巾，期间很多人问她是给谁织的，不过这位女王般高贵的老妇人坚决不说，几个月以来一直保守秘密。圣诞节快来临时她完成了这条围巾，仔细地把它包装好，在卡片上写了一些充满爱意的话，然后叮嘱她的女儿把围巾寄给我。包裹在圣诞节那天到达了纽约，这样的一位女士居然送给我这样一份礼物！后来，虽然经常把那条围巾给朋友们看，我却很少戴，因为它对我来说是神圣的，是我最宝贵的财富之一。

我非常幸运，因为住在匹兹堡的时候，我遇到了不久前去世的阿狄森博士的女儿莱拉·阿狄森。我很快和阿狄森一家熟识起来，也怀着感激之情记录下与他们的相识带来的莫大的益处。这里还要提及另一段朋友之情，这些朋友都受过高等教育。卡莱尔曾经给阿狄森夫人做过一段时间的补习，因为她来自爱丁堡①，不是匹兹堡人。她的女儿们都曾经在国外受过教育，法语、西班牙语和意大利语的流利程度与母语英语不相上下。正是通过与这一家人的交往，我才第一次意识到受过高等教育的人与我这般人之间横亘着一条无法形容却无比巨大的鸿沟。不过，"我们之间那一点点的苏格兰血脉联系"一如既往地证明着它的力量。

阿狄森小姐成为我理想的朋友。她承担起了打磨我这块璞玉的责任，如果说我确实算得上一块玉的话。她是我最好的朋友，是我最严厉的批评家。我开始严格注意自己的言谈，并密切关注古希腊、古罗马文学，贪婪地阅读着这些书籍。我注意到，当我的语气和行为变得温和，当我对所有人都谦恭有礼时，简单地

---

① 爱丁堡：苏格兰城市。

说，就是我改善自己的行为举止后，情况变得更好了。 在那之前，我在着装打扮上或许可以称得上粗心大意，而且自己很喜欢如此。 那时候，西部的典型着装是又大又重的靴子、松垮的衣领，以及全身上下的粗糙质地的衣服。 在我们的圈子里，这种着装被认为很有男人味，其他任何浮华的东西都会受到鄙视。 我记得，我在铁路公司见到的第一位绅士居然戴着羔羊皮手套，让他成为众人的嘲笑对象，因为大家都渴望成为有男人味的男人。 我们搬到霍姆伍德以后，我在行为举止和着装方面都改善了很多，这多亏了阿狄森一家人的影响。

八 内 战

1861年，美国内战爆发。我立刻被斯科特先生调派到了华盛顿，那时的他担任国防部助理秘书，负责运输部。在华盛顿，我担任他的助理，负责管理军事铁路和政府电报，并负责组织一队铁路工人。运输部是战争初期最重要的部门之一。

联邦军队的第一批军团在通过巴尔的摩[①]时遭到了攻击，导致巴尔的摩和安纳波利斯[②]交叉点之间的铁路线路中断运行，两个城市没有办法与华盛顿取得联系。于是，我和我的助理团队需要在费城搭乘到安纳波利斯的火车，这里有一条分支铁路线延伸到安纳波利斯交叉点，可以对接上主线路，取得与华盛顿的联系。我们的首要任务是修复这条分支线路，使重型火车可以通过，不过修复工作需要持续数天。我们到达安纳波利斯的数天后，巴特勒将军和几队联邦军队的军团来到了这里，我们成功地把他的所有部队运送到了华盛顿。

我坐在驶往国会大厦的火车头上，谨慎前进着。离华盛顿还有一段距离的时候，我注意到电报电线已经被木桩子钉在了地

---

① 美国的一座港口城市。
② 美国马里兰州的首府。

上。我关掉火车引擎,跑到前面把电线放开。但是,我没有注意到,电线被钉住之前都被扯到了同一侧,所以当我把电线从木桩子下扯出来时,电线抽到了我的脸上,把我打倒在地,在我的脸上留下一个很深的伤口,流了很多血。虽然受了伤,我还是随着第一批军团进入了华盛顿。所以,除了之前在通过巴尔的摩时受伤的一两个士兵,我也可以宣称,自己和那些第一批军团士兵一样,"为了我的国家挥洒了热血"。能够为这片给予了我很多的土地做一些有用的事情,我觉得很光荣。我可以诚实地说,我不分昼夜地工作,努力开通与南方之间的联系。

我很快将总部转移到了弗吉尼亚州的亚历山德里亚。我们驻扎在那里的那段时间里,发生了不幸的布尔河战斗①。战败的消息传来时,我们觉得难以置信,可是形势很快明朗了。我们必须马不停蹄地赶到前线,去接回被打败的部队。那时,最近的车站是伯克站,我到了那里,运回一车又一车受伤的可怜志愿者们。战事报道说,敌人正在逼近,最终我们被迫关闭了伯克车站。电报员和我搭乘最后一趟驶往亚历山德里亚的火车,沿途都笼罩在恐惧的阴影下。有一些铁路工人已经不再出现,不过,比起其他铁路分部,次日清晨出现的工人人数还是给了我们庆祝的理由。一些列车员和列车工程师已经乘船渡过波托马克河。不过大部分的工作人员还是留了下来,虽然夜晚充斥着紧追不舍的敌人机枪的怒吼。第二天早上,我们的电报员全员到齐。

不久后,我回到了华盛顿,把指挥部搬到了作战部大楼,与司各特上校在一起。我负责电报部门以及铁路部门,这让我有机会见到林肯总统、苏厄德先生、卡梅伦部长,还有其他要员。我偶尔会在别人的引见下与这些人有私下的接触,这让我很兴奋。林肯总统偶尔会来到电报办公室,坐在桌边等着电报回复,或者

---

① 内战中的一次战斗。南方联盟军打败了北方联邦军队。

可能只是焦虑地等待着什么新消息。

这个与众不同的人的所有画像都很逼真,因为他的特征太突出了,任何人都有可能画得很像。 当他安安静静的时候,他一定是我见过最平凡的男人之一,可是当他激动不已,或者是在讲故事时,你会看到他的眼睛里闪耀着智慧的光芒,映照着他的脸庞,让他看起来如此容光焕发。 我几乎或者从来没有在其他任何人身上看到这样的情形。 他的言谈举止很完美,很自然,他对每个人都和善地说话,甚至是对办公室里最年轻的那个男孩。 他对别人的关注是不分等级的,一视同仁,与送信员说话时表现出对苏厄德部长一样的谦恭。 他的魅力在于他完全不在意行为举止,与其说他说话的内容赢得了人们的关注,不如说他说话的方式让他无往不利。 我经常会后悔没有在他说这些话的时候把它们认真地记录下来,因为即使是再平常不过的事情,他也可以用一种很新颖的方式说出来。 我从来没有见到过像林肯一样伟大的人,他可以和所有人打成一片,就像约翰·海秘书长所说:"你没有办法把任何人当作林肯的随从,因为每个人都会成为他的同伴。" 他是最完美的民主党,一言一行都透露出对人人平等的追求。

当梅森和斯莱德尔于1861年被带离英国"特伦特"号轮船时,很多人,比如我,都感觉到了沉重的焦虑,因为我们明白轮船上的庇护权对英国意味着什么。 所以,可以肯定的是,战争在所难免,除非马上把俘虏归还。 内阁召集会议讨论这个问题时,卡梅伦部长不在,司各特先生被邀请以作战部部长助理的身份出席会议。 我尽自己所能让他明白,在这件事情上英国人毫无疑问会发动战争。 同时,我跟他强调说,他一定要坚定投降的立场,特别是在这个时候,因为一直以来美国的原则是船只不在检查范围之内。 司各特先生完全不懂外交事宜,所以准备扣住这些俘虏,不过开完会回来他告诉我说,正如我所说,苏厄德警告内阁说如果不归还俘虏,将会引起战争。 林肯一开始也打算扣住这些俘房，不过最后还是采纳了苏厄德的建议。 但是，议会决定推迟到第二天再释放俘房，届时卡梅伦和缺席会议的人都在场。 司各特先生被派去接卡梅伦，并在参加会议前让他对局势有正确的认识，因为卡梅伦先生可能没有抱着投降的想法。 司各特先生完成了任务，第二天事情进展很好。

只有亲眼所见，才能理解华盛顿当局的混乱局面。 我无法用言语表达最初的印象。 我第一次见到司各特将军，也就是当时的总司令时，两个手下正帮助他走过办公室前的人行道，走向他的马车。 他已经年老体衰，不仅身体瘫痪，就连思想也麻痹了。 共和党军队的组织正是依靠着这过去遗留下的高贵遗产，他的主要专员泰勒将军一定程度上与司各特将军不相上下。 我们的任务是与这些人，以及那些不是很称职的人商定如何打开沟通的门，如何运输人员和资源。 这些人似乎都习惯一板一眼，不过已经过了气，要花好多天才能对于需要采取紧急行动的事情拿定主意。 每一个重要部门都缺少一个年轻积极的带头人，至少我一个都想不起来，多年来的和平已经让这些部门失去了服务的能力。

我明白，因为同样的原因，海军部也会存在同样的状况，不过我没有接触过海军部的人。 海军最初并不重要，因为陆军才更有价值。 如果不把一些部门的领导换掉，我们将屡战屡败，可这不是一朝一夕能完成的。 于是，很自然地，对于政府明显拖延采取有效措施去完成这一巨大的任务，全国上下表现出了不耐心。 不过，海军部的每一个分支能快速地从混乱中恢复有序的状态，这让我很惊讶。

对于我们来说，采取行动时有一个优势：卡梅伦秘书长授权司各特先生（彼时他已经成为陆军上校）便宜行事，不需要等待战争部那些军官的缓慢行动，我们毫不吝啬地使用这一特权。 因为卡梅伦秘书长的热忱支持，铁路部门和电报部门从战争的一开始就扮演了重要角色。 那个时候，卡梅伦秘书长依然耳聪目明，能够比部门里的将军和领导们更好地抓住问题的实质。后来，因为大众的要求，林肯总统最终不得不把他替换掉了，可是幕后的人都清楚地知道，如果其他部门也能像卡梅伦领导下的作战部这样管理有序，从整体来看，很多灾难是可以避免的。

卡梅伦喜欢被称为罗切尔，他是一个感性的人。在九十岁的时候，他来苏格兰看望我们。他坐在四马马车最前面的位子上，路过苏格兰的一处峡谷时，他恭敬地摘下了帽子，光着脑袋驶过峡谷，被它的壮美深深震撼。我们曾经在某次对话中谈到政府部门官员候选人必须付出的努力，以及政府只在危急时刻寻找合适的人的错误。罗切尔讲了一件关于林肯的第二次任期的故事：

有一天，卡梅伦在哈里斯堡的乡间住宅里收到了一份电报，电报里说，林肯总统想要见他。他应邀前去，林肯说：

"卡梅伦，周围的人告诉我说，竞选下一个任期的总统是我作为一个爱国者的责任。他们还说，我是唯一一个可以拯救这个国家的人，等等等等。你知道吗？我开始愚蠢到有点相信他们了。你觉得呢？这件事该怎么办？"

"总统先生，二十八年前，杰克逊总统像您一样召见了我，并跟我说了同样的话。我在新奥尔良收到了他的信，然后奔波了大概十天才到达华盛顿。我告诉杰克逊总统，最好的办法是让某个州的立法机关通过决议，在决议中坚称：在这狂风暴雨的时刻，水手不能弃船而逃等等。杰克逊先生同意了这一办法，于是我去了哈里斯堡，让他们准备并通过了一项决议，而其他州也如我所料都同意这项决议。所以，就像您知道的那样，杰克逊先生赢得了第二个任期。"

"那么，"林肯说，"你现在还可以这么做吗？"

"不能，"我说，"我和您走得太近了，总统先生。不过，如果您想要这么做，我想我也许可以委托一位朋友去做。"

"那么，"林肯总统说，"我就把这件事情交给你了。"

"我派人找来了福斯特,就是这位(福斯特是他这次旅行的同伴,也是我们的客人),让他查阅杰克逊总统使用过的决议。我们把决议修改了一下,以适应新形势的需要,然后通过了这些决议。后来的结果与杰克逊总统时期的结果如出一辙。当又一次到华盛顿时,我晚上去参加了总统的招待会。我走进那间挤满了人的、宽敞的东边房间。跟林肯总统一样,我的个子也很高,所以总统先生从人群中认出了我,举起两只戴着白色手套、活像两只羊腿的手,向我喊道:'今天又有两个,卡梅伦,又有两个。'他的意思是,又有两个州通过了杰克逊-林肯的决议。"

这件事情让我们更清晰地理解了政治生活,更值得注意的是,时隔二十八年,有两位美国总统前后召见了卡梅伦,他们处于同样的情形,都询问卡梅伦的建议,卡梅伦使用了同样的方法来帮助他们,两位总统候选人也都成功接任。就像人们在难忘的时刻说的那样:"冥冥之中自有定数。"

我没有在华盛顿见到格兰特将军,因为直到我离开华盛顿,他都一直在西部。不过,在一次往返华盛顿的旅程中,他在匹兹堡逗留,为转移到东部做必要的安排。他两次视察匹兹堡铁路线时,我都遇到了他,然后邀请他去吃饭。那时候,列车餐车还不存在。他是我见过的权高位重的人们中最相貌平平的,第一眼看上去绝对不会被认为是很出众的人。我记得作战部部长斯坦顿曾说,他到西部去阅兵,格兰特将军和他的属下坐在他的车里,他看了看这两个人,又看了看格兰特将军,然后在心里对自己说:"我不知道哪一位是格兰特将军,不过这位绝对不是。"可是,那位确实是格兰特将军(本书写成后的很多年里,我再次读起这段文字时忍不住大笑。对将军来说有点不公平,因为我还不止一次被误认为是他)。

在那些日子里,人们经常谈论"战略",还有各位将军的作战计划。让我惊讶的是,格兰特将军总是很随意地在我面前谈论这些事。当然，他知道我曾经在作战部办公室工作过，与斯坦顿部长熟识，而且多少了解时事。可是，当他对我说这些话时，我还是惊讶不已。

"总统和斯坦顿想让我去东部，负责带领那里的部队，我已经同意了。我到西部是去做一些必要的安排。"

我说："我想也是如此。"

"我会让谢尔曼来接管，"他说。

"全国上下都会很惊讶，"我说，"因为人们觉得托马斯将军会接任。"

"是的，我知道这一点，"他说，"不过我很了解他们两人，我知道托马斯会第一个站出来说谢尔曼是适合这个职位的人，所以这样的安排不会有什么问题的。事实上，现在西部战线已经推进了很远，而我们现在要做的是推进东部战线。"

他正是这样做的，这就是他表达自己的策略的方法。能在后来的很多年里和他成为熟识的朋友，我感到荣幸。如果说一个人没有一丝一毫的矫揉造作，那么这个人一定是格兰特将军，就算林肯总统也没有办法超越他。不过，格兰特是一个安静的、动作缓慢的人，而林肯一直精神饱满，很活跃。我从来没有听到格兰特用过很长或者很宏大的词，或者试图"装腔作势"。不过，如果你认为格兰特将军一直沉默寡言，那就错了。有时，他是一个出奇好的发言人，在某些场合很喜欢谈话。他说出的句子总是短小而切中要点，他对事物的观察非常精明。当他没有什么要讲时，他就什么都不说。我注意到，他从来不吝啬表扬参战的下属。每当说起这些人，格兰特就像一位正在谈论儿女的父亲。

据人们说，当时的格兰特将军正在西部经受着战争的考验，他开始无节制地酗酒。他的总参谋长罗林斯大胆地把他酗酒的事实告诉他。格兰特很赞赏他的做法，认为只有真正的朋友才会这样做。

"你是认真的吗？我完全没有意识到自己是在酗酒。这真让我大吃一惊！"将军说道。

"是的，我是认真的。下属军官们甚至都开始谈论这件事情了。"

"那么你怎么不早点告诉我呢？从此以后，我滴酒不沾。"

他确实再也不喝酒了。在以后的很多年里，我和格兰特一家吃过很多次饭，每一次都会看到格兰特将军撤掉自己身边的酒杯。无坚不摧的意志力使他可以执着于自己的目标，而据我所知，很少有人能做到这一点。有一些人可以坚持一段时间，比如值得一提的是，我有一位搭档坚持了三年，但可惜还是没能抵制住诱惑。

格兰特任总统期间，有人指控说他通过任命某些官员或采取某些行为获取经济上的好处。可是，只有他的朋友们知道他有多么穷。格兰特穷到不得不宣布取消传统国宴，因为他发现每一次国宴的开支是八百美元——他的工资付不起这样的国宴。后来，在他的第二个任期里，总统的年收入从 2.5 万美金增加到了 5 万美金，他才得以存一些钱，虽然他不怎么在乎钱，就像不在乎穿什么制服一样。我知道，他结束第一个任期时没有任何存款。但是我发现，在欧洲高官中有一种普遍的看法，他们认为其中一定有暗箱操作，格兰特总统一定通过任命官员获得了经济上的好处。我们知道，在美国这样一个国家很少有人会在意这些指控，不过对于那些不计后果提出指控的人，他们一想到这些指控可以给其他国家的舆论带去何种影响，就感觉很好。

在今天的伦敦，民主事业会比其他任何事业受到更多的磨难，因为人们普遍认为美国的政治是腐败的，因此共和主义一定也会催生腐败。不过，基于我对英国和美国政治的一点了解，我可以毫不犹豫地说，实行共和主义的新美国和实行君主立宪制的英国都存在腐败，只是腐败的形式不同而已。在英国，人们用头衔而不是金钱来行贿。 在这两个国家，政府职位同样被认为是普通的、合适的回报方式，只是英国在这方面有一个优势，在那里职位是公开送的，所以职位的接受者或者民众都不会把这当作一种贿赂。

1861年，当我被调去华盛顿时，人人都认为战争很快会结束，可是不久后再看时，战争好像还要持续几年，而且还必须有官员固定指挥和负责。 宾夕法尼亚铁路公司不能把斯科特先生分派出去，所以他决定让我回到匹兹堡，那里急需要我，因为政府对铁路公司有了更多的需求。 于是，我们把华盛顿的部门交给其他人管理，然后回到了各自的岗位上。

从华盛顿回来后，我病倒了，这是我第一次病得这么严重，完全垮了。 我挣扎着想坚持工作，可是最后不得不停下来去休息。 某天下午我正在弗尼吉亚的铁路线上忙碌，忽然感觉像中暑一样，非常地难受。 好在这种感觉不久就消失了，不过自那以后我发现自己受不了炎热，不得不小心翼翼地躲开太阳，一遇到炎热的天气我就萎靡不振。（正是因为这个原因，很多年来，夏天的苏格兰高地凉爽的空气对我来说就是灵丹妙药。 我的医生一直告诫我要避开美国炎热的夏天。）

宾夕法尼亚铁路公司批准我休病假，我终于有机会回到苏格兰看一看。 于是，在我二十七岁的这一年，1862年6月28日，我的母亲、我的知己汤姆·米勒，还有我，一起搭乘"埃特纳"号轮船到了利物浦，然后马上启程赶往邓弗姆林。 没有任何事情比回到自己的家乡让我感触良多。 我如同身处梦境，每靠近苏格兰一英里，就感觉更紧张。 母亲和我一样激动，刚一看到那熟悉的黄色灌木丛，她就喊叫道：

"哦！ 那是金雀花，是金雀花！"

激动之情盈满心底，她再也抑制不住自己的眼泪。 我越是想装得不在乎或者想安慰她，她越是激动不已，而我呢？ 我想要扑到这片神圣的土地上，亲吻它。

我们怀着这样的心情回到了邓弗姆林。我们立刻认出了周边的每一处事物。可是，跟我想象中的样子相比，所有的东西好像都很小，以至于我完全困惑了。最后，我们终于到了劳德姨夫家，又见到了那间老房子。在这里，劳德姨夫教给多德和我很多很多东西。我尖叫道：

"你们都在这里，这里的一切还是我离开时候的样子，不过现在你们开始玩玩具了吧。"

这里的一切都缩小了：主街变小了，我曾经认为它不比百老汇差；姨夫的商店变小了，我曾经拿它与纽约的商店做比较；镇子周围的小土丘也变小了，星期天的时候我们曾经跑到那里去玩耍；房子之间的距离，还有它们的高度都变小了，我几乎能触碰到我出生的那间房子的屋檐。以前，星期六能走路到海边就被认为是不小的壮举，可是现在那片海只有三英里之遥。那片我曾经流连其中，寻找海螺的礁石好像已经不见了，只剩下一片安静平坦的浅滩。汇集了我学生时代的很多回忆的校舍，我唯一的母校，那片我们模拟战斗和赛跑的操场都缩小到了让人感到荒唐的程度。曾经被认为很高档的住宅区，如布鲁姆厅、佛德尔，还有多尼布利斯托尔的音乐学院，现在看起来都变得小家子气，很不起眼。后来，当我有机会去日本，看到那里像玩具一样的房子时，感觉像是看到了自己的家乡。

家乡的所有东西都变小了，就连穆迪街头的那口老井，就是我小时候跟老妇人们斗智斗勇的地方，也变了样子。不过，有一样东西仍然是我梦想中的模样。当我看到修道院和峡谷时，我终于不再失望，因为它依然宏伟，塔顶上镌刻的让人难以忘记的字母"罗伯特·布鲁斯国王"依然像以往一样，盈满我的眼睛、我的心灵。回到这片土地后第一次听到的修道院的钟声也没有让我失望，我对它心存感激，因为它让我找到了一个集中点，围绕着它，宫殿的残垣断壁和峡谷，还有周围的其他事物都恢复了它们正常的比例。

我的亲戚们非常地友好，其中年龄最大的是我亲爱的夏洛特姨妈，她兴奋地说：

"哦，有一天你会回到这里，在主街有一家自己的店。"

在她看来，在主街有一家自己的店就是成功。她的女婿和女儿（也就是我的表亲，不过他们没有血缘关系）获得了夏洛特姨妈所认为的成功，而他有前途的外甥能有比这更伟大的成就。开店的人们也被划分为三六九等，主街上的蔬菜水果商不会与穆迪街的商人平等相处。

我小时候，夏洛特姨妈经常照顾我，她总是喜欢提及我小时候的一件事，我是一个喜欢哭闹的孩子，吃饭的时候必须用两个汤匙轮流喂，只要有一个汤匙离开了我的嘴巴，我就开始喊叫。工作了以后，钢铁公司的主管琼斯上尉这样描述我："生来不仅有两排牙齿，而且还有洞，总塞不满。"我就是一个对新的工作和持续不断的生产永不满足的人。因为我是我们家族的第一个孩子，所以我很尊敬的长辈们那时候都愿意照顾我，其中包括我的姑姑们。我长大以后，年迈的她们还是会讲起童年时候我的恶作剧和说过的有意思的话。其中有一件事情让我惊讶，因为听起来是一个很早熟的行为。

我是听着睿智的格言长大的，而且还很快地把父亲教给我的一句话付诸实践了。那时候我还是一个小孩，和父亲从三英里以外的海边往回家的方向走。一路上，父亲不得不背着我。黄昏中，他背着我攀登一座陡峭的小山，一边走，一边说我太重了，也许是希望我主动下来自己走，可是我却回答说：

"哈，父亲，没关系的，您知道的，有耐心和毅力才能成为真男人。"

他背着沉甸甸的我继续吃力地走着，笑得浑身发颤。当初是他教给我这句话的,现在我却用到了他的身上,不过我相信父亲一定觉得背上的负担轻了些,我确信。

当然,最让我有回家的感觉的人还是劳德姨夫,我的导师、我的领路人和激励我的人。 他为我做了那么多,让我在八岁的时候就成为一个浪漫的、爱国的、诗意的人。 现在的我已经二十七岁了,不过他始终是我记得的劳德姨夫。 我们依旧一起散步,滔滔不绝地聊天,他还是会喊我"内基",从来没有用过其他的名字。 他是我的亲爱的姨夫,却又不仅仅是一位姨夫。

我依然胡思乱想着,兴奋得睡不着,而且我还感冒了,随后又发烧。 后来,我在姨夫家卧床六个星期,其中的一段时间病情还非常严重。 那个时候,苏格兰的药就像它的神学理论一样强烈(现在,这两个方面都柔和了很多),使我的身体变得很虚弱。我细小的美国人的血管衰竭得很厉害,虽然医生说我已经在恢复中,可是过了很久我才能站起来。 因为生病,我不得不结束苏格兰之旅。 不过,从苏格兰到美国的海上航行对我很有好处,所以刚一回到美国我就能恢复工作了。

我依然记得回到工作单位时大家对我的欢迎,我被深深地打动了。 来自东部地区的工人们聚集在一起,准备了礼炮。 当我搭乘的火车经过时,礼炮齐鸣。 这也许是部下们第一次列队欢迎我,让我成为大家关注的对象,他们的欢迎给我留下了不可磨灭的印象。 我知道自己有多么在乎他们,也非常高兴地得知他们也很在乎我。 劳动阶层的人们总是会回应对方的善意。 如果我们真心关心别人,就不必担心他们是否回应了我们的感情。 物以类聚,你一定会遇到像自己一样的人。

九　桥梁生产

内战期间，铁的价格攀升到了大约每吨 130 美元。可是，即便如此，比起价格，人们更担心的是铁的运输。因为缺少更新换代的铁轨，美国的铁路线面临越来越多的风险。面对这样的现状，我于 1864 年在匹兹堡组织起一批关心铁轨建设的人，并毫不费力地找到了很多搭档，也找到了资金来源，于是"超级铁轨厂"和"高炉制造厂"就这样成立起来。

同样地，火车机车的需求量也很大。于是，在 1866 年，托马斯·N.米勒和我一起组织起了匹兹堡机车制造厂，这个制造厂一直以来都盈利丰厚，而且有着良好的声誉，那里生产的机车在全美国都享有让人嫉妒的好口碑。1906 年，这家制造厂每股 100 美元买进的股票卖到了 3000 美元一股，每股增值 30 倍。而且，这家公司每年都会定期支付庞大的利润分红。由此看来，这家公司是非常成功的，充分地证实了公司的政策："只做最好。"我们还没有做到最好。

在阿尔图纳的时候，我第一次在宾夕法尼亚铁路公司的工厂里见到铁制的小桥。这件产品很成功。在阿尔图纳，用木制桥梁作为永久支撑铁路建筑，是永远不可能行得通的。宾夕法尼亚公司的一座很重要的桥梁最近被烧毁了，交通中断了八天之久。

于是，我向设计了铁桥的 H.J.林维尔，以及负责宾夕法尼亚铁路线上的桥梁架设的约翰·L.派珀和他的搭档希夫勒提议，劝说他们来匹兹堡，并告诉他们说，我会组织一家公司来架设铁桥。 这家公司是当时第一家专门架设铁桥的公司，我让我的朋友斯科特先生加入我们的创业计划，他答应了。 我们每个人各投入了五分之一的资本，也就是1250美元。 我的那一部分是从银行借来的。 现在看来这真的是一笔很小数目的钱，不过"参天大树是从一粒种子长起来的"。

就这样，我们在1862年成立了派珀和希夫勒公司，后来这家公司与肯斯通桥梁公司合并。 我还记得自己很为这个名字感到自豪，肯斯通(keystone)的英文意思是拱顶石，我觉得这个名字能很好地表达出宾夕法尼亚桥梁公司在做的事情，这样一来宾夕法尼亚州就成为了肯斯通之州。 自此以后，铁制桥梁开始在美国普遍使用起来，甚至在全世界范围内广泛使用。 我给匹兹堡的几家炼铁厂都写去了信，这样一来就可以保证新公司得到材料供应。 于是，我们用木板搭起了车间，生产出了一些桥梁结构。 我们架设的桥梁以生铁作为主要材料，不过这些桥梁建设得如此之好，以至于直到今天其中一些桥梁经过加固之后，仍然能应对繁重的交通，仍然在各条铁路线路上发挥着作用。

接下来人们想要在美国俄亥俄州东部史杜本维尔的俄亥俄河上架起一座桥。 有人问我们，是否能够架起一座跨越俄亥俄河的跨度300英尺的桥梁。 在今天看来，这样怀疑我们的能力似乎是很荒谬的，可那个时候全美国都还未开始使用钢和熟铁。 顶部的绳索和主要支架都是用生铁制成的。 不过，我还是劝说我的搭档尝试一下，最终我们签署了一份合同。 但是，我还清楚地记得钢铁公司的总裁朱伊特来我们的工厂参观时，瞥了一眼周围一堆堆的沉重的生铁，那是用来架构俄亥俄河桥梁的部分材料。 朱伊特转过头看着我说："我不认为这些笨重的生铁可以站起来，还能立得住,更不说支撑起跨越俄亥俄河的火车了。"

不过,后来他改变了自己的想法。那座桥不久前仍然在使用。为了应对更繁重的交通,人们曾经加固过。我们期待能通过这第一次重要的任务赚一大笔钱,可是桥梁完工之前发生了通货膨胀,我们原本的一点点利润也几乎被吞掉了。而后面发生的事情证明了宾夕法尼亚铁路公司的董事长埃德加·汤姆森为人的公正。当听说了这件事情后,他批准额外支付我们一笔钱,保证我们不会亏损,他还说,在合同签订的时候双方并没有预料到会发生这样的事情。埃德加·汤姆森是一个伟大而善良的人。在签署合同时,他尽可能为宾夕法尼亚公司争取利益,可是他时刻记得这样一个事实:法律的精神不只是停留在法律文字上。

在林维尔、派珀和希夫勒的身上,我们看到了这个时代所拥有的最好的才华:林维尔是一位工程师,派珀是一位急性子的、活跃的机械师,而希夫勒是一个自信和稳重的人。派珀上校很了不起,我曾听说,在修复烧毁的桥梁方面,宾夕法尼亚的汤姆森董事长信任他胜过信任整个工程师队伍。不过,有一件事情是派珀上校的软肋(我们还是挺幸运的):爱马如命。如果某次商务讨论变得太热烈,上校表现出要发脾气的迹象时(这样的事情也不稀罕),把话题转到马上面,肯定能解决问题,其他的话题根本进不了他的脑海。他会沉迷于关于马的话题。如果他工作太拼命,我们想让他休个假的话,就会让他去肯塔基州,帮我们中的某个人或者其他人挑选一两匹马。对于选马,除了他,我们不信任其他任何人。不过,他对马的狂热有时候也给他带来很多困难,有一天他出现在办公室,半边脸上都是泥巴,黑得不能再黑了,衣服撕破了,帽子也丢了,可是鞭子还攥在手里。他解释说,他试图骑一匹肯塔基的小马,可是其中一根缰绳断了,他失去了"舵效航速"(航海学里面能够操控轮船方向的最低推动力),他是这样表述的。

他是一个很了不起的家伙，我们都称他为"派普"。他一旦喜欢上某一个人，比如我，他会为你做任何事情，会一直陪伴你。后来，我被调去纽约后，他把这种情愫转移到了我的弟弟身上，他总是称我弟弟为托马斯，而不是汤姆。他对汤姆简直就是崇拜，汤姆说的任何事情就是法律，就是圣经。他对我们成立的其他工厂非常地羡慕，虽然并不是他感兴趣的行业，比如我们为肯斯通公司提供铁的那些制造厂。派珀上校与这些制造商的经理们因为质量、价格等等问题发生过好几次纠纷。有一次，他找到汤姆，对他抱怨说，他签订的一份为期一年的铁供应合同在抄写的时候出现了错误，上面说价格是"净价格"，可是在谈合同时，没有提到任何关于"净价格"的内容。他想知道"净价格"到底是什么意思。

"是这样的，上校，"汤姆说，"这个词的意思是不会再额外增加任何东西。"

"哦，好的，托马斯，"上校说，对这个回答非常地满意。

一个人表述某件事情的方式是很重要的，比如，如果把"净价格"表述为"不会再少了"，也许就会引起纠纷。

有一天，布拉德斯特里特的一套书里公布了各家商业机构的经营情况。他从来没有看过这样一本书，自然急于看一看自己的公司排名如何，书中显示肯斯通桥梁公司被评为"差评"。我们好不容易才阻止他去见律师，因为他想控告那些出版商。好在汤姆跟他解释说，肯斯通公司被评为"差评"是因为它从来没有借过任何东西，他才算平静下来。无债一身轻是上校的习性之一。有一次，我正准备出发去欧洲，那时候很多公司都亏损，我们这个行业的一些公司也在走下坡路，派珀对我说：

"你不在的时候，如果不签署任何的文件，法官就不能抓我们，对吗？"

"是的，"我说，"他不能。"

"好的,我们在这里等你回来。"

提及派珀上校,我就想起在架设桥梁的那段日子里认识的另外一个不平凡的人物:圣路易斯的伊兹上尉。他喜欢创新,在机械方面有很多奇思妙想,却没有多少科学知识。他似乎想要每件事情都按照自己最初的计划来完成。如果这件事情以前用其他方式做过,他就不会再做。当他向我们提出架设圣路易斯桥的计划时,我把它给了全美国最了解这件事情的人,那就是林维尔先生。他对这件事情很担忧,找到我们:

"按这样的计划建起来的桥是站不起来的,它没有办法承担自身的重量。"

"那么,"我说,"伊兹上尉会来找你。谈到这件事情的时候,你要委婉地把这件事情解释给他听,给他一个合适的方案,把他引到正确的思路上。同时,不要对其他人说起这件事。"

林维尔成功地处理了这件事,但是在桥梁的架设过程中,可怜的派珀完全没有办法完成伊兹上尉的苛刻要求。起初,他非常高兴,因为他们接到了目前为止最大的合同,他因此对伊兹充满了感激。他一开始甚至不称呼伊兹为"上尉",他会说,"伊兹上校,您好吗?很高兴见到您。"后来,事情渐渐变得有些复杂。我们注意到,他对伊兹的问候不再那么热情,但是至少会说"早上好,伊兹上尉"。事情继续恶化,直到我们惊讶地听到派珀称呼伊兹为"伊兹先生"。没等那些麻烦事解决完,派珀对伊兹的称呼已经从"上校"降到了"吉姆·伊兹"。事实上,还没等完工,称谓已经降级到"吉姆",前面有时还加一个"该死的"。一个人也许拥有强大的能力,不仅有魅力,而且很有趣,伊兹上尉毋庸置疑就是这样一个人,可是如果他不擅长去利用别人的科学知识和实践经验,他就没有办法完成第一座横跨密西西比河、跨度五百英尺的桥梁。

桥梁完工后,我让派珀上校陪我在圣路易斯待了几天,守护着那座桥，以防别人在我们收齐尾款以前霸占这座桥。 派珀撤掉桥两端的木板，并制定了解散警卫的计划后，他开始想起家来，急切地想要回到匹兹堡。 他坚决地要搭乘夜班火车回家，我茫然不知所措，不知道该怎么留住他。 这时我想起了他的软肋，于是我告诉他说，我非常着急给我的妹妹买一对马儿，把两匹马儿共轭，一起送给她当礼物。 我还说，听说圣路易斯正是一个理想的去处。 我问他，他有没有见过极好的马。

于是，他上钩了，开始讲述自己见过的各种共轭马还有他参观过的马厩。 我问他可不可以留下来帮我挑选马儿。 我很清楚他会想要见到马匹，而且想骑很多次，这样的话，他就有的忙了。 一切如我所料，最后他买回了两匹很棒的马。 可是问题又来了：怎么把它们运回匹兹堡呢？ 他信不过火车，近几天又没有合适的船只要去匹兹堡。 在马匹被送上轮船，安顿好，出发驶向匹兹堡之前，再也没有什么事情可以诱惑他留在圣路易斯了。 不过，我当时还真是捏了一把汗，因为我不确定派珀会不会执意登上轮船，和那些马匹一起离开。 我们保住了那座桥梁，派珀像贺雷修斯一样英勇。 他是我认识的最好的人之一，也是我有幸拥有的最宝贵的搭档之一。 他当之无愧应该获得回报，因为他为此付出了那么多。

肯斯通桥梁公司一直让我感到很欣慰。 在美国，几乎每一家尝试架设铁桥的公司都失败了。 许多桥梁坍塌了，也因此造成了国内一些很严重的铁路事故。 有一些桥梁甚至因为不能承受风力而坍塌。 但是肯斯通公司的桥梁从来没有出过问题，即使是在风力强劲的地方，它们依然挺立。 我们并不是仅凭运气，因为我们只使用最好的材料，而且绝不偷工减料。 同时，我们自己生产铁，后来又开始生产钢。 自始至终我们是自己最严格的监督员，要么生产安全的桥梁，要么就干脆不生产。 所以，当客户委派我们去修建一座很明显不够结实或者设计不科学的桥梁时，我们会坚决拒绝。我们可以为任何一件带有肯斯通桥梁公司的产品做担保，并为自己的产品骄傲，就像卡莱尔为父亲在安那[①]建起的桥感到自豪一样。那位伟大的儿子这样说："那是一座用诚心搭建的桥。"

以上所说的都是成功的秘诀。证明自己的过程如爬陡坡般艰难，而熬过最初几年后，一切都如静水行船般轻松。制造公司不仅不应该驱赶监督员，反而应该欢迎他们。监督有利于企业保持高水平，并能督促员工努力追求高水平。据我所知，凡是获得成功的公司，无一不是付出了诚实的、保质保量的劳动。在充满激烈竞争的今天，似乎所有的事情都是价格为上，但是想要取得商业上的成功，质量归根结底是最重要的因素。所以，公司里的每一个人，上到总裁，下到最低层的工人，都必须要格外关注质量。同样重要的是，车间要保持整洁干净，工具要摆放整齐，院子和周边环境要井然有序。

银行家大会召开期间，有很多著名的银行家来参观埃德加·汤姆森工厂。其中一位银行家的评价让我特别高兴。他是几百位银行代表中的一员。参观完工厂以后，他对我们的经理说："你们的负责人似乎对这家工厂很用心。"

他指出了成功的秘诀之一，确实有人对工厂上心。一家很有势力的建筑公司的主管曾经跟我吹嘘说，他的员工把第一个敢于前来的监督员给撵跑了，自此以后再也没有类似的麻烦找上门了。他认为这是一件非常值得祝贺的事情，但是我却暗暗地想："这家公司绝对经不起竞争带来的压力，等到经济不景气的时候，它肯定就垮了。"这家公司最后的命运证明了我的信念是正确的。对于一家建筑公司来说，它真正的根基应该是质量，最后才应该

[①] 苏格兰的一个小镇。卡莱尔曾经在那里读书，但是上学时经常被欺负折磨，三年后离开了学校。

考虑成本。

肯斯通桥梁公司成立后的几年里，我投入了大量的个人精力，每当需要签署很重要的合同时，我经常亲自去会见合作方。1868年的有一天，我和我们的工程师沃尔特·凯特来到爱荷华州的迪比克。我们正在竞争架设当时最重要的火车桥，这座桥将跨越途经迪比克的宽阔的密西西比河。这将是一项伟大的工程。我们发现河水已经结冰，于是只能乘坐四匹马的雪橇跨过这条河。

迪比克之行证明了细节决定成败。我们并不是出价最低的竞标公司，主要竞争对手是芝加哥的一家建筑公司，而且招标委员会已经决定把这份合同给这家公司了。但我还是留下来，和其中一些工程总监聊了聊。我高兴地发现他们并不了解生铁和熟铁的优势。我们一直以来都用熟铁架设桥梁的上横木，而我们的竞争对手用的是生铁。我有文章可以做了。我描述了轮船撞击桥梁的后果，两座桥分别以生铁和熟铁为材料。受到撞击后，熟铁打造的上横木也许只是弯曲，而使用了生铁的桥梁确定会断裂，最终坍塌。

幸运的是，其中一位委员，也就是著名的佩里·史密斯，支持了我的想法。他对委员会的其他成员说，我关于生铁的说法毋庸置疑是真实的。有一天晚上，他的四轮轻便马车在黑暗里撞上了路灯的柱子，柱子是用生铁铸成的，随之碎成了一段一段。如果我说我看到了某种近乎神助的力量，而佩里·史密斯正是这种力量的执行者，你们会谴责我吗？

"各位绅士们，"我说，"这就是我要强调的，你只要再多花一点点钱，就可以拥有一座用熟铁打造而成的、坚不可摧的桥梁，它可以抵抗任何轮船的撞击。我们从来没有，也永远不会修建廉价的桥梁。我们的桥不会倒塌。"

人群陷入了短暂的沉默。接着，桥梁公司的主管，伟大的议员艾利森先生告诉我们说，他们要失陪一会儿。我退了出去，随后他们很快会见了我，并同意把合同给我们，前提是我们愿意接受一个较低的价格，比我们预想的价格少了几千美元而已。于是我同意做出让步。就这样，佩里·史密斯无意间撞碎的生铁制成的那根灯柱给我们带来了获利最丰厚的合同之一。不仅如此，我们公司因为力压所有的竞争者，获得了迪比克桥梁的修建合同而声名远扬。而且，这份合同还让我与艾利森议员这位美国最好、最有价值的公众人物之一成为一生的好朋友。

这个故事所蕴含的道德寓意昭然若揭：如果你想赢得一份合同，一定要出现在合同签订现场。如果某个竞标者在现场，一根被撞断的灯柱，或者某些同样出人意料的东西也许会让他反败为胜。同时，如果可以的话，最好等到和双方签订了书面合同，拿到属于自己的那一份再离开。我们在迪比克就是这么做的，虽然他们建议我们可以先离开，并承诺说合同随后寄给我们，我们还是选择留下来，因为我们还想要看看迪比克的迷人景色。

史杜本维尔桥建成后，巴尔的摩和俄亥俄铁路公司觉得是时候在帕克斯堡和惠灵架设跨越俄亥俄河的桥了，不能让他们巨大的对手宾夕法尼亚铁路公司取得绝对优势。那时，渡轮的时代正飞快逝去。正是在争取这些桥梁架设合同的过程中，我有幸结识了当时在巴尔的摩和俄亥俄铁路公司担任重要职位的总裁加勒特先生。

我们非常急于把帕克斯堡和惠灵这两处桥梁和所有引桥的合同都签下来，可是我发现加勒特先生认为我们没有办法在规定时间里完成这么多工程。他希望由自己的工厂负责通道和短距离桥梁的架设，然后他问我我们公司可不可以允许他使用我们的专利权。我回答说，如果巴尔的摩和俄亥俄公司这么做，我们会感到很荣幸。这样一个许可印章的价值抵得上十倍的专利费，所以加勒特先生可以使用我们拥有的所有专利。

毫无疑问，我们的许可给这位公司要人留下了有利的印象。他很高兴，更让我吃惊的是，他把我请进了自己的私人房间，和我进行了一次关于所有事务的、开诚布公的谈话。他特别提到了与宾夕法尼亚铁路公司的人的不和，特别是与汤姆森和斯科特先生，他们两位分别是公司的总裁和副总裁。加勒特先生知道，他们是我很特别的朋友。既然他提到了他们，我也就告诉他说，来见他的路上，我路过宾夕法尼亚铁路公司，斯科特曾问我要去哪里。

我对加勒特先生说："我告诉他，我准备来见您，希望可以拿到修建跨越俄亥俄河的合同。斯科特先生说，我很少会去做傻瓜才会做的事情，不过这一次肯定是傻瓜所为，因为加勒特先生绝对不会把合同给我。每个人都知道，作为一个前雇员，我对宾夕法尼亚铁路公司一直保持友好。不过，我对他说我们一定会拿到这份合同。"

加勒特先生很快回复说，当公司的利益面临危险时，他一定会选择做得最好的一方。他的工程师汇报说我们的计划是最好的。斯科特先生和汤姆森先生将会看到，加勒特先生只关心一项法则，那就是公司的利益。虽然他知道我曾经是宾夕法尼亚铁路公司的员工，他还是认为自己应该把这份合同给我。

我对谈判结果仍然不满意，因为我们得负责整个工程中所有棘手的部分：这座桥梁的很多部分跨度很大，所以有很大的风险，而加勒特先生方面只需要根据我们的项目计划和商标，架设所有小跨度的、利润丰厚的桥梁。我大着胆子问他，他之所以这样分配任务，是不是真的认为我们没办法在他的砖石建筑搭起时完工，他回答是。我告诉他说，他完全不需要担心。

"加勒特先生，"我说，"如果我私人给您做出担保，您觉得这样可靠吗？"

"当然，"他说。

"好，那么，"我回答说，"我来担保！ 我说到做到，我也愿意担这个风险。 我可以向您担保：如果您能让我们负责整个合同，同时您能及时准备好砖石结构，我会在指定时间内让这座桥开通。 您需要多少担保金？"

"呃，我希望你给我十万美金作为担保，年轻人。"

"好的，"我说，"请准备好您的担保合同，然后让我们负责整个工程。 我的公司是不会让我损失掉十万美元的，您知道这一点。"

"是的，"他说，"我相信如果你以十万美金做出担保，你的公司会日夜赶工，我一定会准时看到桥梁开放通车。"

就这样，我们拿下了巴尔的摩和俄亥俄铁路公司的这单大合同。 当然，我最后也没有付那笔担保费。 我的搭档们比加勒特先生更了解工程的情况，俄亥俄河上的这座桥梁的架设难度不容小觑，因此我们在砖石结构完成之前结束了担保合同规定的所有工作。 上层结构已经矗立在河岸，等待加勒特先生完成正在进行中的砖石结构。

加勒特先生很为自己的苏格兰血统自豪，我们还曾经谈到诗人罗伯特·彭斯，并慢慢成为好朋友。 后来他带我到他乡下的豪宅，在当时，他是少数几个过着乡村绅士才有的奢华生活的美国人之一：他有良田数百顷，有像公园一样的车道，有良种马做种畜；他养着牛、羊和狗。 他的生活完全是书里描写的英国贵族的乡村生活。

后来，加勒特决定在自己的铁路公司自行生产钢轨，并且申请到了我们的贝西默炼钢专利的使用权。 这对我们来说是很重大的时刻，巴尔的摩和俄亥俄公司是我们最好的客户之一，所以我们自然迫切地想要阻止坎伯兰河边建立起轧钢厂。 对于巴尔的摩和俄亥俄公司来说，这也将是一次无利可图的尝试，因为我很确定，比起自给自足所要付出的代价，它完全可以以更便宜的价格从别处买进钢轨。于是，我去拜访加勒特先生，想要跟他讨论一下这件事情。那时候的他非常高兴，对外贸易和穿梭不停的轮船让巴尔的摩成为新兴港口。在属下的陪同下，他驱车带我来到码头上，告诉我他决定在这里拓展自己的公司。看着人们把外来商品从轮船上卸下来，然后装到轨道车上，他转过身对我说：

"卡内基先生，你现在应该体会到我们这个庞大系统的规模了，所以应该能理解为什么我们有必要自己生产我们所需的所有材料，包括钢轨。我们不能依靠私人工厂给我们供应任何一种主要材料，我们应该自己掌控一切。"

"嗯，"我说，"加勒特先生，这的确很壮观，不过我得说，您的'庞大的系统'并没有震撼到我。我读过贵公司去年的年度报告，去年您为第三方转运货物的收益是一千四百万美元。而我手下的公司从山上挖掘出这些材料，制成自己的产品，然后可以卖出比那更好的价格。与卡内基兄弟公司比起来，您的公司真的很小。"

我在铁路公司工作的经历在这个时候派上了用场。后来，我们没有再听到巴尔的摩和俄亥俄铁路公司与我们竞争的消息。加勒特先生和我成了一生的好朋友，他还送了我一条他自己养的苏格兰牧羊犬。虽然我曾经是宾夕法尼亚铁路公司的员工，但是我们身上流着的苏格兰人的血让这一事实变得不值一提。

十　铁　厂

我对肯斯通桥梁公司一直很爱护，后来的很多家其他工厂都是在它的基础上建立的。这些工厂成立不久，熟铁之于铸铁的优势就凸显出来了。为了保证产品质量统一，也为了生产出那时候其他厂家不能生产的材料，我们决定自己生产铁。弟弟和我与托马斯·N.米勒，亨利·菲普斯和安德鲁·克罗曼合伙成立了一家小型铁厂。米勒和克罗曼首先加入，后来于1861年11月邀请菲普斯加入，并借给他八百美元，让他买下了公司六分之一的股份。

在这里我必须要提一下，米勒先生是我们制铁行业的开创者，我们都应该感谢汤姆①。他现在（1911年7月20日）依然健在，有着讨人喜欢的个性，总能让人感觉到他的友好和阳光。时光流逝，他却成为我们越来越宝贵的朋友。随着年龄的增长，他的性情已经变得柔和，他曾经坚决抵制神学，认为那是与真正的宗教背道而驰，但是现在这种抵制已经不再那么强烈。当我们慢慢变老，人也变得越来越理性，这样也许不错。【1912年7月19日，当我再次读起这些文字时，我们正从奥特纳格的沼泽地回

---

① 汤姆：托马斯的昵称。

来。我不禁怀念起我的朋友,亲爱的汤姆·米勒,他去年冬天在匹兹堡去世了。我们夫妻二人去参加了他的葬礼。自那以后,生活中好像缺失了某种东西,缺失了很多很多:那是我早年的第一个搭档,我晚年最亲爱的朋友。我多想随他而去,不管他去了哪里。】

安德鲁·克罗曼在阿勒格尼市有一个小小的锻钢厂。当时我是宾夕法尼亚铁路公司的主管。我发现,克罗曼可以做出最好的轮轴。他是一个伟大的技工,他认为,关于机器的任何事情,如果值得去做,就值得做好。在当时的匹兹堡,还没有人意识到这一点。身为德国人,他有着很周密的思想。他制造出的东西成本很高,不过一旦投入使用,就可以长年发挥作用。在那之前,轮轴存在的问题是它们是不是可以坚持到某个特定时间,还是会突然坏掉。那时候,人们不会对材料进行分析,也没有科学办法来应对它。

这个德国人创造了多少东西呀!他是引进冷锯的第一人,从而可以把冷铁切成精确的长度。他还发明了顶锻机,以便把桥梁连在一起;他还在美国建起了第一座万能轧机。所有这些机器都是在我们的工厂里投入使用。一次,伊兹上校找不到拷贝林[①]来搭起圣路易斯拱顶,工程停滞(合同商没能做出联轴器)。克罗曼先生说,他能制作出来,还解释了为什么合同商没有做成。他真的成功地做了出来,是那个时候制造出来的最大的半圆形零部件。当克罗曼先生说他可以制造出来时,我们毫不犹豫地签订合同,这也许就能判断出我们对他的信心。

我曾经提及过我们家与菲普斯家族的亲密关系。早些年前,我的主要伙伴是菲普斯家年长的哥哥约翰,亨利比我小几岁,不过他的阳光和聪明还是吸引了我。有一天,亨利想问哥哥借二十

[①] 用来连接不锈钢管道的部件。

五美分，约翰看得出他借这二十五美分是因为有很重要的用途，于是没有多问，就把钱借给了他。 第二天，《匹兹堡电讯报》上刊登出一则广告：

"一个心甘情愿努力工作的男孩期待一份工作。"

原来，充满活力、愿意努力工作的亨利用那二十五美分去找工作了。 这也许是他长这么大花出去的第一个二十五美分。 后来，当时知名的迪尔沃斯和比德维尔公司回复了他。 他们让这个"愿意努力工作"的男孩给他们公司打电话。 亨利照做了，后来他获得了一份跑腿的工作。 按当时的规矩，他每天早上的第一项任务就是打扫办公室。 他把找到工作的消息告知了自己的父母，获得他们的同意后，这个年轻的小伙子就投入到了商业大潮中。 没有什么能阻止这样一个男孩。 他很快就成为老板身边不可或缺的人，而且获得了公司下属的一家分支机构的一小部分股份。 他总是时刻准备着，没过几年米勒先生就注意到了他。 那时候，米勒先生正与安德鲁·克罗曼先生合作，并为亨利做了一点点小投资。 后来，他们合作在第二十九大街建起了一家炼铁厂。 亨利是我弟弟汤姆的校友，也是好朋友。 孩提时代，他们经常在一起玩耍，后来两人更是一生的亲密搭档，直到弟弟1886年离世。 一直以来，这两人都对与自己相关的各种公司有着共同的兴趣，而且总是共进退。

这个曾经负责跑腿的小伙子现在已经是美国最富有的人之一，而且开始向人们证明他知道自己盈余的钱应该花在哪里。 很多年前，他开始在阿勒格尼和匹兹堡的公园里建漂亮的温室植物园。 同时，他特别要求这些植物园周日的时候必须是开放的，这足以说明他在当时算得上一个人物。 他的这项规定让人们非常兴奋。 牧师们在讲道坛上谴责他，教堂的会众们通过了决议，抗议这种亵渎安息日的行为。但是，公众们一致起来反抗这种狭隘的争论，于是市议会欢呼着接受了这份礼物。我的这位伙伴很明智，头脑清醒，这通过他对牧师的一次抗议做出的回答可以看出：

"先生们，生活对于你们来说是不错的，因为你们一个星期只需要工作一天，你们是自己时间的主人，所以一周中的其他六天里，你们可以去欣赏大自然的美景。对你们来说，这当然很好。可是你们明明知道星期天是劳苦大众一个星期中唯一可以自由支配的一天，却还要费尽心思让他们不能去享受这一天，那么你们应该感到惭愧。"

这些牧师们最近在匹兹堡的大会上争论关于教堂里的器乐的问题。但是，当他们讨论教堂里是不是应该有管风琴时，那些有智慧的人正在安息日这一天开放博物馆、温室植物园和图书馆。如果这些牧师不能更快更好地学会如何满足人们在这一世的真实需求（人们这一世也有着自己的责任），那么这群好争斗的、希望得到支持的控诉者也许会很快失去人民大众，没有人会再去他们的教堂了。

不幸的是，克罗曼和菲普斯不久后与米勒产生了商业上的分歧，并把米勒逼走了。我很确信米勒受到了不公平的对待，于是转而与米勒合作，成立了几家新的工厂，也就是创建于1864年的赛克洛珀斯工厂。工厂开始运营后，把原有的工厂与新的工厂整合起来就成为可能，在当时也是明智的选择。于是，工厂于1867年合并为联合钢铁厂。我认为米勒应该不会不愿意与自己的老搭档们再次合作，因为克罗曼和菲普斯并不会掌管联合钢铁厂，米勒先生、我的弟弟还有我才是工厂的控股人。可是，我发现米勒先生是一个很固执的人，他请求我把他自己在工厂的股份买下。我竭尽全力劝说他不要在意过去的事情，却以失败告终，不得已，我只得不情愿地买下他的股份。他是爱尔兰人，血液里身为爱尔兰人的因子被唤醒时,他是不受控制的。 米勒后来对我说,他很后悔拒绝了我真诚的请求,因为我们收获了他付出后的果实,而他和他的追随者们原本可以成为百万富翁。

那时的我们是制造业的后起之秀,赛克洛珀斯工厂占地广阔,大约七公顷。 多年来,我们总是主动把其中一部分租赁给别人。 不过,问题很快就出现了:我们还能不能在如此小的区域继续发展我们的钢铁制造业。 克罗曼先生在制作铁制横梁上做得很成功,所以工厂成立后的很多年里,我们在这一方面都远超其他同行。 我们开始在新工厂制造市场需要的所有建筑结构,特别是那些其他工厂不会尝试的结构。 持续发展中的美国对那些最初很少需要的材料有了不断增长的需求。 别人不能或者不想去尝试的,我们都会去尝试,这是我们经营中一直遵循的一条原则。 而且,我们只生产高质量的产品。 我们总是能满足我们的客户,即使有时候自己需要做额外的支出。 当与对方产生冲突时,我们奉行"疑点利益归于被告",照顾对方的利益,从而让事情顺利解决。 这就是我们的原则,所以我们没有被牵扯进任何诉讼里。

当慢慢熟悉了钢铁制造业,我惊讶地发现我们对钢铁制造涉及的众多环节中每一个环节的成本完全不了解。 我询问了匹兹堡处于龙头地位的炼铁企业,他们的回答证实了我的发现。 这是一种成块状的整体商业,在把股票卖出去,并在年底达成收支平衡之前,生产商们完全不了解经营状况。 我曾经听说,有的人以为年底结算时他们一定是亏损的,却发现自己其实是有盈利的,相反的情况也曾发生。 我感觉我们就像在黑暗中挖地洞的鼹鼠,这一点是我不能忍受的。 我坚持在我们所有的工厂里引进一种衡量和计算收支的系统,以便知道每一个环节的支出,特别是每一个员工在做些什么,谁在节省材料,谁在浪费材料,谁生产出了最好的产品。

达到这一目的,比我们想象得要困难得多。 工厂的每一个经理都很自然地排斥这种新系统，所以我们要花费好几年的时间才能形成一套准确的系统。但是，在众多记账员的帮助下我们最终在工厂的很多个环节引入了进行称量的办法，不仅开始了解每个部门在做些什么，还可以了解负责熔炉的每一个员工的工作情况，从而对他们的工作表现做出对比。制造业的一个成功之处在于，引进并严格执行一套完美的会计系统后，金钱或材料的责任就分摊到人。有些老板连给员工五美元都要核查，却每天把大量材料分派给工厂的员工，不计算每一个人每天的用量，也不称一称每个人送回的成品有多重。

在大不列颠，人们已经开始在一定范围内使用西门子燃气炉来加热钢铁，但是有些人认为它的价格太昂贵了。我还清楚地记得，匹兹堡生产商中的一些老大指责我们使用如此昂贵的新型燃气炉。但是，正是因为使用这种燃气炉，在大批量加热生产材料时，有时可以少产生一半的废物。虽然开支翻倍了，这些支出最终会被弥补回来。不过，过了很多年，其他人才开始效仿我们。在那些年里，我们的收益非常之少，不过新引进的燃气炉多少弥补了微小的利润。

通过那套严格的记账系统，我们能够检测出加热大批量铁时可能会产生多少废物。这次的改进让我们在记账员中发现了一名很有价值的人，威廉·邦特雷耶，是克罗曼先生来自德国的远房亲戚。有一天，让我们颇为惊讶的是，他向我们展示了一份很详细的陈述材料，展示了一个阶段内的劳动成果，这真是不可思议。准备这份材料需要付出很多劳动，而他是利用晚上的时间去做的，而且是在我们没有要求，也并不知情的情况下。他在写这份材料时用的表格很新颖。不用说，威廉很快成为工厂的主管，后来更成为合伙人。这个穷德国小伙子去世的时候已经是百万富翁了，这是他应得的财富。

1862年，宾夕法尼亚州发现的大油田引起了人们的关注。我的朋友威廉·科尔曼（他的女儿后来成为我的弟妹）对这一发现非常感兴趣，坚持让我陪他去大油田看一看。 那是一次非常有趣的旅行，有很多人涌来参观大油田，所以不是所有人都能找到住的地方。 不过，对那些蜂拥而至的人来说，这只是一个微小的不足。 他们只需要花费几个小时就拼凑起了一间小棚屋，更让人惊讶的是，他们很快就让自己过起了舒适的生活。 他们都来自中上等阶级，已经积累了足够的钱，所以在寻找财富的过程中，敢于冒险和尝试。

让我感到惊讶的是，这里四处弥漫着一种乐观情绪，就像正在进行一场规模空前的野餐，发生着各种有趣的小事情。 每个人都兴致高昂，认为财富近在咫尺，所有一切都在蓬勃发展。 油井矗立着的铁架塔上飘扬着写着各种宣传语的旗帜。 我记得自己往河流的方向俯看，看到两个工人正在小溪的河岸上操作他们的踏板以钻孔探油。 他们的旗子上写的标语是"要么下地狱，要么上天堂"。 他们一直往下钻，不在意要钻多深。

美国人的适应能力在这片区域得到了最好的呈现：混乱的局面很快就会变得井然有序。 没过多久，当我们再次来到这里时，小溪沿岸的新居民们组织了一支乐队，并给我们演奏了小夜曲。 你可以放心地打赌：如果一千个美国人到了某处新大陆，他们一定会自发组织起来，成立学校、教堂，办报纸和乐队。 简言之，他们会带来文明社会的所有装置，不断推进国家向前发展。 与此同时，英国人还在试图找到他们中间级别最高，最应该凭着自己祖父的头衔做领导者。 美国人只坚持一个原则：工具应该掌握在能操控它们的人的手里。

今天，油溪已经成为一个有着几千居民的城镇，就像小溪另一头的泰特斯维尔。 起初，这个地区每个季度只供应少许的桶装石油，而这少许的石油是塞内卡印第安人用毯子从小溪的水面上收集来的。 如今，这里有了好几处城镇和石油提炼厂，资产达到数百万美元。 早期的时候,这里的所有装置都是最简陋的,收集到的石油被注入到平底船里,但是船渗漏得很厉害;水渗进船里,于是石油溢出来,流进了河里。 小溪的很多处都被水坝堵住,在规定的时间里水坝会被打开,油船就借着洪流漂荡到阿勒格尼,然后再到匹兹堡。

因为这个原因,不光是这条小溪,就连阿勒格尼河也被石油覆盖了。 据估计,在前往匹兹堡的运输途中损失掉的石油量可以达到总量的三分之一,而在航程开始前,另外的三分之一早就渗漏了。 早期,印第安人采集来的石油是在匹兹堡装瓶,然后就可以卖出和药品一样高的价格:一小瓶一美元。 人们普遍认为这些石油绝对可以治愈风湿病。 不过,当石油越来越多,越来越便宜,在我们眼里它的优点也就消失了。 唉,我们凡人是多么愚昧呀!

最有名气的油井在斯特里农场上,我们花费了四万美元买下了一处油井。 总是能提供建议的克罗曼先生这次又提议说,我们可以建一处石油湖,方法就是挖一个可以容纳十万桶油的洞(每天注入一点好的油,混一下,就能让原来的油变得好一点),然后把石油存放到不远的将来。 那时,就像我们所预料的,石油供应将会停滞。 我们很快就采取了行动,可是等待的日子迟迟不来,我们也已经损失了几千桶的石油,于是只得放弃这处储藏。 克罗曼的预测是,如果石油供应停滞,石油每桶的价格可以达到十美元,那么我们储藏的石油就可以卖到一百万美元。 但是,那时的我们没有想到,大自然的地下仓库每天仍然在供应成千上万桶石油,而且显然没有枯竭的迹象。

不过,这四万美元的投资仍然是我们目前为止最好的投资,所得的收益来得正是时候。 在匹兹堡新成立的制造厂不仅需要我们投入能收集到的所有资本,还需要动用我们的存款。 现在回头看,这一点对年轻人是非常好的。

我开始对石油投资感兴趣,并几次前往那个地区。 1864年,我还去了俄亥俄州的一处油田,因为那里开采出了一处很大的油井,可以生产出一种质量很特别的石油,很适合用来润滑。 与克罗曼和大卫·里奇先生在那里的旅程是我有过的最奇妙的经历之一。 我们在离匹兹堡几百英里远的地方下了火车,一头扎进一个人烟稀少的地区,也就是达克湾,只为了一睹那个庞大油井的芳容。 在返回之前,我们把这处油井买了下来。

不过,真正的冒险在我们返程的时候才拉开序幕。 在来这里的路上,天气很好,道路也很通畅。 不过在我们逗留的日子里,天开始下雨。 我们乘马车返回,可是没走多远就没办法继续向前了。 路上到处是软塌塌、黏稠的泥巴,马车行驶得非常吃力。 大雨如注,看来我们这一晚上就要这样度过了。 克罗曼先生四仰八叉地躺在马车的一侧,里奇先生躺在另一侧,而我,因为很瘦,体重也不到一百磅,于是就刚刚好夹在两人魁梧的男人中间,三个人的姿态就像一个三明治。 马车偶尔剧烈起伏着往前挪几步,而后又深深陷进泥巴里。 我们就这样度过了一个晚上。 马车的前端横着一个座位,我们的头就放在座位下面。 虽然当时的状况很糟糕,我们还是度过了一个充满喧闹和快乐的夜晚。

第二天夜里,我们成功到达了一个乡村小镇,三人已经狼狈不堪,不能更糟糕了。 小镇上小小的教堂亮着灯,钟声回荡。我们刚到达客栈,一位委员就出现了,他说他们一直在等待我们,会众们已经聚集起来了。 看这情形,他们是在等待一位布道者,而这位布道的人跟我们一样,在路上被耽搁了,而这位委员错把我当成了那位缺席的牧师,问我多久以后能够陪他们一起到教堂。 我和我的同伴们差点儿就准备继续这个玩笑了(我们想找乐子),不过我发现自己太累了,没办法继续玩了。 在这之前,我从来没有如此靠近讲道坛。

我的投资开始需要我投入很多的个人精力,于是我决定离开铁路公司，完全投入到自己的事情中去。 在作此决定前不久，我很荣幸地被公司董事汤姆森邀请到了费城。 他想要提升我做总监助理，调到位于阿尔图纳的总部，在刘易斯先生手下工作。 不过我还是拒绝了他，并说我决定完全退出铁路服务行业，去赚更多的钱。 我还告诉他说，我觉得铁路公司给的薪水没有办法帮我赚到更多的钱。 我还说，我不想通过间接的方式赚钱。 到了晚上，我躺在床上，希望那最高级别的法官，我的内心，可以对我表示赞成。

在写给董事汤姆森的告别信里，我把自己的内心对话告诉了他，而他在回信中对我表示了热烈的祝贺。 1865年3月28日，我正式离职，上司们送给我一块金表作为分别的礼物。 这块表，还有汤姆森先生的信都是我最珍贵的纪念品之一。

下面就是我写给分部领导的辞职信：

宾夕法尼亚铁路公司

匹兹堡分部，主管办公室

匹兹堡，1865年3月

致匹兹堡分部的领导和同事

各位先生：

一想到要离开你们，我就会陷入深深的遗憾里。

一起工作的十二年是很愉快的经历，这段经历让我对那些一起忠诚苦干的人们怀有深刻的尊敬。即将到来的变化将是痛苦的，我将不能像以前一样，与你们，以及很多其他部门的人亲密地联系在一起。在多次的业务交往中，你们私下已经成为我的朋友。我向你们保证，虽然我们之间工作上的关系将很快终结，但是我会永远像过去一样，对匹兹堡分部抱着最最鲜活的兴趣，时刻关注着那些我相信会在未来的很多年里为宾夕法尼亚铁路公司的成功做出贡献的人们，共享它应得的繁荣。

衷心感谢大家对我始终如一的友好,感谢你们一如既往的热忱付出,让我得以实现自己的愿望。希望大家能给予我的继任者以同样的支持。我在这里向大家告别了。

您恭敬的,
安德鲁·卡内基
(署名)

从那以后,我结束了为薪水工作的日子。 一个人必定是会占据一个狭小的领域,并听命于其他人的。 即使他位居一家大公司的总裁,他也不能算是自己的主人,除非他控制着股权。 最有能力的总裁也会受到董事会和股东的牵制,虽然这些董事和股东对业务知之甚少。 不过,我可以很高兴地说,我今天所拥有的好朋友都是曾经在宾夕法尼亚铁路公司共事的人。

1867年,菲利普先生、J.W. 范迪沃特先生和我再一次去了欧洲,足迹遍布英格兰和苏格兰各处,游遍了整个欧洲大陆。"范迪"(我对 J.W. 范迪沃特先生的昵称)已经成为我最亲密的伙伴。 读到贝雅德·泰勒的《背包走欧洲》时,我们两人都特别地激动。 那时候,人们对石油很是狂热,股票价格飞速增长。 某一个星期天,两人躺在草地上,我对"范迪"说:

"如果你赚到三千美元,你愿意用这三千美元与我一起游览欧洲吗?"

"只要鸭子还会游泳,爱尔兰人还吃土豆,"这是他的回答。

"范迪"用自己节省下来的几百美元做投资,很快就在石油股票中赚到了三千美元。 于是我们就开始了旅行,并邀请搭档哈里·菲普斯加入。 那时的菲普斯已经是一个很有钱的人。 我们三人参观了欧洲的大部分首都,凭着年轻人特有的热情,登上了每一座尖塔,晚上睡在山顶,一路上用背包装着所有行李。 我们的最后一站是维苏威火山，在那里，我们下定决心有一天要走遍全世界。

在欧洲的旅行证明是很有益的。 在那之前，我对绘画或者雕塑一无所知，可是没过多久我就可以分辨出伟大画家的作品了。在欣赏这些杰作的时候，我也许不能公正地意识到它们对我的益处，但是一回到美国，我就无意识地开始排斥那些以前认为非常美，实则不然的东西。 我也开始用一种新的标准来看待其他作品。 那些真正伟大的作品给我留下了过于深刻的印象，于是虚假的、做作的作品对我再也没有什么吸引力了。

欧洲之旅还让我享受到了第一次音乐盛宴。 那时，伦敦的水晶宫正在庆祝亨德尔周年纪念日，在那之前，或者说自那之后，我再也没有如此强烈地感受到音乐的力量和庄严。 我在水晶宫，以及后来在欧洲大陆的教堂和歌剧院里听到的音乐大大提升了自己的音乐鉴赏能力。 在罗马，教皇的唱诗班表演以及圣诞节和复活节的庆祝音乐让人感受到宏大壮观的高潮。

欧洲之行对我的商业观念也大有好处。 我们必须远离美国这个大漩涡，才能对它的运转速度做出公正的估计。 我感觉，像我们这样一家生产工厂几乎没有办法足够快地发展，以满足美国人的需求，但是在欧洲却全然不同。 这里的一切几乎是停滞不前的，但是在美国就是完全不同的场面：就像故事书里刻画的，美国就像巴别塔的施工现场，成百上千的人们跑前跑后，每个人都争取比自己的邻居更积极一些，大家都专注于建造这庞然大物。

正是因为我的堂兄"多德"（也就是乔治·劳德），我们的制造厂才能够有新的发展，这种发展在美国史无前例。"多德"带克罗曼先生去了英格兰的威根（英格兰西部城市），向他解释了如何清洗和焦化煤矿里的浮渣。 克罗曼反复地告诉我们，把煤矿里一般会被我们扔掉的部分利用好是很重要的，同时也可以减少我们的支出。"多德"是一位机械工程师，在格拉斯哥大学师从凯尔文勋爵。 1871年12月,"多德"证实了克罗曼先生说过的所有话。于是,我开始设法预付部分资金,在宾夕法尼亚铁路沿线修建工厂。 我们与当地主要的煤炭公司和铁路公司都签订了长达十年的合同,前者提供给我们浮渣,后者负责运输。 劳德先生来到匹兹堡,连续数年监督整个运营过程,而且开始在美国建造第一个洗煤装置。 最终,他成功了,并且从来没有在自己承担的任何一项煤矿或者机械操作中失败过。 没过多久,他就赚回了工厂的成本。 难怪后来我的合伙人们都普遍想要把焦炭工厂纳入总公司,不仅是想要这些工厂,还想抓住劳德。"多德"因此而名声大噪。

炼焦炉的数量不时增加,后来我们拥有了500个炉子,每天能洗接近1500吨煤。 我承认,每次路过拉里莫站的焦炭炉,我都会有这样的感想:某个地方原来只生长着一株青草,如果某个人在这里种下了两株草,那么他就是大家的恩人,也让大家感觉到有义务这样做。 我们现在所使用的材料在往年都难逃被扔弃在河岸的命运,而现在却可以从中提取出优质的焦炭。 做成这件事的人们更有理由为自己的成绩喝彩。 变废为宝当然是一件很好的事情,成为美国大陆第一个把这件事付诸实践的工厂更是很了不起的事情。

我的一位远房表兄弟也成为了我们很有价值的合伙人。 他是邓弗姆林的库辛·莫里森家的儿子。 有一天,我在厂子里走着,主管问我,知不知道我的亲戚中有一位出色的技工。 我回答说不知道,不过我说我也许可以跟他谈谈。 于是,我和他见了面,然后问了他的名字。

"莫里森,"他回答道,"罗伯特的儿子。"也就是我的表兄弟鲍勃。

"那么你为什么来到这里呢?"

"因为我们一家人想要过得更好,"他说。

"那你和谁一起来的呢?"

"我的妻子，"他回答道。

"那你为什么最初不先来找我呢？也许他们可以把你介绍到这里。"

"因为我觉得只要有工作机会，我就不需要别人的帮助。"

这就是真正的莫里森后代。从小到大，家人教育他们要靠自己，要像撒旦一样独立。之后不久，我就听说他被提拔为迪由肯新创办的工厂的主管，从那个岗位上，他平步青云。今天，他已经是一位事业蒸蒸日上，但仍然理性的百万富翁。我们都为汤姆·莫里森感到骄傲。（昨天，我收到了他的一封短信，他邀请我和夫人在参加卡内基学院年度庆典的那几日去他家里做客。）

我一直提议说，我们的铁厂要扩大规模，新的发展必须关注钢铁生产，因为这是一个新生的领域。而美国政府对进口产品的关税政策也让我们对这一领域发展前景的担忧一扫而光。我清楚地看到，内战让美国人民下定决心建立起自己的国家，在与国家安全息息相关的各个方面，美国必须要独立于欧洲，独自存在。以前，美国所需要的钢和大部分的铁都必须依靠进口，而英国是主要的卖方。但是现在，美国人民要求自给自足，于是国会开始对厂商进口的钢轨征收百分之二十八的从价税，相当于每吨二十八美元。那时，钢轨的价格为每吨一百美元，还要按比例征收其他税种。

政府的保护在美国制造业的发展中发挥了很重要的作用。在内战之前，地方保护是一个党派问题，南方地区代表的是自由贸易，认为关税只对北方有利。当阿拉巴马号和其他在蚕食美国商业的私掠船离开后，英国政府也就不再支持和同情联邦政府。这激起了人们对英国政府的憎恨，虽然大部分的英国民众还是支持美国人的。关税不再是一个党派之间的问题，而成为两党都同意的国家政策。开发重要资源成为一项表现爱国主义的义务，在国会中，至少有九十位来自北方的民主党派，包括众议院的发言人，对这一点持相同观点。

人们开始毫不犹豫地把资本投入到制造业中，因为他们自信地相信政府一定会在必要的时候保护制造业。内战结束后的很多年，人们提出降低关税的要求，我注定被卷入争议中，因为那时人们经常指责说，制造商贿赂国会议员是很普遍的事情。据我所知，这种指责没有任何根据。可以肯定地说，除了保持钢铁协会运营的几千美元年金，制造商们没有因为任何其他理由集过资。不过，他们确实自发给一项活动捐过款，那项活动讨论的是应该采取保护主义还是自由贸易。

在我的热忱支持下，钢税成功降了下来：每吨钢轨的税额从二十八美元降到了七美元（今天，也就是1911年，每吨的税额只有七美元的一半，就是这个数字也在面临再一次修订）。克里夫兰总统为通过一项更新的关税法所做出的努力是很有趣的，他的行为在很多地方都产生了太深的影响，所到之处也将伤害到不止一个制造商的利益。我被迫到了华盛顿，试图改善，或者我认为，应该是改良威尔逊法案。国会议员戈尔曼、参议院的民主党派领袖、纽约州长弗劳尔，以及若干最能干的民主党派都和我一样，是温和的贸易保护主义者。这其中有几位倾向于反对威尔逊法案，因为这一法案没有必要如此严苛，它必将严重削弱部分国内工业。戈尔曼议员对我说，他同我一样丝毫不愿意伤害到任何国内生产商。在钢铁税方面，如果关税大幅降低，共和党的议员们又一边倒支持这样的法案，那么他认为他的同事们愿意信任我并接受我的引导。我依然记得他的话："我可以反对总统，甚至打败他，但是我不能在反对他之后，眼睁睁看着自己被他打败。"

州长弗劳尔也持有同样的观点，于是我们没怎么费力就达成一致意见，力挺我提出的削减税收的主张。威尔逊－戈尔曼关税法案就此被采用。后来遇到戈尔曼议员时，他解释说，他不得不在棉花相关法案上做出让步，才获得了一些南部议员的支持。参议院必须放开对棉花交易的限制，于是关税法案得以通过。

我当时在制造业的名气还不大，不足以参与到在战后制定关税政策。于是，我当时的立场就凑巧是支持关税降低。但我是反对极端观点的，比如，那些不理性的保护主义者认为关税越高越好，因而反对降低关税，还有一类极端主义者反对任何关税，主张无限制的自由贸易。

虽然钢铁关税在设立之初非常重要，但时至今日（1907年），我们可以废除所有的钢铁税而不造成任何伤害。欧洲没有盈余的产品，所以如果本土产品的价格提升过高，我们就从欧洲引进少量的产品，从而快速提高欧洲当地的价格，以保护本土制造商不会受到严重的影响。当需求量过高时，自由贸易易于暂时防止价格攀升，所以本土的钢铁制造商丝毫不用惧怕自由贸易（最近，也就是1910年，我在华盛顿向关税委员会陈述了上述的观点）。

十一　纽约总部

　　随着我们的生意持续扩展，我不得不频繁地前往美国东部，特别是到纽约，那时候的纽约就相当于英国的伦敦，是所有非常重要的美国公司的总部所在。大公司如果不能进驻纽约，就不可能发展得长久。我弟弟和菲普斯先生全权负责公司在匹兹堡的业务，而我的角色更像是引导公司的整体发展政策以及通过谈判达成重要合同。

　　弟弟幸运地与露西·科尔曼小姐结为连理，科尔曼小姐的父亲是我们最有价值的合伙人和朋友之一。我们在霍姆伍德的住宅让给了弟弟和他的妻子住，所以我不得不再一次剪断所有联系，于1867年离开匹兹堡，搬到了纽约。这一改变对我来说已经够难了，对母亲来说就更困难，不过母亲当时身体依然硬朗，所以只要我们能够在一起，在哪里她都会很开心。尽管如此，离开家这件事情对她情感上的冲击还是很大的。在纽约，我们一个人都不认识，最初住在圣尼古拉斯宾馆，见证了它的繁荣时期。后来，我在布罗德街设了一间办公室。

　　有一段时间，从匹兹堡来纽约的朋友们是我们快乐的主要源泉，而匹兹堡的报纸对我们来说也似乎成了必需品。我经常会回到匹兹堡，而母亲也经常陪我一起，所以我们一直保持着与这个过去的家的种种联系。不过，不久以后我们有了新的朋友圈子，新的兴趣被激发出来，于是纽约成为被称为"家"的地方。当圣尼古拉斯宾馆的业主在上城区新开了温莎宾馆，我们搬到了那里。直到1887年，那里一直是我们在纽约的家。宾馆的业主霍克先生成为我们最珍贵的朋友，而且与他同名的侄子也成为了我们的朋友。

从纽约的各种有教育意义的影响因素中，我获益良多，而让我获益最大的当属科特兰·帕尔默夫妇组织的十九世纪俱乐部。俱乐部的成员们每月一次在他们家里会面，一起讨论各种话题。这个俱乐部很快吸引了很多有才能的男士和女士。我之所以能成为俱乐部的会员，是因为博塔夫人的引荐。博塔夫人是博塔教授的妻子，是一位很了不起的女人。如果她的客厅不是当时唯一一个类似沙龙的客厅，那么至少比这个城市的任何一个客厅都更像一个沙龙。有一天，我很荣幸地被邀请到博塔夫人家用餐，在那里，我生平第一次遇到了几位杰出人物，其中，安德鲁·D. 怀特成为我一生的朋友和导师。他当时任康奈尔大学的校长，后来成为美国驻俄国和德国大使，再后来就成为海牙会议的主要代表。

十九世纪俱乐部其实是一个竞技场，一些很有能力的男男女女采取通常的方式谈论当时的流行话题，依次发言。很快，这个小房间已经不能容下过大的聚会团体，于是每月的会面被安排到美国美术馆。我还记得，我第一次作为发言者时所谈论的话题是"美元的贵族品质"，托马斯·温特沃斯·希金森上校是第一位发言人。这是我第一次被介绍给一群美国观众，从那以后我时不时会发表言论。这是很好的锻炼，因为每次见面前我都不得不读书和学习，以做好讨论的准备。

我在匹兹堡已经住了足够长的时间，足以让我获得了制造者而非投机者的精神。电报员的经历让我学会了很多事情，也让我结识了一些匹兹堡人或者公司，这些公司当时在纽约证券交易所都有一些交易。我充满兴趣地观察着他们的事业，对我来说，他们的行为看起来其实就是一种赌博。那时的我还不知道，正是因为这些人或者公司沉溺于投机，他们的信誉已经严重受损。不过那时候的公司屈指可数。匹兹堡石油与证券交易所还没有成立，所以也没有必要成立与东部通过电报联系的证券经纪办事处。匹兹堡很明显还是个制造业为主的城镇。

我惊讶地发现，纽约的形势如此不同，几乎所有的商人或多或少都在华尔街有过风险投资。四面八方的人们都缠着我，询问与我有过联系的各种铁路公司，还有人私下提议说，他们可以提供投资资金，由我负责打理。他们想当然地以为，我有行业内人士的视角，可以帮助他们成功地投资。还有人邀请我加入他们一边，试图悄无声息地买断铁路公司的部分产业。事实上，投机领域的全貌就这样裹着糖衣，以诱惑的姿态展现在我面前。

我拒绝了所有的诱惑。我收到的最值得注意的一次提议发生在刚搬到温莎宾馆不久后的一个早上：事业蒸蒸日上的杰伊·古尔德来见我，并说他听说过我。他说，他将买下宾夕法尼亚铁路公司，如果我同意替他管理公司，他愿意与我五五分成。我向他表示了感谢，并对他说，虽然斯科特先生和我已经不再有业务上的关系，但是我绝对不会做出与他抗衡的事情。后来，斯科特先生告诉我说，他听说了纽约方面的利益群体想雇用我做他的继任者。我不知道他是怎么获悉这件事的，因为我从来没有向其他人提起这件事情。不过，我能做到的是，我向他保证，如果有一天我成为铁路公司的总裁，那么这家公司一定是我自己成立的公司。

时间的陀螺所带来的变化是多么让人惊异。1900年的某一个早上，也就是大概三十年后，我竟然对古尔德的儿子谈起了他父亲当年的提议。我对他说：

"你父亲曾经提议让我掌管宾夕法尼亚公司，而现在我却把一条联结海洋的国际线路的控制权交还给了他的儿子。"

古尔德的儿子与我在第一步上达成共识,那就是,将沃巴什线延伸到匹兹堡。考虑到沃巴什线承担着我们钢铁公司三分之一的运输,我们签署了合同,并成功完成了这项工程。当我们正在准备把业务从匹兹堡延伸到大西洋时,1901年的三月份,摩根先生通过施瓦布先生找到了我,问我是不是真的决定退出钢铁行业,我给了他肯定的答复,就此结束了我们的铁路业务。

我一生之中从未抱着投机心理买卖过任何一支股票,除了早期买过一点点儿宾夕法尼亚公司的股票。那时我也并没有付钱,因为那里的银行职员主动提出替我低价持有股票。我遵循着自己的原则,绝对不买自己没有付过钱的东西,也不兜售自己不拥有的东西。不过,在早些日子里,我在业务发展的过程中也曾接管过一些股权,包括在纽约证券交易所报过价的一些股票和证券。我发现,每天早上打开报纸,我总是忍不住首先去看股票市场的报价。当我决定出售手上持有的、每一家公司的股票,然后专注于匹兹堡的制造业时,我更是下定决心不再持有买卖任何股票,不再进行任何股票交易。除了有一些微不足道的小量股票找上我,我一直严格遵守这个规则。

每一个从事制造业以及从事专业服务的人都应该遵守这一原则,对制造业的人尤为重要,因为他必须保持头脑清醒、自由,从而能够明智地决断迎面而来的、持续不断的各种问题。长久来看,没有什么能比好的判断力更能说明问题。如果一个人任由自己的思想被善变的股票交易市场影响,他就不可能保持清醒的判断力,就像中毒一般;他扭曲了自己眼前所见,不能判断事物的相对价值,不能正确地看待事物。于是,一座鼹鼠丘对他来说就是一座山,而一座山可能会被他当作一个鼹鼠丘。他在本该理智决断的时候武断地下结论,他一门心思只关注股票报价,而不是那些需要他冷静思考的事情上。投机行为就像寄生虫,不创造任何价值，反而侵蚀着宿主的价值。

我定居纽约后开始的第一项重要创业是在基奥卡克搭起跨越密西西比河的桥梁。宾夕法尼亚铁路公司的董事汤姆森先生与我签署了合同，我承包下整个建筑结构、地基以及上层构造，工程款以债券和股票的形式支付。从每个方面来说，这次的项目都非常成功，除了经济方面。一次大恐慌让与我们有合同关系的铁路公司都破产了，所以它们没有办法支付规定好的款项，而我们在铁路系统的对手在伯灵顿的密西西比河段架起了一座桥，还修了一条从密西西比河西面通往基奥卡克的铁路。我们预期的丰厚利润并没有实现，不过汤姆森先生和我还是没有遭受损失，虽然利润很微薄。

这座桥的上层的建筑是在我们位于匹兹堡的肯斯通工厂制造的。自从承包了这项工程，我偶尔会到基奥卡克。在那里，我结识了一些聪明可爱的人，其中包括里德上将和夫人、莱顿先生和夫人。后来，我和一些英国朋友一起到基奥卡克。这个位于美国遥远西部的城市让他们很惊讶，因为他们原本以为这里是美国文明的边缘地区。一天晚上，里德上将举行了一次聚会款待我们，这次聚会不逊色于伦敦任何一个城镇的聚会。在被邀请的客人中，有不止一位在战争中有卓越的战绩，在全国委员会中享有重要地位。

基奥卡克桥建成后，我有了些名气，于是负责在圣路易斯段建造密西西比桥的人找到了我。这一点我已经提到过。因为这个工程，我有了平生第一次大额融资经历。1869年，负责这项工程的麦克弗森先生（他是典型的苏格兰人）来到了我位于纽约的办公室。他问我是不是可以争取某些东部铁路公司的资金支持，以促成这项工程。仔细研究过这项工程后，我代表肯斯通桥梁工厂签了合同，承包了桥梁的搭建工作。同时，我还获得了首期400万美元的期权。1869年3月，我出发前往伦敦，准备销售这些期权。

在前往伦敦的途中,我准备了一份计划书,一抵达伦敦我就把计划书打印了出来。 之前来伦敦时,我结识了伟大的银行家朱尼厄斯·S.摩根先生,于是我选了一个早上去拜访他,开始与他谈这件事。 我留了一份计划书的副本给他,第二天再次来访时,我高兴地发现摩根先生对这项工程是持支持态度的。 我向他出售了部分股票,并说如果他想买下剩余的部分,我会为他保留优先权。 他唤来自己的律师,想要得到一些建议,律师提出股票出售合同中某一些地方的表述需要修改。 摩根先生对我说,既然我得回到苏格兰去得到准予并修改合同内容,那么我最好现在就出发。 我也可以在圣路易斯寄信回去,确保公司各方同意提出的修改意见。 他说,等我三个星期以后回到这里,我们仍然有充足的时间完成这件事。

不过我并没有打算拖延这么久,于是我告诉他,明天早上我就会拿到同意所有修改意见的电报。 跨越大西洋的电缆已经开通了一段时间,不过它是否能传递我发送的如此长距离的电报,还值得怀疑。 我可以很容易地用数字表示出内容的行数,并小心翼翼地陈述要做出的改变,在每一行里标记出了删减和增加的内容。 在发电报之前,我把它拿给摩根先生看了看,他说:

"年轻人,如果这件事成功了,我就佩服你。"

摩根先生把他的私人办公室的一张桌子让给我用。 第二天早上,走进办公室时,我在桌上看到了装有答案的彩色信封,电报上说:"昨晚召开了董事会,批准所有更改内容。""现在,摩根先生,"我说,"我们可以继续了,相信这份合同是您的律师们所希望看到的。" 于是,我们很快签署了文件。

我当时在桑普森先生的办公室,泰晤士报的金融主编走了进来。 我接受了他的采访,清楚地知道他发表的言论将会提高我们的债券在交易所的价格。 最近,美国的有价证券已经受到了严重抨击，因为菲斯克和古尔德与伊利铁路公司之间正在打官司，而且他们还控制了法官。我知道这样的情况会被用来反对修建圣路易斯桥，所以决定马上应对。我提醒桑普森先生注意，圣路易斯铁路公司是由美国联邦政府特许成立的。如果有上诉的必要，可以直接向美国高级法院提出上诉，美国法院会驳回自己的特别法庭的判决。桑普森先生说，他很高兴可以让这个很好的专题得以突显，我把圣路易斯桥形容为联结欧美大陆的铁路上的一处收费站，这一比喻好像让他很高兴。后来的谈话顺风顺水，很顺利，当桑普森离开办公室后，摩根先生拍了拍我的肩膀，然后对我说：

"谢谢你，年轻人。今天早上，你已经让这些债券的价格提升了百分之五。"

"那么，摩根先生，"我回答，"请告诉我，怎么做才能为您再提高百分之五呢？"

这件事取得了巨大的成功，我们也收到了圣路易斯桥梁架设的款项，而且我从这次的谈判中获得了丰厚的利润。这是我第一次与欧洲的银行家们进行金融谈判。普尔曼先生在很多天以后告诉我说，摩根先生在一次餐会上提及了那份电报的事，并预言说："这个年轻人将会名声大噪。"

与摩根先生完成交易后，我去拜访了故乡邓弗姆林，并送了一份礼物给这个小镇：在镇上开设了公共浴室。这在很大程度上还是很引人注目的，因为这是我送出的第一份丰厚的礼物。很久之前，当人们募捐，想要在俯瞰班诺克本的斯特灵高地建造华莱士纪念碑时，我接受了劳德姨夫的建议，给他们捐了款。我捐的钱并不多，因为那时候我还在电报办公室工作，每个月拿着三十美元的薪水，还要应对各种家庭开销，所以捐出去的钱已经算很多了。母亲并没有生气，相反，她感到非常骄傲，因为她儿子的名字可以被列入到捐赠者的名单里。这件事情也让作为儿子的我感觉自己开始像一个男人一样可以担当了。 很多年后，母亲和我一起拜访斯特灵，并在华莱士塔楼里为沃尔特·司各特的半身像揭幕，这尊半身像是母亲献给纪念碑委员会的。 自早年的第一次募捐到现在，我们已经有很大的进步，至少是在经济上，不过我还没有开始分配我的资金，因为我还处于一个资金积累的年龄。

1867年，我虽然身处欧洲大陆，并对所见所闻抱着极大的兴趣，但是也并没有忽略祖国大陆发生的各种事情。 公司也一直通过频繁的书信往来咨询我的建议。 内战的爆发使修建连接太平洋和大西洋的铁路成为必要，国会也通过了一项法案，鼓励建设这样一条线路。 那时，奥马哈州的工程已经开始，人们打算把这条线路一直推进到旧金山。 有一天，身处罗马的我突然意识到这件事也许可以比预期的更早完成，既然我们的国家已经下定决心要让它的疆域凝聚到一起，我们也许可以相信它会抓紧一切时间来完成这件事。 我给朋友斯科特先生写了信，告诉他说，我们应该拿下这份合同，然后在伟大的加利福尼亚铁路线上运行卧铺车。他的回复里有这样一句话：

"年轻人，你可真能抓住机会。"

一回到美国我就开始为实现这个想法忙碌。 我对卧铺车业务很感兴趣，而这一业务发展得如此之快，以至于没有足够的车来满足需求，这就促成了如今的普尔曼公司。 中部运输公司的运输速度不够快，没有办法覆盖这个区域。 普尔曼先生从最伟大的世界铁路中心芝加哥开始，很快盖过了母公司。 而且他认为，太平洋铁路将会成为世界最大的卧铺车线路，我发现，他正在为了我以往追求的东西努力着。 他确实可以称得上是一头雄狮。 人们会像我一样，从普尔曼先生身上学到这样一个道理：有时候，细节决定成败。

联合太平洋铁路公司的总裁路过芝加哥，普尔曼先生去拜访了他，并被请到了主席的房间，桌子上放了一封信，收件人是斯科特先生,电报里说:"你对卧铺车的提议都得到批准。"普尔曼先生是偶尔读到了这封信,当他看到那封信躺在桌子上时,就忍不住看了。 当达兰特总裁走进来时,普尔曼先生向他解释了当时的情况,并说:

"我相信在我给出自己的提议之前,你不会决定这件事情,对吗?"

达兰特总裁答应说,他会等普尔曼的提议。 很快,联合太平洋公司在纽约召开了董事会议,普尔曼先生和我本人都出席了会议,并努力地去争取那个我们双方都很重视的机会。 有天晚上,我们在圣尼古拉斯宾馆宽敞的楼梯上相遇。 虽然以前碰过面,但并不是很熟悉。 不过在上楼梯的时候,我还是开口对他说话:

"晚上好,普尔曼先生! 我们聚在这里,你不觉得其实是在愚弄我们自己吗?" 对于我的话,他压根不想承认,说道:

"你的话是什么意思?"

我向他解释了现在的局势:我们的提议是对立的,这会毁掉我们渴望获得的优势。

"那么,你觉得我们应该怎么应对?"

"联合起来,"我对他说,"我们向联合太平洋公司提交一份联合提案,然后组织一家公司。"

"那么这家公司应该叫做什么呢?"

"普尔曼豪华车厢公司,"我回答说。

这正合他的意,也很合我的意。

"来我的房间,我们来详细谈谈这件事,"这位伟大的卧铺车制造商说道。

我照他的意思做了,也如愿与他联合获得了这份合同。 我们的公司后来合并进普尔曼总公司,并以太平洋铁路公司股票的形式获得利润。 1873年发生的经济恐慌让我被迫卖掉我的股份,以保护我们的钢铁股份。 不过我相信,在那之前,我是普尔曼公司最大的股东。

普尔曼本人以及他所开创的事业完全是地道美式的，所以，关于他我在这里花一点笔墨也是合适的。普尔曼最初是一位木匠，后来当芝加哥需要加高地基时，他独自签下了一份合同，负责挪动或者加高房子的地基，然后收取定额的费用。当然，他成功了，这个小小的开始也让他成为那个领域最主要、最知名的承包商之一。如果你想要把一家规模很大的宾馆的地基加高三米，但是又不想惊扰成百上千位的顾客，也不想影响营业，那么普尔曼就是你要找的人。他是那种少有的、可以看到事情的发展趋势的人。可以这么说，你总是能看到他漂游在社会潮流最激荡的地方。就像我一样，他很快明白：卧铺车肯定会成为美国大陆上的一种必需品。于是，他开始在芝加哥组装一些卧铺车，而且开始拿下在经过芝加哥的火车上增加卧铺车厢的合同。

东部公司是没有办法与普尔曼先生这样出众的人的公司抗衡的。我很快意识到了这一点，虽然东部公司是有优势的，比如，专利最初属于东部公司，专利的最初持有人伍德拉夫本人也是公司的一位大股东；虽然经过多年的诉讼，我们也许因为专利权被侵犯而获得了赔偿金，但是损失的时间也足以让普尔曼的公司成长壮大为美国的大公司。于是，我积极支持与普尔曼先生合并，就像以前在签署联合太平洋合同前的合作一样。因为普尔曼先生与东部公司里的有些成员关系不是很好，所以注定最佳策略是由我来负责谈判，与双方均保持友好关系。我们很快达成一致意见，同意普尔曼先生的公司收购我们的中部运输公司。通过这一方案，普尔曼先生不再局限于西部，他控制了整个宾夕法尼亚铁路干线，一直到大西洋海岸线。如此一来，普尔曼公司就没有了旗鼓相当的对手。他是我所知道的最有才干的人，除了其他事情之外，我还因为他而获得了一个带有道德意味的故事。

像其他人一样，普尔曼先生也有他的困难和失意，并不是每一次都能正中靶心。没有人能每次都成功。事实上，他是我认识的人当中唯一能以让人满意的方式克服卧铺车业务方面的困难的人，而且他保有一些连铁路公司都要尊重的权限。当然了，铁路公司还是自行负责卧铺车的运行。有一次，我们俩在交流看法的时候，普尔曼先生告诉我说，这个故事总能让他获得安慰。一位居住在西部城镇的老人尝过了肉体凡胎所能承受的所有病痛，比一般人承受了更多，邻居们都很同情他，而他却说：

"是的，我的朋友，你所说的一切都是真实的。我的漫长生活里充满着苦难，奇怪的是，这其中百分之九十都从来没有发生过。"

的确如此，人们生活中大部分的苦难都是想象出来的，应该一笑置之。杞人忧天是愚蠢的事情。也许原本一切顺利，意外却突然降临，不过就算如此，十有八九事情也没有想象中那么糟糕。所以，一个聪明的人一定是乐观之人。

在各种谈判中取得的成功开始让我在纽约受到一些关注。我的又一次大项目开始于1871年，与联合太平洋铁路公司合作。他们的一位董事找到了我，说需要想办法凑齐六十万美元以渡过危机。当时，我有一些相熟的朋友在宾夕法尼亚铁路公司的执行委员会任职，他们向公司建议说，我也许可以筹集到这笔资金，并帮助宾夕法尼亚铁路公司获得西部那条重要铁路线的实际控制权。我认为是普尔曼先生带那位董事来找我的，或者也许是普尔曼先生本人想跟我提起这个话题。

我接手了这件事情，然后我突然想到：如果宾夕法尼亚铁路公司愿意提名，而联合太平洋铁路公司的董事们也愿意把这些被提名的人列入自己的董事会，那么一方面宾夕法尼亚公司获得了这条铁路线上的交通控制权，同时也证明它帮助了联合太平洋铁路公司。我去了费城，把这件事告知汤姆森董事长。我向他建议，如果宾夕法尼亚铁路公司能把证券赊卖给我，然后让联合太平洋公司用这些证券在纽约筹集资金，那么我们就可以控制联合太平洋，这对宾夕法尼亚公司是有益的。汤姆森董事长给予过我很多次信任，而那一次的信任是最大的。当关乎铁路公司的资金时，汤姆森董事长比对自己的钱还有保守，但是这个方法带来的奖励太巨大，以至于让他觉得不能错过。就算那六十万美金损失掉了，对他的公司来说，这也不是一次失败的投资，而且他也不会因此面临什么危险，因为我们随时准备把用来向联合太平洋公司借款的证券交还给他。

我和汤姆森董事长在他费城的家中见面，当谈话结束我起身要离开时，他把一只手放到我的肩上，对我说：

"安迪，你要记得，在这件事情上我是指望你的，我信任你，也要靠你打理手头上所有的证券，而且你要明白：宾夕法尼亚铁路公司不想有任何损失。"

我承担了这份责任，结果是大获全胜。联合太平洋公司非常担心汤姆森先生自己会担任董事长，但是汤姆森先生说，这是不可能的。并且，他提名让宾夕法尼亚铁路公司的副董事长托马斯·A.斯科特担任此职位。1871年，斯科特先生、普尔曼先生和我都被选入了公司董事会。

通过借款给联合太平洋公司而获得的证券相当于这家公司股份里的三百万美金，我把这些证券锁在保险柜里，其实我可以选择以高一点的价格把它们买下来。不出所料，宾夕法尼亚铁路公司的加入大大提升了联合太平洋公司的股票价格，于是我们手上所持有的股票价值也就有了巨大提升。当时，我正在伦敦谈判，尝试通过发放我们的债券，得以在奥马哈的密西西比河段架起一座桥。我不在的那段时间，斯科特先生却决定卖掉我们在联合太平洋的股份。在离开之前，我曾经给秘书留了指示，那就是，作为公司的合伙人之一，斯科特先生有权进入金库，因为我意识到，当我不在时，他也许需要那些证券。不过，我从来没有想到要卖掉这些证券，或者让我们这一方失去在联合太平洋公司的有力地位。

我回到了美国，却发现联合太平洋公司不再把我当作一位值得信任的董事会成员；相反，他们认为我是在利用他们，从而达到自己的投机目的。我们四个人曾获得一次证明自己可以成就伟大事业的机会，却这样鲁莽地把这次机会丢掉了。普尔曼先生事先不知道这件事，后来他也像我一样感到懊恼，可还是再次用自己的利润购买了联合太平洋公司的股份。虽然我也想这么做，想要抹去已经发生的事情，但是让我与最初的朋友之一斯科特先生完全划清界限，我还是觉得不合适，也许我会觉得自己忘恩负义。

机会一到，我们就被耻辱地抑或说罪有应得地驱逐出了联合太平洋公司，对一个年轻人来说，这一剂药如此之苦，难以下咽。这一次的事情让我与斯科特先生之间有了第一次严重的分歧，而一直到这件事情发生，我都认为这位我少年时代遇到的善良、热情的雇主对我的影响是最深的。汤姆森先生对此事很后悔，不过，如他所说，因为他把这件事交与斯科特先生和我负责，自己并没有多上心，所以他也就理所当然地以为，我当时认为卖掉股份是最好的选择。有一段时间，我很担心自己是不是失去了一位很珍贵的朋友，那就是莫顿，布里斯公司的莱维·P.莫顿，他对联合太平洋公司很感兴趣。不过，最后他终于发现我在此事中是无辜的。

经过谈判，我们终于通过发行价值两百五十万美元的债券得以修建奥马哈桥。这些债券的购买者都与联合太平洋公司有联系，不过他们购买债券在先，我与联合太平洋公司开始打交道在后，所以这些债券适用于他们个人，而不是联合太平洋公司。在我远赴伦敦之前，与我谈话的董事并没有跟我提及这件事。很不幸，回到纽约后，我发现与债券联系在一起的整个工程，包括我的利润都被占用，用于偿还他们自己的债务。于是，我被榨取了一大笔钱，所有的支出和时间都花费在了利润盈亏上。以前我从来没有被骗过，也没有如这般明确而清晰地发现自己被骗了。不过，我明白我依然年轻，仍然需要学习很多东西，我也明白，很多人可以被信任，而有一些人是需要被谨慎对待的。

十二　商业谈判

彼时，我为威廉·菲利浦上校进行的一次谈判大获全胜，上校时任位于匹兹堡的阿勒格尼谷铁路公司的总裁。有一天，上校来到我位于纽约的公司，告诉我说他很需要资金，他想要在美国找到愿意购买他公司五百万美金债券的公司，可是无从下手，虽然这些债券有宾夕法尼亚铁路公司做担保。这位年老的绅士认为，这些银行家逼得他四处碰壁，因为他们想要按自己的定价来购买这些债券。上校提出以九折的价格出售，而这些银行家认为这个价格高得荒谬。当时，西部铁路公司的债券价格一般为八折。

菲利浦上校说，他之所以来见我，是想看一看我是否有办法帮助他走出困境。他迫切需要二十五万美元，而宾夕法尼亚公司的汤姆森先生没有办法帮助他。阿勒格尼公司的债券价格为七十美分，但是这些债券是可以支付的，不是用黄金，而是用货币，并在美国支付，所以，这些债券不适合国外市场。但是，我知道宾夕法尼亚铁路公司的金库里还存有大量费城和伊利铁路公司发行的、价格为六十美分的黄金债券。我认为，这些黄金债券恰好可以用来购买它担保的、阿勒格尼公司价格为七十美分的债券。

我发电报给汤姆森先生，问他，是否可以在支付利息的条件下借给阿勒格尼铁路公司二十五万美元。 汤姆森先生回复说:"当然可以。"于是，菲利浦上校很开心。 为了感谢我的帮助，他同意让我以九折的价格买下价值五百万美元的债券的六十天的期权。 我把整件事情摊开在汤姆森先生面前，并建议他做这次交易，宾夕法尼亚公司当然是很乐意的，因为它可以节省一成的利润。 于是，我即刻启程，带着由宾夕法尼亚铁路公司担保的费城伊利铁路公司的五百万债券赶往伦敦。 这是一笔巨大的债券，而我也想卖一个高价。 接下来，我就经历了自己金融经历中最大的一次打击。

我在昆斯敦给巴林银行写了一份信，信中说我手上有一批债券，相信贵银行会毫不犹豫地购买。 一到伦敦，我就在酒店里收到了银行的一封短信，让我给他们打电话。 第二天早上我打电话给他们。 于是，在离开银行之前，我终于与他们达成了协议：银行同意贷款，等到他们以券面价格卖掉这些债券，扣除千分之二十五的佣金，他们将预支给宾夕法尼亚公司四百万美元，收取百分之五的利润。 这次交易让我净赚五十多万美金。

银行已经安排人员起草文件，可是正当我要离开银行的时候，拉塞尔·斯特吉斯先生对我说，他们刚刚听说巴林先生本人今天早上将到伦敦来。 他们安排了一次审查，出于尊重，他们需要把与我交易的整个过程在审查中汇报给巴林先生，所以他们不得不把文件签署推迟到明天。 如果我明天下午两点钟打电话过来，也许那时候文件已经签署好了。

我永远不会忘记那一刻，压抑的情绪席卷全身，我走出银行，想走到电报公司发信给汤姆森总裁，可是心里的某种东西告诉我，我不应该这样做，我应该等到第二天，等到合同妥妥当当地躺在我的口袋里。 于是，我从银行直接回到兰厄姆酒店，四英里显得那么漫长。 当我回到酒店，有一个送信员正上气不接下气地等候我，他给我带来了巴林银行的一封密封的短信，信中说俾斯麦已经冻结了在马格德堡的一亿美元，危机席卷了整个金融世界，所以在这样的情况下，他们不能向巴林先生提议完成与我的交易。 巴林公司中断这次协议的几率的可能性，就像我在回家的路上被雷电袭击一样小，可是这样小儿率的事情还是发生了。 这对我是一次沉重的打击，以至于我都感知不到自己的懊恼或愤怒，我只能接受这样的命运，并暗暗庆幸自己没有发电报给汤姆森总裁。

我决定不再去求助巴林银行，虽然J.S.摩根公司已经包销了很多美国有价证券，我随后还是以比巴林公司稍低的价格把债券出售给了他们。 一开始，我想我最好不要直接去摩根公司，因为我从菲利浦上校那里得知，他曾经想要把这些债券卖给摩根公司在美国的机构，可是失败了，所以我想，在伦敦的摩根公司也许会认为自己是与美国的机构联系在一起的。 不过，后来我总是先去找朱尼厄斯·S.摩根，每次去找他，他几乎很少让我无功而返。 即使他自己的银行不能购买我的债券，他也会帮我联络其他比较友善的人，他也从中拿到一些酬劳。 让我感到满意的是，每一次的谈判后我都可以得到一些额外的费用。 当然，我在这件事情上同样犯了一个错误，那就是我没有再次回到巴林银行，给他们一点时间，让危机慢慢平息。 后来危机确实平息了。 所以说，当谈判的一方过于冲动时，另一方应该保持冷静和耐心。

在我的金融生涯中，我记得这样一件小事：有一天，我对摩根先生说："摩根先生，我给您出个主意，并帮助您实现它，不过您要把所获利润的四分之一给我。"

他大笑着说："嗯，好像很公平。 既然我有权选择做还是不做，那么我决定把利润的四分之一作为你的报酬。"

我提醒他注意这样一个情况：我用来交易费城伊利债券的阿勒格尼谷公司债券是由宾夕法尼亚铁路公司担保的，而作为一家大公司，宾夕法尼亚铁路公司总是需要钱来进行重要的规模扩展。摩根公司可以出个价,让宾夕法尼亚公司卖掉这些债券。到那时,市场就有了对美国证券的需求,价格也就有了浮动。我会写一份计划书,帮助引起证券价格浮动。像以往一样,摩根先生仔细研究了这个事情,最终决定实施这个计划。

汤姆森先生彼时在巴黎,我跑到巴黎去找他。我知道宾夕法尼亚公司需要资金,于是告诉他我已经把公司的证券推荐给了摩根先生,如果他定一个价格,我可以去问问摩根先生是不是可以买下这些债券。汤姆森先生定的价格在当时算得上很高,不过还是低于这些债券以往曾达到的价格。结果是,摩根先生购买了部分债券,保留了购买其他债券的权利。就这样,价值九百万或一千万的阿勒格尼债券都发放到金融市场上,而宾夕法尼亚铁路公司也有了资金。

债券发放没有多久,我们就遭遇了1873年的金融危机。我那时的收入来源之一是皮尔庞特·摩根。有一天,他对我说:

"父亲发了电报来,询问您是否愿意出售您因为给他出主意而获得的股权。"

我说:"我愿意。在现在这样的情况下,我为了资金,可以卖掉任何东西。"

"那么,"他说,"你需要多少钱?"

我说,最近拿到的文件显示,因为我的服务,我已经拥有五万美元了,那么就给我六万美元吧。第二天早上当我登门时,摩根先生给了我价值七万美元的支票。

"卡内基先生,"他说,"你记错了。你应该得的份额是七万美元。"

我收到了两张支票,一张为六万美元,另外一张为一万美元。我把那张一万美元的支票还给他,并说:

"这是您应得的。您愿意接受这一万美金吗,还有我最好的祝福?"

"不，谢谢你，"他说，"我不能这么做。"

摩根先生这一有违法定权利却可敬的行为在商业领域并不像不知情者认为的那样罕见，其实是很普遍的。正是因为他的做法，我才下定决心，在我的能力所及范围之内，摩根先生，不管是父辈还是子辈，还是他们的银行，都不会因为我而受到伤害，因为在我心里他们是我牢不可摧的朋友。

伟大的商业无不建立在最严格的正直之上，如果你有"可爱"和"机灵"这样的名声，在大事情上将会有致命性的影响。在商业上，相对于法律来说，商业精神才是被人们奉为规则的东西。现在，商业道德的标准非常高，任何一个支持公司的人犯了错误，都会迅速地去纠正这一错误，如若不然，好像这个错误就会成为对手的有利之处。对于一个机构来说，如果要保持永远的成功，很重要的一点是，公司的名声必须建立在公平的原则之上，而不只是建立在是不是合法。我们所坚持的一项原则给我们带来了比别人的预期高很多的回报：永远姑且相信对方是无辜的。当然，这不适用于那些投机取巧的人，因为那个世界里充斥着一股截然不同的气息，里面的人都是赌徒。股票赌博与令人尊敬的商业活动是不相容的。最近这些年，我们必须承认的一点是：老派银行家，像伦敦的朱尼厄斯·S.摩根这样的人，已经很少见了。

被撤任联合太平洋公司总裁不久，斯科特先生决定建造德克萨斯太平洋铁路。一天，他发电报到我纽约的办公室，让我务必到费城与他会面。与他见面时，那里还有其他几位朋友，比如J.N.麦克洛，时任匹兹堡分部的宾夕法尼亚铁路公司副总裁。一笔用来筹建德克萨斯太平洋铁路公司的巨额贷款已经到期，伦敦的摩根公司同意续借这笔贷款，条件是我与其他人一样成为借贷人之一。我拒绝了。当时，人们问我，我拒绝站在我的朋友一边，就这样看着整个计划毁灭吗？可是，当时我丝毫没有想让自己牵扯到这件事情中去。 当时，我首先想到的是我的责任在哪里，这一想法阻止了我参与这件事。 我所有的资金都投到了制造业中，每一美元都在周转中。 我当时是我们公司的资本家（那时还是一个比较谦逊的资本家），整个公司都依靠着我。 我的弟弟、他的妻子和家人、菲普斯先生和家人，还有克罗曼先生和他的家人都需要我的保护。

我告诉斯科特先生说，我已经尽了我最大的努力，阻止他在没有积累足够资本的情况下筹建一条铁路。 我一直坚持认为，一条上千英里的铁路的筹建是不可以依赖短期借款的。 除此之外，虽然我不支持他的计划，但还是入股了二十五万美元，当时我刚从伦敦回来，他告诉我说，这二十五万美元的股权是他给我保留的，虽然我从来没有同意过这个计划。

我知道我不可能在六十天之内还清摩根的借款，我甚至还不了借款中我自己需要承担的部分。 而且，这不仅仅限于这一笔贷款，还有这之后需要的十几笔其他贷款。 这标志着斯科特先生与我在商业上的全面分离，对于我来说，这比我遇到的所有经济考验更让我感到痛苦。

这次会面后过了不久，灾难降临。 那些原本被认为很强大的人失败了，举国为之震惊。 我担心，斯科特先生之所以英年早逝，多多少少是因为他不能承受这种耻辱。 他虽自负，却更是一个敏感的人，看似不断迫近的失败更给了他致命一击。 他的搭档麦克马纳斯先生和贝尔德先生也相继去世。 他们和我一样，都是制造商，铁路建造是他们力所不能及的事情。

对于一个商人来说，他的职业生涯里遭遇的最危险的事情就是，为别人做商业担保。 不过，如果他在做担保之前先问自己两个问题，就可以轻易地避免这一危险。 第一个问题是，我是不是有多余的钱以满足所有的要求，让我毫不费力地支付这份担保所要求的费用？ 第二，我是不是愿意为了这个需要担保的朋友失去这笔钱？ 如果他对这两个问题可以给出肯定的答案，那么他可以去帮助自己的朋友，反之，如果他是一个明智的人，就不会答应为他的朋友担保。 如果他能肯定地回答第一个问题，那么他最好要考虑一下，如果当场交付这笔担保费用，是不是更好。 我肯定这是更好的做法。 一个人的财产就像一份信任，只要他有债务和义务在身，他就郑重地守护这份信任。

虽然我拒绝为摩根公司的续借款项做担保，对方还是邀请我第二天早上坐他们的专车一同前往纽约，为他们提供咨询。 我求之不得。 安东尼·德雷克塞尔先生也被邀请与我们同去。 在旅途中，麦克洛先生说，他环视整个车子，只看到一个理性的人，其他的都是"傻瓜"。 这个理性的人就是"安迪"，他支付了自己应该承担的那份股份，在这件事情上一点钱都不欠，也没有任何其他责任。 他说，他们每一个人都应该让自己处于这样的状态。

德雷克塞尔先生让我解释一下我是如何让自己置身这些麻烦之外的，我回答说：我严格地执行自己的一份责任，那就是，如果我知道自己不能如期支付某一笔钱，我就绝对不能为之做担保，或者，用一位西部朋友的话说，永远不要涉足你走不出来的那趟浑水。 这水对我来说太深了。

这条原则帮助我还有我的搭档们摆脱了困境。 事实上，我们已经合作了足够长的时间，所以除非是为了公司，我们不会以任何形式担保哪怕很微不足道的数额。 这也是我为什么不为摩根公司担保的原因之一。

在这个多事之秋，我频繁往返欧洲，与人们洽谈各种证券，并总共销售了价值三千万美元左右的证券。 在那个时期，大西洋电报线路已经开通，但是并未建立起纽约与伦敦的金融联系。 伦敦的银行家宁愿牺牲掉汇率带来的差额，借款给巴黎、维也纳或者柏林，也不愿意以更好的汇率借款给美国。 这些善良的人认为美利坚合众国没有欧洲大陆安全。 我的弟弟和菲普斯先生把我们的钢铁生意打理得很成功，所以我每次即使离开数周，也不用有什么疑虑。不过，如果我偏离原来的制造业，转向金融和银行业，那么危险就来了。我在国外取得的成功让我面临很多具有诱惑性的机会，不过我一直偏爱制造业，也希望自己可以制作出某种真实可触的东西，卖掉它，然后把赚得的利润投入到扩建匹兹堡的工厂。

原本为肯斯通桥梁公司成立的几家小店铺已经租赁出去，做了其他用途。现在，我们又在劳伦斯维尔弄到了六十亩地，用于建新的、更大规模的店铺。联邦钢铁厂不断扩建，终于成为美国领先的钢铁厂，可以制作所有种类的建筑结构。我们的生意前景大好，同时，我把在其他领域赚得的额外收入都投入到拓展钢铁业务上。在此之前，我与宾夕法尼亚铁路公司的朋友们有志于在美国西部修建多条铁路，不过后来我逐渐退出了这些行业，下定决心违逆"不把所有鸡蛋放在一个篮子里"这一格言所传达的精神，并坚定地遵循"把所有好鸡蛋放在一个篮子里，然后看好那只篮子"。

我相信，想要在任何一条道路上获得卓越的成功，最真实的道路是成为这条道路上的大师。我对于分散资源这样的策略并没有多大的信心，因为我很少，或者可以说从未在金融领域见到某个把兴趣放到很多领域，又能取得不凡成功的人，起码肯定没有在制造业这一行业里见到这样的人。那些取得了成功的人无不是选择了一条道路，并坚持走下去的人。让我大为惊讶的是，很少人能真正重视投资自己的事业所能带来的巨大"红利"。世界上几乎每一个制造商的工厂里都有一些应该废弃或者改良的设施，世界上也不缺乏这样的制造商：因为缺乏需要增补的设施，或者缺乏新方法，损失了很多钱。这些钱足以抵消他从投资其他领域所获得的最高分红。可是，我所认识的大部分商人仍然热衷投资银行业以及与自己的行业相去甚远的公司，却不知道真正的金矿就埋藏在自己家的工厂里。

我一直努力坚持这个重要的事实。我的一个重要信条是，我比其他任何一个人，甚至是任何董事会，都能更好地管理自己的资本。在一个人的从商生涯中，他所遭遇的、无颜面对的失败很少发生在自己的生意上，而是在那些他们并非行家的其他生意上。所以，我对年轻人的建议是：他们应该把自己全部的时间和关注点都放在自己从事的行业上，而且要把自己积累的所有资本都投入进去。如果你从事的行业没有办法进一步扩展，那么一个正确的政策是：在找不到其他不断成长的业务时，把盈余投入到一流的证券上，这些证券将会带来中等但稳定的收入。就我而言，我很早就下定了决心：我会专注于钢铁制造业，并成为这个行业的大师。

英国之行给我提供了很好的机会，让我可以重新认识或结交钢铁行业的优秀人才，首先是贝西默先生，洛西安·贝尔爵士，伯纳德·塞缪尔森爵士，温莎·理查兹先生，爱德华·马丁先生，宾利先生，埃文斯先生，还有这个行业里所有船长级别的人物。后来不久，我被选入英国钢铁协会，后又被选拔成为英国钢铁协会的主席。我是第一任非英国籍的主席。我很荣幸能够获此殊荣。其实一开始我是拒绝担任这个职位的，因为我住在美国，担心自己没有充足的时间履行职责。

随着我们不得不转而生产用于建造桥梁和其他建筑结构的熟铁，我们认为是时候生产自己的生铁了。于是，在1870年，公司建起了露西高炉。不过，如果我们一开始全面考虑了这项冒险的规模，就会延迟这次的尝试。后来，我们时不时地听到制造业里的老前辈们对我们的快速增长和新兴行业的扩展抱着不乐观的预测，但是这并没有阻止我们前进的脚步。我们认为自己已经积累了足够多的资本和信誉，足以建立起这样一个高炉。

可是，实际支出比我们的预估支出多出了一半还多。这对于我们来说就像一场实验。 克罗曼先生对高炉的操作一无所知。不过，虽然我们没有掌握准确的知识，露西高炉也并没有发生严重的问题。 露西高炉（以我聪明的弟媳露西命名）的产出量远远超出了我们的最高预期，日产出量连续一周达到一百吨，这在当时世界的任何地方都是史无前例的。 我们保持住了这个纪录，也吸引了很多人来参观。

不过，我们的钢铁生意也并不总是一帆风顺的。 经济恐慌时有发生；内战后，我们平安度过了货币贬值时期，那时的钢铁价格从每磅九美分降到了三美分。 我们经历过很多次失败，金融经理也全身心提供资金，应对突发状况。 在多次经济衰败中，公司屹立不倒，信誉没有受到丝毫伤害。 但是直到目前为止，生铁制造比其他任何部门都让我们感到焦虑。 我们在制造业方面得到的最大帮助来自惠特韦尔先生，他来自英国著名的惠特韦尔兄弟公司，这家公司生产的高炉得到广泛使用。 在露西高炉的参观者里面，惠特韦尔先生很有名气。 我把高炉现在面临的问题都告诉了他，他马上说：

"这是因为料钟的角度是错误的。"

他还解释了该如何矫正料钟的角度。 克罗曼先生不怎么相信他的说法，但我马上督促工人制作一个高炉的玻璃模型和两个料钟，一个是露西高炉用的料钟，另外一个是按照惠特韦尔先生的建议制作的料钟。 当我再次来看露西高炉时，实验已经结束，结果正如惠特韦尔先生所说。 我们的料钟会把大块钢铁放到锅炉的一侧，使其他小块大量堆积在高炉中心，锻造的炉火只能部分穿透这堆巨大的堆积物；惠特韦尔先生的料钟却能够把小块留在中心，筛留出大块的。 这让一切变得与众不同，露西高炉面临的困境也随之结束了。

惠特韦尔先生是一个多么友善、胸怀宽广的男人，他从不嫉妒，也不会故意保留自己的知识！ 我们在其他业务上获得了新的知识，终于能够为他服务，作为回报。经过了这些事情，我们与惠特韦尔兄弟公司已经很坦率，所有事情都对他们公开（今天，在写下这些文字时，让我感到高兴的是，惠特韦尔两兄弟仍然有一人在世，我们也依然保持着温暖的友谊。我正是接替他，继任了英国钢铁协会的主席。）

十三　钢的时代

今天回头看,让人感到不可思议的是,在四十年前(1870年)的美国,化学几乎跟生铁的生产没有任何联系。然而化学知识在钢铁生产中最为必要。那时候的高炉经理通常比较粗犷,喜欢欺负人,一般是外国人。除了满足一般要求之外,他还必须能够偶尔给手下不听管教的人一点教训。他必须能凭直觉判断高炉的状况,必须掌握一些占卜的超自然能力,如同那些生活在乡间、凭借一根褐色的棍子就能定位一口油井或水源的人们一样。他就是个胡乱给病人开药的江湖郎中。

那时候外界供应的矿石、石灰岩和焦炭质量参差不齐,几乎不考虑材料的成分,导致露西高炉摆脱了一个困境,又陷入另一个。我们再也无法容忍这样的现状,于是最终决定免去那位依赖经验和直觉的经理,让一个年轻人负责管理露西高炉。这个年轻人是负责运送的文员,名字叫做亨利·M.科里。他在以前的工作中做得很出色,所以我们任命他担任经理。

菲普斯先生对露西高炉给予了特殊的关注,他每天的来访让我们免于遭受很多失败。并不是说露西高炉不如西部的高炉赚钱,而是因为它比其他高炉要大,从而产生了很多很严重的问题。我所担心的是,当他善良的父亲和妹妹离家去做周日礼拜时，我的这位搭档菲普斯先生不得不来查看露西高炉是不是一切正常。 不过我猜想，就算他和家人一起去教堂做礼拜，他肯定会时不时为挂念着的露西高炉面临的危险境况做出最虔诚的祈祷。

下一步就是找一位化学家给科里先生当助手和导师。 我们找到了满腹学识的德国人弗里克博士，这位博士向我们揭露了很多大秘密。 一直以来被予以很高评价的铁矿石的铁含量其实比人们实际认为的要少百分之十、十五甚至二十，而原本认为很贫瘠的矿藏现在却发现正在出产上等的铁矿石。 原本认为好的变成了差的，原本差的变成了好的，一切都乱套了。 不过，正是因为我们掌握的化学知识，生铁制造过程中百分之九十的不确定因素都得到了解答。

为了维护公司的信誉，露西高炉必须制作最好的产品。 在这个至关重要的阶段，我们的脚步却被中止了，因为一种出奇丰富和纯净的矿石替换掉了一种次等矿石，这种次等矿石的铁产量不及其它矿石产量的三分之二。 露西高炉再次遇到困难，因为太多的石灰被用来熔融纯度极高的铁矿石。 上乘的原材料反而让我们蒙受了严重的经济损失。

那时候的我们多么愚蠢啊！ 不过略让我们感到安慰的是，我们不像竞争对手那么傻。 我们已经聘用化学家很多年了，其它高炉业主却说他们请不起化学家。 如果他们知道化学的重要性，就会明白，不聘用化学家的严重性。 回顾过去的经历，似乎可以说，我们是第一个聘用化学家管理高炉的公司，虽然我们的竞争对手认为这样的做法过于奢侈。

露西高炉成为我们最盈利的业务，因为我们几乎垄断了高炉管理的整体科学技术。 了解到这一点之后，我们很快决定增加一座高炉。 与第一次的尝试相比，这一次我们获得了很大的经济回报。 有些矿藏没有名气，很多公司也不愿意用它们的产品，于是他们就成为我们的客户。 而对于那些产品价格很高、质量的名声很好的矿藏，我们会悄无声息地避开。 密苏里的派勒特诺伯矿藏可以很好地诠释我们的策略。 这座矿藏出产的产品据说很不受欢迎，因为在不堵塞高炉的情况下，只有一小部分可以使用。 根据化学知识，我们知道这种矿藏含硫量很低，而硅的含量极高，如果对它进行适当地熔融，就没有比它更好或更丰富的矿石了。 于是我们大量买进这种矿石，矿藏的所有者对我们表示了感谢，因为我们让这些资产变得有价值。

让人难以置信的是，很多年以来，我们以高价卖掉了搅炼过程产生的高硫煤渣，并以低价从竞争者那里买进了纯净煤渣。 纯净煤渣含铁量高，磷含量也不是很多。 有人曾想要熔炼煤渣，不过因为煤道渣纯度较高，用来提炼纯度不高的物质时，熔炉就不能很好地运作。 因此，很多年以来，煤道渣就被我们的竞争对手当做无用的东西扔到匹兹堡的河岸边。 有时候，我们甚至可以用一种不好的物质交换到好的物质，获得额外的收益。

更让人难以置信的是，对于把铁的氧化物氧化皮放进高炉，一直存在着不为人知的偏见。 这让我想起了亲爱的朋友和伙伴邓弗姆林镇上的奇泽姆先生，他来自克利夫兰。 我们经常在一起开玩笑。 有一天，我去克利夫兰参观他的工厂，看到工人们正在把这些很有价值的氧化皮推到院子里，就问奇泽姆先生他们要怎么处理这些氧化皮，他说：

"把它们扔到河边去。 每次在高炉里熔融这些氧化皮的时候，我们的经理就抱怨自己的运气差。"

我什么都没说，不过一回到匹兹堡，我就决定戏弄一下他。 那时候我们厂有一个叫做杜·普伊的年轻人，他的父亲发明了一种直接冶炼法，当时正在匹兹堡进行试验。 我建议工厂里的人把杜·普伊派到克利夫兰，从我的朋友那里买下所有的氧化皮。 杜·普伊确实这么做了，他以每吨五十美分的价格买下，并让他们直接把货运送给他。 这种购买持续了一段时间。 我一直盼望着对方能发现这个玩笑，可是奇泽姆先生英年早逝，我没有办法告诉他这件事。 不过他的继任者很快就开始效仿我们了。

我一直都在关注贝西默炼钢法的发展。 如果这种炼钢法成功了，那么铁势必被钢取代，铁的时代就会过去，钢的时代取而代之。 我的朋友约翰·A. 赖特在宾夕法尼亚州刘易斯顿的自由炼铁厂担任总裁，他专程去英格兰调查了这种新的炼铁法。 他是我们拥有的最好和最有经验的制造商之一。 他非常支持贝西默炼钢法，于是劝他的公司建立起了贝西默炼钢系统。 他的决定很正确，只是早了点，因为需要的资本比他估计的高出很多。 而且，即使在英国，这项炼钢技术也还处于试验阶段，所以人们并不期待它能被成功移植到另外一个国家，而且从一开始就正常运作。 这个试验的过程肯定冗长，而且耗资巨大，可是我的朋友并没有获得足够的补贴。

后来，等到贝西默炼钢法在英格兰被认可，资本家们就在宾州的首府哈里斯堡建立起了现在的宾夕法尼亚钢厂。 新厂经历了一段试验的过程，在危急时刻甚至面临着消失的危险，幸亏宾夕法尼亚铁路公司给予了及时的帮助。 宾夕法尼亚铁路公司的主席汤姆森是一个心胸宽广而且很有能力的人，正是他向董事会提出建议：预支六十万美元给这家制造商，宾夕法尼亚铁路沿线的钢轨就有着落了。 结果正如他所料。

替换宾夕法尼亚铁路以及其他重要铁路线的铁轨这一问题已经迫在眉睫。 在匹兹堡的某些弯道处，连接宾夕法尼亚和韦恩堡的路段上，每六个星期或每两个月就要替换新的铁轨。 在知道贝西默炼钢法之前，我建议汤姆森总裁关注英格兰的多兹先生的方法，他使用的方法是把铁轨的两端碳化，效果很好。 我去了英格兰，获得了这个方法的专利权，并建议汤姆森总裁拿出二十万美元在匹兹堡做试验，他采纳了我的建议。 我们在工厂里建起了一座熔炉，为宾夕法尼亚铁路公司处理了成千上万吨轨道，结果证明，处理过的铁轨有更好的效果。这是美国制造的第一批硬头轨道。我们把这些铁轨用在弯度最大的地方，效果非常好，足以抵消宾夕法尼亚铁路公司预支的费用。如果贝西默炼钢法没有研发成功，我也实实在在地相信我们可以有效地改善多兹的方法，让它得到广泛使用。但是，使用贝西默炼钢法生产的钢是无与伦比的。

位于匹兹堡附近约翰斯镇的坎布里亚铁公司是美国重要的铁轨制造商。他们决定建立一座贝西默工厂。在英国，我看到过这样的工厂，至少我觉得很满意，因为贝西默炼钢法不会产生过度的资本花费或者巨大的风险，能获得颇丰的回报。对新的方法一直很热衷的克罗曼也有相同的想法。于是，我们达成共识，那就是在匹兹堡生产钢轨。大卫·麦坎德利斯先生成为我的合伙人和亲密的朋友，我父亲去世的时候，他也给我母亲提供了善意的帮助。我不会忘记这一点。约翰·斯科特先生、大卫·A.斯图亚特先生，还有其他人也加入进来。宾夕法尼亚铁路公司的总裁埃德加·汤姆森先生和副总裁托马斯·斯科特也成为持股人，热切推动钢的发展。1873年1月1日，钢轨公司成立。

公司的选址是我们考虑的第一个很严肃的问题。我不满意提交上来的那些建议，于是去匹兹堡与搭档们商讨。这个问题一直盘旋在我的脑海里。某一个星期天的早上，我还没有起床，不过我突然想到了一个合适的厂址，于是马上下床找弟弟：

"汤姆，你和科尔曼先生选择的地点是对的，就选在布拉多克，在宾夕法尼亚、巴尔的摩和俄亥俄之间，那条河是最有力的地方。至于工厂的名字，就用我们亲爱的朋友埃德加·汤姆森来命名吧。现在，我们去科尔曼先生那里，然后一起出发去布拉道克。"

我们当天就行动起来。第二天早上，科尔曼先生就已经着手去买这块地了。农场的主人是麦金尼先生，他对农场的出售价格抱有很高的期望。我们本来打算每公顷支付五百或六百美元，结果最后的价格却定在了每英亩两千美元。而且，从那以后，我们所购买的土地的价格增加到了每英亩五千美元。

在当年布拉多克远征失败①的地方，我们着手建立自己的钢轨厂。在兴建工程之前进行的挖掘中，我们发现了很多布拉道克战役的遗留物，比如刺刀、剑等等。也正是在这个地方，邓弗姆林的镇长亚瑟·霍尔基特和他的儿子被屠杀了。人们很自然会问一个问题：他们为什么会到美国匹兹堡来。有一点我们一定不能忘记：在那个时候，大不列颠王国各个城市的镇长和市长们是英国贵族阶级的一部分，这些地区的伟大人物们乐于屈尊去享受头衔带来的荣耀，而且不需要履行什么职责。从事商业的人被认为不够资格坐市长之类的职位。时至今日，整个英国依然有这样的贵族阶级思想残留。几乎在每一家人身保险公司或铁路公司，有时候还有制造公司，总会有一些这样的领导：他们只是享受着总裁头衔带来的荣耀，却对自己的职责一无所知。亚瑟·霍尔基特是一个绅士，可是他同时是邓弗姆林的镇长，当被召唤时，他就追随着这个职位带给他的身份出发了，结果当场丢掉了性命。不过，这个曾经埋葬了两个邓弗姆林人的死亡之地会成为我们的新厂所在地，这纯属巧合。

最近，我们还发现了一个很有意思的事实。在1904年的发现者日，约翰·莫利在匹兹堡的卡内基学院发表演讲，提到了福布斯将军对杜根堡的远征，还提到福布斯将军给首相写的信，在信里，将军说他已经为首相把杜根堡改名为"匹兹堡"了。那时候，福布斯将军是苏格兰地区匹特克里夫的地主，出生在格伦。到了后来，在1902年，我买下了格伦，并把它赠送给了邓弗姆

---

① Braddock's Defeat：1755年，将军爱德华·布拉多克带领英国军队远征北美洲，试图征服匹兹堡地区，但是远征行动失败。

林，把它变成了一处公园。 于是，我们两人都曾经是邓弗姆林的地主，却都在匹兹堡工作，其中一个是"匹兹堡"的命名者，另一个则为了它的发展辛勤工作着。

我们之所以把新工厂命名为埃德加·汤姆森，是为了表达对我的朋友埃德加·汤姆森的敬意，可是当我去征求他的同意时，他的回答给我留下了深刻的印象。 他回答说，只要涉及到美国钢轨，他不希望自己的名字跟这个领域有任何联系，因为事实证明它并不是十分可靠。 当时的美国钢轨生产还处于试验阶段，当然是有其不稳定性的。 但是，当我向他保证说，我们可以让美国钢轨发展成为像进口产品一样好的产品，像肯斯通的桥梁以及克罗曼的轮轴一样享有声誉，他同意了。

他急于让我们购买宾夕法尼亚铁路沿线的土地，因为那个公司在他心里永远占第一位。 这样的话，宾夕法尼亚铁路公司就垄断了我们的运输。 几个月后，他来到了匹兹堡。 罗伯特·皮特凯恩先生已经继任我，担任匹兹堡分部的主管，他向汤姆森先生介绍了布拉多克新厂的情况。 这个厂址不仅把我们与宾夕法尼亚铁路线联系起来，还连接了对手的铁路线，也就是巴尔的摩和俄亥俄铁路线。 还有另外一个比这两者更强劲的对手——俄亥俄河。 罗伯特跟我说，汤姆森先生眼睛里闪烁着光芒，说道：

"安迪应该把工厂选在更靠东部一点的地方。" 但是他心里其实清楚，我选择这个无与伦比的地方是有着充足和合适的理由的。

1873年9月的金融恐慌来袭时，我们的工厂已经很先进了。 接着，我便迎来了从商生涯中最焦虑的时刻。 本来一切都进展得很顺利，某个早上，我在位于阿勒格尼山脉的避暑小别墅里收到的一封电报打破了这种宁静。 电报内容是杰伊·库克银行①倒闭了。 收到电报后，每一个小时都有新的坏消息传来。 一家又一家公司倒闭，不知道第二天早上又是哪一家倒闭。 一家公司的倒闭就意味着另外一些公司失去了继续运作的资源。 就这样，损失不断，直到整个商业陷入瘫痪。 整个商业系统的每一个薄弱环节都被揭露出来，于是，原本很强大的公司也面临大面积倒闭，原因是我们国家没有健全的银行系统。

我们并不需要太担心自己的债务，因为还清那些债务没有很大的问题，但是我们可能要在债务人方面付出一些代价。 现在的问题不是我们能不能支付自己的账单，而是我们能不能从借方那里收回借出去的钱。 用不了多久，我们就得同时应付这两方面的问题了。 我们自己的银行也在请求我们不要提取款项，所以一件小事的发生就能揭露货币流通的现状。 公司很快就得发工资了。 现在我们急需准备十万美元，并把它们都换成小面额。 为了拿到这些钱，我们在纽约支付了两千四百美元的保证金，然后把十万美元快递到了匹兹堡。 在金融恐慌的影响下，那时候根本借不到钱，即使拿再好的东西做担保也没有用。 可是，我通过出售储备下来的有价证券换到了很多钱，公司保证会兑换这些证券。

凑巧的是，线路集中在匹兹堡的一些铁路公司还没有向我们付清材料费用，其中韦恩堡路段就是我们最大的债务人。 我记得自己曾经给韦恩堡铁路公司的副总裁索尔先生打过电话，告诉他我们必须收回欠款。 他回答说：

"你当然应该拿回自己的钱，但是现在这个阶段，我们不能支付任何无追索权的款项。"

"很好，"我说，"我们应该支付给你们的运费账单就属于无追

---

① Jay Cooke & Co. 在内战期间曾发行联邦债券，支持内战。 后来因为过度扩张而倒闭，导致了1873年的金融危机。

索要账单,那么我们就跟你们学习。我马上下命令,你将拿不到一分钱的运费。"

"好,如果你这么做,"他说,"那我们就停止给你们运输。"

我说,我们公司可以冒这个险。但是铁路公司是不能尝试这种极端的做法的。事实上,我们没有付运费,也正常运作了一段时间。简单说来,如果客户不支付费用,匹兹堡的制造商是没有办法支付不断增加的债务的。银行被迫延长了已经到期的文件的日期。他们一直对我们很不错,使我们能够安全度过金融恐慌期。不过在这样危险的时间,我的唯一想法就是多积累资本,并把资本留住。只有做到这一点,以后不论发生什么,我们都不会再一次手足无措,每日每夜地备受焦虑之苦。

再谈一谈这次危机中的我吧。最初,我是所有合伙人中最兴奋和急切的一个。我不怎么会控制自己。但是当我见证了公司财务状况的强大时,我像一个哲学家一样冷静了下来。如果有必要,我觉得随时可以走进各家银行的董事们的房间,把我们的现状对他们和盘托出。在我看来,这并不是什么丢脸的事情。对我们的生意感兴趣的人没有一个过着奢侈的生活,其实我们的生活方式一点都不奢侈,我们没有把钱拿来建昂贵的房子。最重要的是,没有一个人投资股票市场或者跟我们业务不相关的其他公司。我们也不会与其他公司交换背书。此外,我们每一年都在赢利,生意繁荣兴旺。

于是,我打消了搭档们的恐惧。不过,我们最终并没有开口向别人讲述自己的财务状况,搭档们无不为此感到高兴,而我是最高兴的那一个。克罗曼先生是我的好朋友,确实拥有很多方法和绝佳的信誉,他主动提出要帮助我们,给我们背书。在这一点上我们有独一无二的优势,因为克罗曼的大名像一座宝塔,只给我们使用。当我写下这些文字时,这位伟大的老人的样子又浮现在我的眼前。他有着强烈的爱国主义思想。一直以来,工厂在独立日假期期间是不上班的，可是有一次他视察自己的工厂时，却看到有一队工人在维修锅炉。他叫来了经理，问这是怎么回事，因为他已经命令所有工厂停工休假了。

"在独立日工作！"他吼道，"就不能挑个星期天来维修？！"他非常愤怒。

1873年的金融恐慌来袭时，我们马上在各个领域采取安全的保守措施。虽然很不情愿，但是我们还是决定暂停新钢厂的兴建。很多重要人物为新钢厂注过资，但是现在他们自己都没有办法付这些资本的账单了，于是我不得不接管，把所有投资还给他们。就这样，公司的控制权回到了我的手里。

金融恐慌的第一次爆发首先影响到了股票交易市场，过了一段时间，才波及到了商业和制造业。可是情况越来越糟糕，最终导致了金融破产。受到影响的公司包括我朋友所在的德克萨斯太平洋公司，我在前面也听到过这一点。对我来说，这是最沉重的打击。人们很难相信，我与德克萨斯集团有着这样亲密的关系，却与他们的金融债务没有任何关系。

我们与匹兹堡外汇银行有很多业务往来，总裁舍恩伯格先生当时在纽约，听说了斯科特先生和汤姆森先生的窘况。他马上赶到了匹兹堡，在第二天早上的董事会议上，他说，我不可能跟他们的债务没有任何关系。他建议银行拒绝给我们的未到期票据贴现，却惊讶地发现，带有我们的背书和已经贴现的资金额已经非常巨大了。我必须马上采取必要行动，以阻止更严重的后果。于是，我搭乘最早一班驶往匹兹堡的火车，到了以后，我对所有人宣布说，虽然我是德克萨斯公司的股东，但是我的利息已经被支付过了，我的名字也没有出现在公司任何与资金挂钩的文件上或者其他非常重要的文件上。所以，我与公司的任何金融债务没有关系，也不拥有公司的任何财产，也不存在任何没有收回的款项。我唯一的债务都是与自己的生意相关的，为了我的生意，我愿意付出自己的所有资产，并认可公司的每一份债务。

直到现在，我在商业领域都有着这样的名声：一个大胆的、无所畏惧亦或有些鲁莽的年轻人。我们的规模不断扩展，发展迅速，虽然依然年轻，但是资产已经达到上百万。在匹兹堡的老前辈看来，我的事业与其说重大，不如说非常成功。据我所知，一个富有经验的前辈曾说，"如果安德鲁·卡内基不是靠自己的大脑打下这片天地，那他就是运气太好了。"不过人们的判断与事实相去甚远。我相信，任何一位有能力的法官都会惊讶地发现，我极少拿自己或者我的搭档的利益去冒险。每次我尝试很重大的事情时，背后一定会有像宾夕法尼亚铁路公司这样的大公司做后援团。身为苏格兰人，我身上也有着与生俱来的、强烈的谨慎意识。不过，很明显，对于匹兹堡制造业的父辈们来说，我偶尔也会有轻率鲁莽的行为。他们已年老，我还年轻，这就让结果大不一样。

曾经对我和我们的公司避之唯恐不及的匹兹堡金融机构迅速变脸，突然对我们充满了也许有点不合理的自信。我们公司的名誉变得无懈可击，于是，自此以后，每当公司遇到金融压力时，获得的金融资助不减反增，正像其他银行的存款在下降时，年代久远的匹兹堡银行的存款金额却前所未有地巨大。在美国，匹兹堡银行是唯一一家用黄金补充货币发行量的银行，不屑于躲在法律的保护伞下，用美钞偿还它的债务。这家银行拥有的纸币并不多，我毫不怀疑，它的这一举动是为了做广告。

除了我的朋友斯科特先生、汤姆森先生以及其他人的窘况，后来面临的另外一项更严峻的考验是，我们发现，搭档克罗曼先生被一群投机人士吸引到了埃斯卡诺巴铁公司。这家公司的人跟他保证说，他们的公司将转变为股票公司，可是还没等做成这件事情，他的同事已经债台高筑，债务高达七十万美元。克罗曼先生唯一的选择是破产，被打回原形。

这比以往发生的其他任何事都让我们感到震惊，因为作为一个合伙人，在没有告知其他合伙人的前提下，克罗曼先生是没有权力投资其他铁公司或者涉及私人债务的其他任何公司的。 商人必须遵循的最重要的一条法则是，搭档之间不能有秘密。 对这一法则的无视不光影响了克罗曼，还牵连了公司。 而在这样的危急时刻，我在德克萨斯太平洋公司的朋友们又遇到了困难。 一时间，我在想，周围还有没有真正正常的东西。 我们到底还能不能找到立足的根基？

如果克罗曼先生是一个商人，那么在我们发现他的投机行为后，他就再也不能做我们的搭档了。 不过，他不是商人，他是一个非常有能力的力学工程师，而且有一定的商业能力。 其实，克罗曼先生想要成为办公室行政人员，但是他在行政方面有害无益，在工厂设计和新机器的运作上，他却是无可匹敌的。 我们不知道该给他安排什么样的职位以及要不要让他留在公司，这个因素可能导致了他去寻找其他的出路。 圈子里那些有名有姓的人可能奉承过他，这些人知道，只要多多赞扬他出色的商业能力和机械方面的天赋，就不难打动他。 他也许认为，自己的搭档没有很好地发现他的这些能力。

克罗曼先生度过了破产期，成为了自由人。 出于善意，我们提议给他百分之十的利润，而他只需要支付投资本金，再无其他。 同时，我们会先帮他支付本金，直到公司利润让他有能力偿还本金。 我们只收成本费，克罗曼先生也不需要承担任何责任。但是，我们的条件是：他不可以再与其他商业领域的人合作，或者为别人背书；他要把所有的时间和精力放在工厂的机械管理上，而不是商业管理上。 如果他当时接受了这个提议，他早就是百万富翁了，可是他，或者可以说他的家族太过骄傲，不允许他接受这样的提议。 他打算自己创业，尽管我和同事们都极力劝解，他还是下定决心与自己的儿子一起创业，成了我们的对手，自己做了商务经理。 不过，公司以失败告终，克罗曼先生也英年早逝。

我们是多么愚蠢！ 居然意识不到自己最适合做什么，意识不到我们是可以悠闲自在地发挥自己擅长的手艺的。 我认识的人当中不乏这样的人：自己明明擅长在工厂工作，他却选择在办公室里浪费生命，耗尽自己的精力，被谨慎和忧虑压制着。 于是，他的生活就成了一个充满悲剧的、连续不断的循环，结果只能以失败告终。 与克罗曼先生的分开，让我非常地遗憾。 他是一个善良的人，有着能让他成为出色机械师的大脑。 如果他不受其他人的影响，自己做决定，我想他一定很愿意跟我们在一起。 可是，其他人的提议（必要时会反悔的提议）让他的心动摇了，于是一个伟大的机械师沦落成一个可怜的人。

十四　搭档、书和旅行

当克罗曼先生与我们中断联系后,我们毫不犹豫地让威廉姆·伯恩特伊格代替他管理工厂。 我一直非常乐意提及威廉姆的职业生涯。 最初,他是直接从德国过来任职的,不会讲英语,是克罗曼先生的远房亲戚。 一开始,他的能力并不强,可是他很快学会了英语,并成了周薪六美元的运送部文员。 他对机械知识一无所知,但是凭着对工作坚持不懈的热情和勤奋,他很快崭露头角。 他出现在工厂里的每一个角落,对一切了如指掌,亲力亲为。

威廉姆是一个很有个性的人。 他一直没有克服德语发音的影响,颠三倒四的英语也给人留下了深刻的印象。 在他的监管下,联合铁工厂成为我们的业务中赢利最多的分支。 多年以来,他过度劳累,所以我们打算让他去欧洲度假。 他经由华盛顿来到了纽约,来见了我。 一见到我,他就说,自己急切地想回到匹兹堡,而不是德国。 在攀登华盛顿纪念碑时,他站在阶梯上抬头看到了卡内基公司制造的横梁,就像在其他公共建筑物里见到的一样。 威廉姆对我说:

"看到这些,我无比骄傲,非常想回到厂里,看看是否一切正常。"

不管是在早上很早的时候，还是晚上很晚的时候，你总能在工厂里看到威廉姆。他的全部生活都在工厂里。他是第一批成为公司合伙人的年轻人之一。我记得，在他去世前，这个可怜的德国小伙子已经能拿到五万美元的年薪，每一分都理所应得。工厂里流传着很多关于他的故事。有一次，公司所有的合伙人聚餐，庆祝一年来的发展，合伙人依次发言。轮到他的时候，威廉姆这样说：

"各位先生，我们应该做的事情是：让产品价格上去，成本降下来，同时每一个人都能自立。"人群中爆发出雷鸣般的、持续不断的笑声。

伊万斯上尉（又被称作"好战的鲍勃"）曾经是派驻到我们工厂的政府观察员，他非常严格。有时候他独独难为威廉姆，最终，威廉姆出言不逊，冒犯了观察员。伊万斯对他的行为颇有微词。我们努力让威廉姆意识到取悦一位政府官员的重要性，而他是这样回答的：

"可是他进了我们的工厂，吸了我的烟（哎呀，好大胆的上尉！威廉姆对烟很着迷），回过头来又指责我的铁。你觉得这样的人如何？不过我明天还是会跟他道歉，并好好对待他的。"

我们向上尉保证说，威廉姆已经同意做出相应的弥补，后来上尉大笑着告诉我们威廉姆向他道歉的情形：

"上尉先生，我希望您不要介意我早上的行为，我对您没有意见，"他边说边向上尉伸出了手，上尉跟他握了握手，于是事情就这么解决了。

有一次，威廉姆把我们用不到的大量旧钢轨卖给了我们的邻居，也就是匹兹堡的炼钢先驱人物詹姆斯·帕克。后来，帕克先生发现这些钢轨的质量非常差，于是索要赔偿。工厂要求威廉姆和菲普斯先生一起去会见帕克先生，并解决这件事。菲普斯先生走进帕克先生的办公室，而威廉姆却围着工厂转了一圈，想要找到那些被认为没有用了的钢轨，却一无所获。不过我们知道威廉姆的关注点在哪里，最后他也去了帕克先生的办公室，没等帕克先生说话，威廉姆就开始说话了：

"帕克先生您好，听说那些旧钢轨不合您的意，我很高兴。我会把所有的旧钢轨再买回来，你每一吨可以获得五美元。"他很清楚，所有的旧钢轨都已经被用完了。听了他的话，帕克先生不知所措，事情也就这样过去了，威廉姆打了大胜仗。

有一次，我来到匹兹堡，威廉姆告诉我说，他有点"特别"的事情告诉我，他不想告诉其他人。这事发生在他从德国休假回来之后。他回到德国后，一位已经升做教授的前校友邀请他去住几天。威廉姆告诉我说：

"卡内基先生，那位校友的妹妹帮他打理家事，她对我非常好。回到汉堡后，我给她寄了一份小礼物。她写了一封信给我，我也回信给她，后来我们保持书信往来。然后，在某一次的回信里，我问她愿不愿意嫁给我。她是一个很有教养的人，回信说她愿意。于是我让她来纽约，我在这里等她。可是卡内基先生，她的家人对商业和工厂一无所知，而且她的哥哥写信给我，让我再去一次，与他的妹妹在德国成婚。可是我觉得我不能再一次离开工厂了，所以我想征求一下您的建议。"

"你当然可以再去一次。这样做是正确的，威廉姆。她的家人这样想是对的。你应该去，然后把她接到美国来。我可以帮你安排。"与他道别前，我说："威廉姆，我想你的心上人一定是一位年轻、美丽、高挑、肤色漂亮的德国女孩吧？"

"卡内基先生，她有点矮矮胖胖的。如果把她比作钢铁的话，我会多轧制一下。"威廉姆所有的说明都与钢铁术语相关。【今天早上当重读这段故事时，我忍不住大笑起来。我读到"每一个人都能自立"时，也笑了。】

菲普斯先生一直是工厂商业部的头儿，但是我们的生意扩展后，他就专门负责钢的业务了。 于是另外一个年轻人威廉姆·L.埃伯特接替了他的工作。 埃伯特先生的职业生涯与伯恩特伊格的经历类似。 最初，他也只是一个领微薄薪水的文员，后来很快被委以重任，负责公司的铁厂。 他和威廉姆一样，都非常成功。 后来，他成为公司的合伙人，分得的利润和威廉姆一样。 最终，他被提升为公司的董事。

此时，科里先生也在露西高炉的管理方面做得非常出色，并成为公司的合伙人之一，与其他人分得同样的利润。 要想把生意做好，没有比提拔出类拔萃的人更好的方法。 后来，我们把卡内基-麦坎德里斯钢铁公司改成了埃德加·汤姆森制钢公司，合伙人里包括我的弟弟和菲普斯先生。 其实一开始弟弟和菲普斯是拒绝与他们富有进取心的前辈一起进入制钢业的。 但是，当我把第一年的利润拿给他们看，并告诉他们，如果不马上加入进来，他们就上错船了。 重新考虑后，他们加入进来。 结果证明，这对他们和对我们都是很幸运的事情。

就我的经历而言，与公司成立时的原班人员构成相比，由各行各业的人组成的混杂的合伙人团体并不会成为更好的工作组织，改变是必要的。 新转变过来的埃德加·汤姆森制钢公司也不例外。 在我们开始生产铁轨之前，克罗曼先生就已经对一位铁路官员的管理很不满意了。 在来我们公司之前，这位官员因为自己的管理方法和能力而享有很高的声誉。 因此，我不得不买断克罗曼先生的股份。 可是不久之后，我们发现克罗曼的看法是正确的。 这个新人曾经是铁路部门的审计员，会计业务也很熟练，但是如果我们期待他或者其他任何做办公室工作的人能够进入制造业，然后从一开始就很成功，这是不公平的。 他既没有这方面的知识，也没有接受过培训。 但是这一切都不意味着他不是一个好的审计员，只是，我们不应该对不可能的事情抱有期待。

经过筹划，钢厂准备开始运作。 那位审计员把一份成立管理机构的提案交给我，等待审批。 我发现，他建议把工厂分为两个部门，其中一个部门由史蒂文森先生负责，他是苏格兰人，后来成为不错的制造商；另外一个由琼斯先生负责。 我很确定，我在这件事情上做出的决定比其他任何事情对公司成功与否的影响都要大。 一家工厂绝对不能有两个权力相当的掌门人。 一支部队可以有两个统帅，一艘船可以有两个船长，但是如果一个制造厂有两个同样地位的负责人，就算他们在不同的部门，也会遭遇悲惨的结局。 所以，我对他说：

"这行不通。 我不了解史蒂文森先生，也不了解琼斯先生，但是你只能选择其中一个人做管理机构的负责人，只有他一个人负责向你汇报业务。"

最终我们决定任命琼斯先生担任负责人，就这样，我们有了"船长"。 不出所料，琼斯先生后来成为像贝西默一样出名的人物。

这位船长那时候还很年轻，身材瘦削，很积极，带有威尔士人的身材特点，比较矮小。 他从相邻的约翰斯敦的一家工厂来到我们这里工作，最初是一个日薪两美元的机械师。 不过我们很快就注意到了他的特殊之处，因为每一个细节都告诉我们更多关于他的信息。 内战期间，他曾经是一名列兵，后来成为一群无所畏惧、永不退缩的战士们的上尉。 埃德加·汤姆森制钢公司的成功很大一部分应该归功于琼斯先生。

在后来的几年里，他拒绝了公司给他的利润，这些利润可以让他成为一个百万富翁。 有一天，我告诉他，公司里那些接受了这份利润的年轻人现在赚的都比他多，而且我们会投票支持他成为合伙人，他不需要承担任何金融责任，而且只有在产生盈利时才会支付利润。

"不，"他说，"我不想把心思花在打理商业上，光是管理这些工厂就够我忙的了。 请给我你认为合理的薪水就可以了。"

"那好，船长，你的薪水将和美国总统的薪水一样。"

"就这么说，"这个矮小的威尔士人回答道。

在制钢行业的竞争对手最初是很无视我们的。他们在开创自己的制钢工厂时经历了很多的困难，所以不相信我们第二年就可以生产钢轨，也就不把我们当成竞争对手。刚开始运作时，钢轨的价格是大约每吨七十美元。我们让代理商在全国各地寻找订单，尽量能谈成好的价格。就这样，在我们的竞争对手发现之前，我们已经获得了很多订单，足以在创业初始就证明我们不容小觑。

我们使用的机器如此完美，计划值得称赞，琼斯先生选择的工人技术如此娴熟，他本人又是一位很伟大的经理，所以我们获得了非凡的成功。在这里，我要特别提出一个数据，我们第一月的赢利是一万一千美元。同样值得注意的是，因为我们有完美的会计体系，所以我们可以得出准确的赢利数字。铁厂的运营给我们提供了经验，让我们意识到，精确的会计体系非常重要。在制造业，最有益的一件事就是，文员们必须认真核对制造过程中每一批生产材料在各个部门之间的流通。

我们在制钢领域的新尝试非常成功，前景大好，于是我开始计划休假，长期渴望的环游世界的梦想变得强烈。就这样，J.W.范德沃特（他的昵称是"万迪"）和我同时在1878年的秋天启程。我随身携带了很多可以用来画铅笔画的便笺本，同时也开始写旅行笔记，但是从来没有想过要出版，但是也许可以把旅行笔记印刷几份，在个人的圈子里传阅。不过，当你看到自己想说的话被印刷成书，那种震撼是很巨大的。出版商给我寄来了样书，我重新读了一遍，思忖着要不要朋友们寄几本。最后我得出了以下结论，总体考虑，我最好寄给他们，然后等待他们的评价。

如果某本书是作者专门为朋友们写的，那么他就没有任何理由期待不好的评价，不过某种危险总是存在的，比如骂声一片，赞扬声却很微弱。可是，人们对我的书的反馈远远超出了我的预期，以至于我相信读者们真的很喜欢这本书，他们的赞扬里至少有一部分是真心的。每一个作者都喜欢听夸赞的话。在第一批反馈的书信里，有一封是来自安东尼·德雷克塞尔的，他是费城著名的银行家。在他的信里，德雷克塞尔抱怨说，我的书占去了他好几个小时的睡眠时间。一开始读这本书，他就手不释卷，读完的时候已经是凌晨两点钟，他才上床睡觉。还有好几封类似的信。我记得，我有一天早上会见中央太平洋铁路公司的总裁亨廷顿先生，他说他要向我表达敬意。

"为什么呢？"我问他。

"哦，我把你的书从头到尾读了一遍。"

"那么，"我说，"这不算是很高的敬意哦。我们共同的朋友们都读过了。"

"哦，是的，不过你的朋友当中应该没有一个像我这样的。这么多年来，我除了账本，没有读过其他的书。一开始我也没有打算读你的书，可是一旦开始读，我就放不下了。五年来，账本是我唯一读过的书。"

我并不会完全相信朋友们的赞美之词，不过，很多人是通过我的朋友了解到我的书的，而且那些人也很喜欢它。于是我连续几个月都出于兴奋和陶醉之中，但是我不会听信那些危险的、有害的奉承。为了满足读者的需求，出版社又多次再版这本书。关于这本书的一些通告还有摘录登上了报纸，斯克里布纳父子公司[①]注意到了这一点，准备出版这本书，把它推向市场。就这样，《环游世界》面世，我从此多了作家这个身份。

因为这本书的出版，一片新的天地呈现在我的面前，而且大

[①] 斯克里布纳父子公司：总部在纽约的出版公司，该出版社出版了众多美国作家的作品，包括海明威、菲茨杰拉德、伊迪丝·华顿等。

大地改变了我的学术观念。斯宾塞和达尔文处于我高不可攀的位置，不过我对他们的作品产生了浓厚的兴趣。我开始从进化论的角度审视人类发展的每一个阶段。关于中国，我读孔子的理论；关于印度，我读佛教和印度人的圣人之书；在印度孟买的帕西人中间，我研究他们拜火教的创始人琐罗亚斯德。旅行的好处是，我得到了精神上的平和。原本让我觉得混乱不堪的问题现在变得有条理。我的思想进入休息状态，我最终也有了自己的哲学。我对耶稣所说的"天堂就在你的心中"有了新的理解。不关乎过去或未来，就在此刻，天堂就在你的心里。我们应该承担的所有责任都在脚下的这个世界上，就在现在，所以急不可耐地去眺望远处的世界是徒劳无功的。

我从小到大耳濡目染的那些神学理论以及斯维登堡对我的影响都不再影响我，或者占据我全部的思想。我发现，没有哪一个国家的神圣启示能囊括人类的全部真理，也没有哪一个部落低级到没有留下任何真理；每一个民族都有自己伟大的老师，比如佛陀，比如孔子，比如琐罗亚斯德，又比如耶稣。同时，我发现这些伟大人物的教义在伦理上都是相似的，所以我可以借用马修·阿诺德[①]的诗（能称他为朋友，我非常骄傲）：

> 人类的孩子们！那看不见的力量,他的眼睛
> 永远陪伴着人类
> 从来不对任何宗教另眼相看
> 只要是人们曾经发现的。
>
> 难道这力量不曾告诉那些脆弱的人他们有多少潜力吗？
> 难道这力量没有像雨水一样滋润干涸的心灵吗？

[①] 马修·阿诺德（Matthew Arnold, 1822—1888）：英国的诗人和评论家。

难道这力量不曾为了无药可救、自我厌弃的人哭泣吗？
你必须要重生一次。

就在这个时候，埃德温·阿诺德①的《亚洲之光》问世，这部诗集比我读过的任何其他诗歌作品都让我感到高兴。我刚去过印度，可是读了这本书后，我又去了一次。作者听说了我对这本书的欣赏，后来我在伦敦见到了他，他把书的手稿送给了我，我把它当做自己最珍贵的宝藏之一。我认为，每一个有能力的人都应该去环游世界，就算自掏腰包，也要这样做。与环游世界相比，其他的旅行形式都是不完整的，因为它只让我们看到了浩瀚宇宙的模糊的一部分。当你环游了整个世界，在回程的时候，你会感觉自己已经看过了（当然是总体来说）世界上应该去看的一切地方。部分组成了一个对称的整体，然后不管在哪里，你都看到人类在活出自己的命运的同时，正走向一个确定的终点。

环游世界时，如果你能够仔细地研究东方各种宗教的宝典，你将获益良多。经过研究，你会得出这样的结论：每个国家的人都认为自己的宗教是最好的，他们很高兴命运把他们安排到了现在的地方，而且会同情那些生活在自己的神圣区域之外的人。每个民族的大多数人通常都是幸福的，他们很确定：

不管是东方还是西方，
家总是最好的。

人们可能会特别注意到《环游世界》里的这两段文字：

我们去新加坡附近的树林里拜访木薯工人，看到他们正在

---

① 埃德温·阿诺德（Edwin Arnold, 1832—1904）：英国诗人和记者。

忙碌着,孩子们光着身子跑来跑去,父母亲穿着松垮垮的破布衣服。我们的到来吸引了很多人。我们让导游告诉这些人,在我们的国家,每年的这个时候,眼前这个池塘的水会冻起来,我们可以在上面走路,有时候冰冻得很结实,马和马车甚至都可以在宽阔的河面上走。可是,他们却很好奇我们为什么不来与他们生活在一起。他们真的很幸福。

还有另外一段文字:

在去挪威的北角的路上,我们参观了拉普兰人①的一处驯鹿营地。船上的一位水手被指派陪同我们。我和他一同往回走,在靠近峡湾的时候,我们看到海滩的对面有星星点点的小屋,还有一座正在兴建的二层建筑。"那个新的建筑物是做什么用的?"我们问。

"那是一个出生在特罗姆瑟②的人的家。他赚了很多钱,现在回到这里度过以后的日子。他非常富有。"

"你曾经告诉我,你已经环游过世界了。你看过了伦敦、纽约、加尔各答、墨尔本,还有其他地方。如果你也像那个人一样发了财,你会选择在哪里度过晚年呢?"

他的眼睛里闪着亮光,说道:

"哈,没有什么地方能比得上特罗姆瑟。"特罗姆瑟位于北极圈,一年中一半的时间处于黑夜中,可是他出生在这里。家,甜蜜的家!

在我们遭遇的生活状况或自然法则中,有一些似乎是错误

---

① 斯堪的纳维亚半岛最北端的地区叫做拉普兰。
② 挪威北部港口城市。

的，有一些很明显是不公平的，是残忍的，可是有很多却令人称奇，因为它们很美，很温馨。 我们都爱自己的家，不管它的状况如何，在什么地方。 这就是一个美好的自然法则。 我很高兴地发现，上帝并没有把神圣的启示留给某一个种族或民族，他让每个种族都拥有最适合自己目前发展阶段的讯息。 那至高无上的力量没有遗忘任何人。

十五　马车旅行和婚姻

1877 年 7 月 12 日，我被授予故乡（邓弗姆林）的荣誉镇民称号，这是我收到的第一个荣誉镇民称号，也是最伟大的荣誉。 我受宠若惊。 在荣誉卷轴上，我的签名和沃尔特·司各特先生的签名之间只隔了两个人。 司各特先生曾经做过镇行政官。 有一天，我的父母曾经看到他在画邓弗姆林修道院的草图，他们还经常向我描述司各特先生的长相。 领荣誉称号时，我要演讲些什么，这是一个很值得考虑的问题。 我跟贝利·莫里森舅舅谈了谈，告诉他说我想说的内容，并告诉他，这些内容是我内心真实的想法。 舅舅自己也是一个演说家，他对我说的话充满了睿智。

"既然如此，安德拉，那你就这么说。 没有什么比说出心中所想更好的了。"

这个关于公共演讲的经验我一直记在心里。 我在这里给年轻的演说家们建议一个方法：当站在观众面前时，你要记得，你的面前只是男人和女人，所以你应该像日常跟其他男人和女人说话一样来演讲。 只要你不尝试表现得跟原本的自己不一样，就不会出现尴尬的情况。 你感觉就像在自己的办公室，跟自己熟悉的人讲话一样。 只有当你试图变成其他人的时候，你才会变得怯懦。 所以，做你自己，勇往直前。 英格索尔上校是最有辩才的公共演讲家，有一次我问他，他的演讲诀窍是什么，他回答说："像避蛇一样避开其他演说家，只做我自己。"

1881年7月27日，母亲为我捐赠的第一座图书馆奠基，我又一次在邓弗姆林演讲。小镇上最早的图书馆是由五个编织工人创办的，父亲是其中一个，他们把家中的藏书向邻居们开放，是最早形式的图书馆。邓弗姆林把我捐赠的图书馆命名为"卡内基图书馆"。图书馆的建筑师问我要家族的盾徽，我告诉他我没有，然后让他在门廊的顶端雕刻一个冉冉升起、散发光芒的太阳，题字是："愿知识之光普照大地。"他采纳了我的想法。

我们是和一群坐马车旅行的人一同到达邓弗姆林的。1867年，当我与乔治·劳德和哈里·菲普斯步行游览了整个英格兰后，我有了与最亲爱的朋友们坐马车从布莱顿到因弗内斯的想法。后来，我终于有了时间，可以去实现这次期盼已久的旅行。那是1881年的春季，我们一行十一人，从纽约出发，开始享受我人生中最开心的远足之一。那是我工作之外的一次假期，让我感到年轻和开心，比世界上的任何灵丹妙药都要管用。

关于这次马车旅行的所有笔记都记录在出发前花两便士购买的存款簿上。我每天会写上几行字。正如写作《环游世界》一样，我想也许我有一天可以写一篇杂志文章，或者把这些旅行笔记送给那些同行的人。冬天的一日，我觉得实在没有必要到三英里以外的办公室去，那么怎么打发空余的时间呢？这时我想起了我们的马车旅行，于是决定动手写一写，看看会有什么进展。一拿起笔，我就觉得自己文思泉涌，在第二天到来之前，我已经写了三四千字。就这样，每个风雨天，我觉得没有必要去办公室的时候，就拾起这份有意思的任务，用了整整二十天，我完成了一本书，随后把稿子交给了斯克里布纳出版社，让他们印刷几百份，用于私人传阅。这本书与《环游世界》一样，也受到了朋友们的喜爱。有一天，钱普林先生对我说，斯克里布纳先生读了这本书后，也非常喜欢，他想自己出资，出版发行这本书并愿意支付版税。

我是一个爱慕虚荣的作家，很容易被劝服，并认为他做的事情非常值得称赞，所以我同意他出版。【每年我依然可以获得小数额的版税。 现在已经是1912年，距那本书出版，已经三十年了。】书一出版，我就收到了很多来信，有些读者来信非常之热情，我的手下们还把它们收集起来，订成了剪贴簿，时不时还往里面增加新的来信。 让我感到高兴的是，有很多残疾读者也写信给我，说我的书点亮了他们的生活。 这本书在英国受到了热忱的欢迎，《旁观者》杂志更是给了好评。 不过我相信，这本书之所以受欢迎，是因为我从头至尾没有想要哗众取宠。 我的初衷是把旅行的经历写给朋友们看，而正因为我抱着这样的心态，才能把这本书写好。 我陶醉于写这本书的过程，就像我陶醉于那次旅行。

1886年快要结束的时候，我的生活一片阴暗。 我原本是一个幸福的、无忧无虑的年轻人，把身边的人都照顾得很好，可是这种生活结束了。 我被独自留在了这个世界上。 母亲和弟弟在十一月份相继去世，只隔了几天，而当时的我因为严重的伤寒，正卧床不起。 也许这样也算幸运吧，我不能动，也就感觉不到这灾难的千斤重压。

我第一次病倒是在从东部回到小木屋之后。 我们的小木屋位于阿勒格尼山顶的克雷森泉，母亲和我在那里度过了很多个快乐的夏天。 离开纽约的一两天前，我就感觉很不舒服。 回到小木屋后，我请来了一位内科医生，医生诊断为伤寒症。 我又派人从纽约请来了丹尼斯教授，他也证实我确实得了伤寒症，并马上为了安排了护理医生和受过培训的护士。 很快，母亲也病倒了，身在匹兹堡的弟弟也生病了。

我感到非常绝望，情绪变得很低落，整个性情都好像发生了变化。 我变得顺从，沉迷于沉思，感觉不到一丝病痛。 人们一直没有向我透露母亲和弟弟的病情。 当我得知两位已经离我而去时,我总觉得,我就应该随他们一起去,因为我们从来没有分开过,为什么现在要天人永隔呢? 可是命运却另有安排。

我慢慢康复,也开始考虑自己的未来。 关于未来,我只能看到一线希望和一点点安慰,而且我的思想总会跑到那里去。 我已经认识路易斯·惠特菲尔德好多年了。 她母亲允许她与我在中央公园里骑马,我们都很喜欢骑马。 当时我也在考虑其他的女士。 当时我有很多好马,经常在公园或者纽约周围与某位女士一起骑马。 不过到最后,其他的女士在我眼里都变成了很普通的人,而惠特菲尔德小姐是我见过的最完美的女士。 最后,我不得不承认,她通过了我给众多美丽女士的最高形式的考验,而且是唯一一个过关的人。 我建议年轻人在做出择偶决定前,也尝试一下这样的考验。 如果他们真的能够相信下面的话[莎士比亚的《暴风雨》一剧中费迪南德与米兰达的对话],就像我一样,那么就万事无忧了:

"多么完美的一位女士
我眼睛看到的都是最好的方面:
我喜欢过很多女士,因为她们有很多美好的品德
可是没有一个像她一样拥有丰满的灵魂,某方面的不足总是破坏了她最高贵的优雅,
她的优雅成了那一点不足的陪衬;可是你,哦你,
你是那么地完美,那么地无与伦比
是造物主最好的作品。"

我在心里重复着这些话。 今天,在和她一起生活了二十年之后,如果我能找到更好的话,我一定会用来赞美她。

我的求爱不是很成功。 那时候她身边不乏追求者,而且他们

更年轻。 同时，我的财富和对未来的计划成了我的绊脚石。 我很富有，拥有一切，所以她感觉自己对我没有太大的作用或帮助。 她的理想是遇到一个年轻的、正在奋斗的年轻人，并成为能帮助他的、不可或缺的配偶，就像她的母亲和父亲一样。 她父亲在她二十一岁的时候去世，从那以后，照顾家里的责任大部分都落到了她的肩上。 现在她已经二十八岁，对生活也形成了自己的看法。 她偶尔会对我很友好，我们也保持通信。 可是，在一次回信中，她说，她必须要放弃接受我的想法。

一等到我的身体能够移动了，丹尼斯教授和他的夫人就把我从克雷森接到了他们纽约的家里。 我在那里住了一段时间，丹尼斯教授亲自照顾我。 惠特菲尔德小姐来到丹尼斯教授家看我，因为在克雷森时，我在有力气写信的第一时间给她写了信。 现在，她看到我需要她了，因为在这个世界上我是孤身一人，她在很多方面都可以成为能够帮助我的"配偶"，所以她非常乐意嫁给我，就这样，我们定下了结婚的日子。 1887年4月22日，我们在纽约结婚，并在怀特岛度过了我们的蜜月。

怀特岛上的野花让惠特菲尔德小姐特别高兴。 她曾经听说过流浪的威利、三色堇、勿忘我、报春花、野生百里香，还有其他让人感觉舒适的名字，但是在蜜月之前，这些对她来说只是名字而已。 任何事物都让她陶醉。 劳德舅舅和我的一个表弟从苏格兰来看我们，我们随后来到他们为我们选择的、位于基尔格雷斯顿的一处地方度过夏天。 苏格兰深深吸引了她。 这一点我丝毫不怀疑，因为她小时候读的很多书都是关于苏格兰的，苏格兰小说和"苏格兰将军们"都是她的最爱。 她很快成了比我还厉害的苏格兰通。 所有这一切都让最美好的梦想——实现了。

我们在邓弗姆林待了几天，度过了一段非常开心的时光。 我带她去了自己童年经常去的地方，这里的人把我童年的所有经历都讲给她听。 她听到的都是对自己丈夫的溢美之词，这让我与她有了一个好的开端。

我们向北前行，在经过爱丁堡的时候，我获得了爱丁堡荣誉市民称号，罗斯伯里勋爵发表了演讲。爱丁堡有很多的人。我在那里最大的会堂里向工人们发表了演讲，并收到了工人们送的礼物。卡内基夫人也收到了礼物，是一枚她非常看重的胸针。她欣赏了无比炫目的风笛表演，央求说我们家里应该请一位风笛手，每天早上可以用风笛把我们唤醒，还可以在我们吃饭的时候演奏。她虽然骨子里是美国，而且是康涅狄格州的清教徒，但是她却说，如果被判刑并发配到一个无人小岛上，能带的乐器只有一种的话，她会选择风笛。我们很快就选好了一位风笛手。他上门拜访，并出示了克鲁尼麦克弗森颁发的证书。我们聘请了他，然后由他在前面吹风笛，带着我们走进基尔格雷斯顿的房子。

我们在基尔格雷斯顿过得很开心，尽管卡内基夫人一直很期待能住在一个更大、更宽敞的位于高地上的房子里。马修·阿诺德来拜访了我们，还有布莱恩夫妇、尤金·海尔议员和他的夫人，还有很多的其他朋友。卡内基夫人喜欢把我的朋友从邓弗姆林请来做客，特别是叔叔伯伯和姨妈们。她的魅力征服了所有人。他们都很惊讶我娶到了这样一个女孩，而我告诉他们，我同样也很惊讶。所以，很明显我们的缘分是天注定的。

从苏格兰回到纽约时，我们把那位风笛手也带了回来，还带回了管家和一些仆人。尼科尔夫人现在依然还是我们的管家，已经在我们家忠实地服务了二十年，我们已经把她当成家里的一分子了。一年后，家里又请了一位男管家乔治·欧文，现在依然和我们在一起。仆人玛吉·安德森也依然陪在我们身边。他们都是很有献身精神的人，有着高尚的品格，非常地忠诚。

第二年，我们受邀住到了克鲁尼城堡。正是我们的风笛手向我们讲述了这座城堡，因为他就是在那里出生并长大的。或许正是受了他的影响，我们选择了那个地方，在那里度过了很多个夏天。

1897年3月30日，我们迎来了女儿。当我第一眼看到那个孩子，夫人就对我说，

"她的名字叫做玛格丽特，像你的母亲一样。现在，我有一个请求。"

"是什么，路儿？"

"我们有了小女儿，应该选一个夏天避暑的地方了。不过我们不能租，因为那样的话，我们不得不在规定的时间搬进搬出。我们应该选择一个可以成为家的地方。"

"是的，"我表示赞同。

"我只有一个要求。"

"是什么？"

"避暑的房子必须选在苏格兰高地。"

"上帝保佑你，"我回答道，"我觉得很合适。你知道我要住在阳光不是很强的地方，还有比住在靠近欧石南的地方更好的选择吗？我负责去打听，有了消息再告诉你。"

最终，我们选择了斯科博城堡。

二十年过去了。二十年前，在母亲和弟弟去世后的几个月，卡内基夫人来到我的生命里，并改变了我的生活。和她在一起的日子里，我非常地幸福。我不能想象，如果没有她的陪伴，我会是什么样子。当她通过了费迪南德的考验时，我以为我已经足够了解她了，但其实我只看到了她的某些品质，并不知道原来她是那么纯洁、高尚和聪慧。与我结婚以后，我们的生活积极向上，千变万化，晚年的时候还受到公众的关注，但是无论我们遇到什么样的状况，无论与任何人打交道，包括我的家人和她的家人，她都出色地扮演了一个外交家和和事佬的角色。有她在的地方总是充满了和平与善意。在极少数需要英雄出场的时候，她也能很

快意识到这一点，并做出很英勇的行为。

　　这位和事佬一生中从来没有和别人争吵过，就算和同学也没有发生过口角。每一个见过她的人都不会对她的待人接物有一丝一毫的抱怨。这并不是说她不能欣赏最美好的东西以及避免不好的东西，她其实是最挑剔和讲究的人。但是，头衔、等级或者社会地位丝毫不能影响她对别人的态度。她不知道如何粗鲁地行事或说话，因为她的行为举止都很有品位，她也不会轻易降低自己的标准。她最好的朋友们也是非常优秀的人。她总是想要去做对身边的人有益的事情，比如事先安排好这件事或那件事，以防万一；比如做出明智的安排或准备好礼物，好给自己的合作伙伴一个惊喜。

　　我不能想象如果没有她，自己要怎么度过这二十年，我也忍受不了在她去世后苟活在这世上。从自然发展的规律来看，我会在她之前去世，但是一想到她变成孤单一人，需要照料那么多事情，却没有一个男人在她身边，帮她做决定，这让我感到非常痛苦，有时我甚至希望代替她忍受这份痛苦。不过她有可爱的女儿陪在身边，也许这会让她的生活变得容易承受一些。而且，比起父亲，玛格丽特更需要自己的母亲。

　　为什么，哦，为什么？既然我们已经在这个星球上找到了天堂，为什么要被迫去向一个未知的地方？！杰西卡的诗可以表达我的想法：

　　　　这是合理的
　　　　巴萨尼奥勋爵应该过正直的生活；
　　　　因为，他拥有一位那么可爱的女士，
　　　　他在这个星球上找到了天堂般的快乐。

十六　工厂和工人

　　我在伦敦学到的关于钢铁行业的一个非常重要的经验是，一个工厂应该有所有的原材料，并能够独自完成整个产品。解决完埃德加·汤姆森工厂的钢轨问题后，我们开始进行下一步。我们没有比较容易和稳定的生铁供应，所以不得不建造自己的高炉。三座高炉陆续建起来，但是其中一座是改装的，原高炉是从埃斯卡诺巴铁公司买来的，也就是克罗曼曾经有联系的那一家。跟平常的情况一样，这个改装的高炉花费的成本跟买一个新的是一样的，而且它不可能像新的一样运作。没有比从低级工厂购进的产品更让人不满了。

　　直观考虑来看，购买这个高炉是一个错误，不过过了一段时间，这座高炉却给我们带来了巨大的利润，因为它足够小，正好可以用来生产镜铁，后来还用来生产锰铁。在美国，我们是第二家可以自行生产镜铁的公司，而且很多年以来，都是美国唯一一家生产锰铁的公司。以往，我们必须依靠外国进口来满足对这一重要原料的需求，每吨的价格高达八十美元。利用这个小高炉来生产锰铁的想法要归功于高炉经理朱利安·肯尼迪，是他建议利用手头能利用的矿石来生产锰铁。这个实验很值得尝试，而且最后也获得了巨大的成功。最终，我们能够满足全美国的锰铁需求，价格也从八十美元降到了五十美元每吨。

在勘探弗吉尼亚的矿石时，我们发现欧洲人正想暗中购买这些矿石，用于生产锰铁，而矿藏的所有者以为欧洲人要用于其他用途。菲普斯先生马上着手把那一处矿藏买下来。他从所有者那里获得了购买权，这些所有者既没有资本也没有技术来有效地利用这一处矿藏。我们给他们（其中，年轻有为的戴维斯先生成为我们的合伙人之一）出了非常高的价格，然后成了矿藏的所有者。不过，我们先对矿藏进行了全面的考察，确保这里有足够的锰矿石能让我们赚回成本。所有的事情都很快完成，一点时间都没有耽误。这件事情揭示了合作关系与公司体制相比的优势所在。公司体制下的总裁必须要先跟董事会的人商谈，等待几个星期甚至几个月，才能等到结果。如果是这样，矿藏可能早就成了其他公司的资产了。

我们继续发展高炉工厂，每一个都比前一个有更大的提高，直到最后制造出我们认为很标准的高炉。小细节上的改善当然还是需要的，但是到目前为止我们已经有了一个完美的工厂，也已经有能力在一个月内生产五万吨生铁。

建立起新的高炉后，我们马上开展对于迈向独立和成功至关重要的另一步。上等焦炭的供应量是固定的，仅限于康奈尔斯维尔矿区。我们发现，如果没有熔炼生铁所需要的最重要的燃料，我们根本没有办法进行下去。经过全面的调查，结论是：弗里克焦炭公司不仅有最好的煤和焦炭，弗里克先生本人还是一个管理方面的天才。他已经证明了自己的能力，因为他一开始只是铁路部门的文员，后来一步步成功。1882年，我们买下了这家公司一半的股份，后来又陆续购买了其他股东的股份，从而成为这家公司股份的最大持有者。

接下来唯一需要的就是找到铁矿石的供应源。如果能做到这一点，那么欧洲就只有两到三家公司可以与我们平起平坐了。我们一度以为可以在宾夕法尼亚找到这个链条上的最后一环，却错误地投资在了帝龙地区。 勘探和使用那些矿石让我们损失了很多钱。 我们在矿藏的边缘找到了很好的矿石，因为长年的风吹日晒已经把矿石中的杂质吹走，让它得以浓缩。 可是当我们向里面深入勘探时，却发现这些矿石太贫乏，根本没法用。

那个时候，我们的化学家普若瑟先生被派到了宾夕法尼亚的一处高炉厂，是在我们租赁的小山里。 他要按照指示分析当地所有的资源，然后鼓励人们给他找更多的标本。 有一个例子足以证明化学家是令人敬畏的，那就是，他很难在当地找到一个合格的人来做实验室的助手。 人们怀疑他在和邪恶力量对话，因为他能用看上去很可疑的仪器告诉你石头的成分。 最后，我们不得不从匹兹堡的办公室派一个人给他当助手。

有一天，他发给我们一份分析报告，是一种不含磷的矿石。这是一种非常适合生产贝西默钢的矿石，这一发现马上吸引了我们的注意力。 这处矿产的所有者是摩西·汤普森，他是一个农场主，在宾夕法尼亚的中央镇拥有七千亩最秀丽的土地。 我们和他约定在矿石发现的地方会面。 通过他，我们了解到，这处矿藏在五六十年前就曾被用于一座木炭高炉，只是那时候它的声誉不是很好，原因无疑是，这里的矿石比其他的要纯得多，所以相同的量在熔炼时就会出现问题。 在过去，如果矿石太纯了，有时反而就一无是处了。

我们终于在六个月内获得了矿藏的所有权，并开始了检测工作。 任何一位矿藏购买商都应该认真对待检测这一项重要的任务。 我们每隔五十英尺沿着山边划一道线，每隔一百英尺划正交线，然后在每一个交界处放一个杆子。 我觉得我们应该一共放了八十个这样的杆子，然后一寸一寸地对矿藏进行深入检测。 所以，在为这个矿藏支付十万美元的时候，我们已经准确地知道这里的矿石的质量了。 结果比预期的还要好。 借助我的表弟兼合伙人劳德先生的能力，开采和洗矿石的成本被压到一个很低的数字。 于是，斯科舍矿石创造的利润弥补了我们在其他矿藏上的损失，还产生了额外的利润。 通过这个工程，我们至少在多次失败之后获得了一次胜利。 我们在自己的化学家的带领下"开疆辟土"，下定决心找到原始材料，并在这条道路上坚持不懈。

我们失败过，也成功过，但是商业上的成败只在一线之间。 有一天，我和菲普斯先生一起开车离开工厂，路过了位于匹兹堡佩恩大街的国家信托公司办公室。 我注意到，办公室的窗户上有几个大大的镀了金的字，写的是"股东有限责任"。 那个早上，在看一份关于公司事务的文件时，我已经注意到，我们在"国家信托公司"有二十股股份。 我对哈里说：

"如果我们在这家企业有股份，那么你能不能在下午回办公室前把那部分股份卖掉？"

他认为没有必要着急，觉得我们有时间慢慢处理。

"不，哈里，帮帮我，马上把它卖掉。"

他照做了，然后拿到了钱。 我们确实很幸运，因为没过多久，那家信托银行就因为严重赤字倒闭了。 我的堂弟莫里斯先生是受到严重损失的股东之一。 很多的其他股东也遭遇了同样的命运。 那段时间真让人恐慌，如果我们对国家信托公司的所有债务都要按股东有限责任来承担的话，我们的信誉无疑会受到严重的损害。 这一次真的是九死一生。 而且我们还用这二十股帮助了那些希望我们成为他们股东的朋友们。 这个教训是不能忘的。 商业里的一个明智的原则是，当你有剩余资本时，你可以去帮助其他人，但是不能交出你的名字，不管是以担保人的身份，还是作为承担有限责任的公司成员。 也许你觉得自己只是投资了区区几千美元，但是这几千美元可能有致命的、爆炸级的力量。

很明显，在不久的将来，钢会迅速地取代铁。 即使在肯斯通桥梁公司，钢的使用率也多于铁，并在慢慢取代铁。 曾经无敌的铁就要被无敌的钢取代了,我们越来越依赖钢。 大概是在 1886 年,有人向我们提议说,匹兹堡的五六家企业共同合作,在霍姆斯特德建立了钢厂,而现在他们愿意把钢厂卖给我们,于是我们决定在埃德加·汤姆森工厂旁边建立新的工厂,负责生产各种形状的钢。

这些工厂本来是一个由制造商组成的财团建立起来的,目标是为他们经营的各个行业提供必要的钢,但是当时的钢轨行业正处于蓬勃发展的阶段,于是这个财团也被吸引,转而建起了一个钢轨厂。 只要钢轨的价格高,他们就可以一直运营下去,可是问题在于:最初建厂的初衷并不是制造钢轨,所以工厂欠缺提供生铁所必不可少的高炉,也没有焦炭矿藏作为燃料来源。 他们根本没有办法和我们竞争。

购买这些工厂对我们来说是有利的。 我觉得只有一种方法可以让我们与厂主们达成一致,那就是提议他们与卡内基兄弟公司合并。 合并建立在平等的基础之上,他们投入了多少,我们就给他们多少。 有了这个基础,我们的合并方案很快就确定下来。我们让各方自己选择要不要接受现金。 非常幸运的是,所有人都选择这么做,除了乔治·辛格先生。 他依然选择与我们在一起,而且我们彼此对后来的发展结果都很满意。 辛格先生后来告诉我们说,在合并前,他的同事们都非常焦虑,不知道怎样才能完成我所说的合并方案,但是当我提出了平等的基础条件时,他们都无话可说了。

由于这次收购,我们需要公司重组。 1886 年,名为卡内基-菲普斯有限公司的新公司成立,负责运营霍姆斯特德钢厂。 威尔森-沃克有限公司被卡内基-菲普斯有限公司收购,沃克先生被选为公司主席。 我的弟弟被选为卡内基兄弟公司的主席,管理公司名下所有其他产业。 我们在业务上的又一次扩展是在比弗福尔斯成立了哈特曼钢厂,负责把霍姆斯特德钢厂的产品加工成上百种不同形状的产品。所以，截至那个时候，我们可以生产几乎所有的钢制品，小到一个铁钉，大到二十英寸的钢梁。那时，我们觉得已经没有我们未覆盖到的新领域了。

如果罗列一下1888年到1897年期间我们的业绩，应该是一件很有趣的事情。1888年，我们投资了两千万美元，而1897年，投入增加了两倍多或者超过四千五百万美元；1888年，我们的年生铁生产量为六十万吨，而1897年产量达到两百万吨，翻了三倍；1888年，我们的钢铁制品的日生产量为两千吨，到1897年，日产量已经超过了六千吨；1888年，我们的焦炭工厂有大概5000个炉灶，到1897年，炉灶增加了两倍，日产量也从六千吨增加到一万八千吨。1897年，我们的弗里克焦炭公司拥有四万两千英亩煤矿，比康奈尔斯维尔矿区多出三分之二还要多。从现在算起，十年之后的增长速度也许依然非常迅速。也许我们可以得出一个客观规律：在一个像我们一样的发展中的国家，一家制造公司如果不再扩张，那它就开始走下坡路了。

生产一吨钢需要开采一吨半的铁，开采结束后，一吨半的铁矿石通过铁路被运送到一百英里以外的五大湖区，再换成船，转运几百英里，再换成车，最后再通过铁路运送到一百五十英里外的匹兹堡；生产一吨钢还需要一吨半的煤，开采后制成焦炭，用火车运送到五十多英里外的地方；生产一吨钢还需要开采一吨石灰石，运送到一百五十英里外的匹兹堡。既然钢的制作流程如此复杂，那么为什么我们能以三磅两美分的价格出售，却依然能赚钱呢？关于这一点，我必须得承认我觉得非常不可思议，不能算是奇迹，但是也差不多。

美国很快就要从最昂贵的钢制造国转变为最便宜的。北爱尔兰的贝尔法斯特船厂也已经成了我们的客户。但是这只是开始。在目前的状况下，美国能够像世界上的任何其他国家一样以廉价成本生产钢，虽然劳动力的价格是非常高的。不过，如果机械领域的工作能让人感觉自由和满足，充满热情，在提供服务的同时也在收获酬劳，即使价格昂贵，那也算得上是最便宜的。

美国在世界市场上有一大优势，那就是她的制造商有最好的国内市场。 有了这一优势，制造商们的资本就有望获得回报，剩余产品也可以在出口时占优势，尽管在出口时所有产品都要被收取出口税，出口价格仅能抵消实际生产成本。 如果一个国家有强大的国内市场，而且产品又满足各项标准，就拿我们做例子，那么国产品牌很快就能比进口商品更畅销。 在英国的时候，我用"剩余法则"这个短语来形容这种联系，后来这个说法在商场上被广泛利用开来。

十七　霍姆斯特德罢工

谈到我们制造业的利益问题，我也许应该提一下发生在1892年7月1日的、美国历史上工厂和工人之间一次非常严重的争吵。事情发生时，我在苏格兰高地。二十六年以来，我一直积极协调着我们和工人的关系，我一直骄傲地认为我们之间的关系是令人舒适和满意的。我希望我能担当得起我的主要搭档菲普斯先生在这方面对我的维护。《纽约先驱报》声称说，霍姆斯特德罢工期间，我一直在国外，没有马上飞回来支持我的搭档们。菲普斯先生在1904年1月30日给《纽约先驱报》的回信中这样说，"卡内基先生一直以来都致力于向工人的要求让步，不管工人的要求多么不合理"，所以，我的一两个搭档不想让我在这个时候回来。与自己的员工成为朋友，而不是仅仅拿创造的经济价值来判断员工价值，这让你有种得到回报的感觉。但是，撇开这些不考虑，我认为如果工人尊重自己的雇主，时常感到快乐和满足，那么更高一点的薪水将会是一项好的投资，确实会带来丰厚的利息。

因为贝西默的平炉设计和基础发明，制钢工艺发生了革命性的变化，过去使用的机器也随之过时。意识到这一点后，我们公司耗资几百万美元在霍姆斯特德重整并扩建了工厂。与旧机器相比，新机器的钢产量增加了大约百分之六十。二百一十八个吨位工人（意思是说，工人按生产的钢的吨位领取工资）签署了三年的合同，从去年开始，有一段时间已经开始使用新机器。于是，在合同结束前，他们的收入也增加了接近百分之六十。

公司向工人们提出，根据以后定制的新的工资核定标准，分割这多出来的百分之六十的收益，也就是说，按旧的工资标准，工人的工资上浮百分之三十，另外的百分之三十将由公司用来支付改善技术的费用。工人们的工作不会比以前更辛苦，因为改良过的机器帮助他们做了最繁重的工作。这样的提议不仅是公平合理的，而且是很慷慨的，在一般情况下，工人们会心存感激地接受。可是，那个时候公司正忙于为美国政府生产装甲，我们已经两次拒绝生产装甲，但是政府迫切需要。我们还签订了合同，需要为芝加哥博览会提供材料。得知这些情况后，工人中的一些领头人借机要求公司把全部的百分之六十给工人，认为可以逼迫公司满足他们的条件。但是公司是不会答应他们的要求的，因为他们的做法就像是掐住一个人的脖子，然后对他说："你就站着承受吧。"公司很义正辞严地拒绝了他们的要求。就算当时我身在美国，我也不会对这种近乎敲诈的行为做出让步。

在这之前，公司与工人的关系都是很正常的。当与工人产生分歧时，我的原则是耐心地等待，与他们讲道理，向他们证明其要求的不合理性，但是永远不会尝试雇用新人来替换老人，永远不要。霍姆斯特德的主管得到了三千工人的保证，说他们会继续运转工厂，可是这三千人与这次的纠纷无关，他们只是急于要摆脱掉已经团结在一起的那两百一十八人。这个小工会拒绝接纳其他部门的人，只有制钢的"加热工"和"滚轴工"有资格进入。

我的搭档们被这位主管误导了，而主管本人其实自己也被误导了。他在处理这种事情上面没有多少经验，因为他是最近才从下级职位调上来的。提出不合理要求的工会工人占少数，其余的三千人都认为工会工人的要求不合理，所以主管很自然地认为局势没有那么恶劣,工人们会遵守以前的承诺。但是,据我收到的报道来看,那三千人中,有很多人能够而且想要替代那两百一十八人。

如果回头看,我们可以很容易地意识到,永远不要走最关键的一步:开工。公司唯一需要做的就是对工人们说:"既然产生了纠纷,那么你们自己必须要解决这个问题。公司已经向你们提出了一个相当慷慨的提议。等到你们内部解决了这次纠纷,我们再开工。与此同时,我们会保留你的岗位。"或者,如果主管对那三千人这样说,也许会更好些,"好,如果你们愿意在没有任何保护的情况下来开工的话。"这样一来,公司就把保护自己的责任交给了这三千人,让他们与那两百一十八人对立起来。不过工人们并没有这么做,而是采取了明智的方法(我认为是州政府官员格外谨慎的安排):治安官带着保安保护三千工人不与二百一十八人发生冲突。工会工人的领袖们都是暴力的、具有攻击性的人,他们有枪,而且能够为上千人产生威慑,这一点随后得到了证明。

我在这里引用我们的书面法则:"我的观点是公司必须要坚定地让任何工厂的工人停工,然后与工人们自由地协商,耐心等待,直到他们决定回来开工,永远不要尝试用新人,永远不要。"最优秀的人,特别是最优秀的工人不会是那些在大街上走来走去找工作的人,因为一般来说只有差的工人才无所事事。我们想要的工人是那种不允许自己丢掉工作的人,即使是在经济最不景气的时候。同时,让新人进入一个现代化的钢厂,然后成功运作复杂的机器,这是不可能的。如果我们聘请了新人,那么成千上万想要在这里工作的老员工就不会再积极地支持我们的政策,因为工人总是会憎恨新人。谁又能怪他们呢?

不过,如果我当时在美国的话,也许我也会被说服,像主管想要做的一样,让工厂开工,从而考验一下老员工是不是会遵守承诺，回来开工。但是值得注意的是，我的搭档们让工厂开工，不是应新人的要求。相反，当我一回到美国，就得知上千名老员工希望工厂开工。这是非常关键的一点。虽然我的搭档们尝试了主管推荐的试验，但是他们不应该因此受到责备。因为，他们并没有违背公司的原则，那就是不聘用新人，等待老员工的回归。至于罢工工人枪击治安人员后的第二次开工，我们在回顾的时候，可以这样说，"如果能等待老员工投票支持开工，就更好了"，但是与此同时，宾夕法尼亚的地方长官已经出动八千名军人控制了局面。

罢工发生的时候，我正在苏格兰高地旅行，直到事情发生的两天后才听到消息。可以说，在我的一生中，不管是在此之前还是之后，没有比这更让我受伤的。在我的职业生涯中，只有霍姆斯特德罢工事件给我留下了剧痛。其实，这一切原本就没有必要发生。这些罢工的工人是大错特错。在新设备的帮助下，根据新的工资核定标准，这批罢工工人每天可以赚到四到九美元，比机器改良前增加了百分之三十。在苏格兰时，我收到了工人工会官员发给我的以下电报：

"好心的先生，告诉我们您想怎么做，我们会帮您完成。"

他们的话让我非常感动，可是，唉，太晚了。事端已经造成，工厂也已经被州长控制，太晚了。

在国外时，我从熟悉状况的朋友那里收到了很多善意的信息。他们担心我会不开心。下面这封信来自格莱斯顿，我非常感激他：

我亲爱的卡内基先生：

很久之前，我妻子已经对您善意的祝贺表达了我们两人的谢意，但是我不能释怀的是，您现在一定正饱受焦虑之苦。您为了把富人们引领到一条更进步的道路上作出了巨大的努力，可是现在却受到了责难。我也许可以帮助您从记者的责难中解脱出来，因为他们的责难经常太轻率，太自负或者说吹毛求疵，而且是不怀好意的。我能做的非常少，但是我还是要告诉您，我非常确定，每一个认识您的人都会不遗余力地对您抱有信心，相信您大度的观点，丝毫不会减少对您所做的伟大工作的钦佩。

现在，财富像一个怪兽，威胁着想要吞噬人们的道德，而您用自己的言行教训他，让他吐出来。作为个人，我谢谢您。

相信我

您忠实的

（签字）W.E.格莱斯顿

我把这封信放在这本书里，以证明格莱斯顿先生的大度和具有同情心。他对任何值得同情的事物都很敏感，会同情那不勒斯人、希腊人、保加利亚人，也会同情一个生病的朋友。

当然，大众并不知道我在苏格兰，对霍姆斯特德最初的事端一无所知。卡内基工厂里有工人被杀了，而我是工厂的负责人，这一点就足以让我在接下来的很多年里成为公众人物。不过，还是有一些让人欣慰的事情发生的。汉纳议员是全国公民联盟的主席，这个联盟由资本家和工人组成，能够对雇主和雇员产生好的影响。联盟副主席，尊敬的奥斯卡·施特劳斯邀请我到他家里吃饭，并会见联盟的官员们。在约定日期到来前，主席马克·汉纳突然去世。他是我毕生的朋友，也是克利夫兰前特工。我如期参加了那次晚宴。在晚宴快结束的时候，施特劳斯先生起身说，联盟已经在考虑寻找汉纳先生的接班人，而他必须说的是，每一个给予反馈的劳工组织都支持我就任这个职位。在场的人员中有几位就是工人组织的领袖，他们接连起身印证施特劳斯先生的话。

这完全出乎我的意料，而且必须承认，我对此非常感激。更让我感激的是，我受到了工人们的善待。我知道我总是很同情工人们，而且也很关心他们，但是全国各地的情形却完全不是这样的，这要归因于霍姆斯特德工人暴乱。卡内基工厂打算把卡内基先生与工人合理工资的战争公开化。

　　我起身向出席晚宴的官员解释说，我不能接受这一伟大的荣耀，因为我忍受不了夏天的酷热，而且联盟的负责人应该是这样一个人：如果出现突发状况，负责人要克服任何其他问题，出面应对。当时的我很尴尬，但是我还是让大家明白，这是我收到的最友好的礼物，给我受伤的心灵带来了慰藉。发言结束前，我补充说，希望自己有幸被选去替换好朋友在执行委员会的位子，我会很荣幸在那里服务。全票通过。于是我松了一口气，不再纠结于大众认为我应该为霍姆斯特德暴乱和工人被杀负责的想法。

　　我应该感激奥斯卡·施特劳斯先生，因为他一直为我辩护。他读了我早期关于工人问题的文章和演讲，经常把我的话讲给工人们听。联合工会的两位工人领袖，即来自匹兹堡的怀特先生和舍弗勒也出席了晚餐。他们很有能力，而且总是急于用我对待工人的例子来启发他的工人们。

　　为了欢迎我，很多工人以及他们的妻子聚集到了匹兹堡的图书馆会堂。在那里，我向他们做了真挚的致辞。其中我永远记得的一句话大概是，资本、劳动力和雇主就像一个三条腿的凳子，没有先后之分，同样地不可或缺。后来听众跟我热忱地握手，一切顺利。与我们的工人以及他们的妻子再次握手，让我感觉肩上的重担突然轻了很多。但是，虽然事情发生在千里之外，我还是感觉很糟糕。

　　我的朋友，也就是罗格斯学院的约翰·C.范·迪克教授告诉了我一件关于霍姆斯特德罢工的事件：

1900年的春天，我从墨西哥的瓜伊马斯北上，经过加利福尼亚湾，到位于拉诺里拉佛得角的朋友的大农场去，计划着到索诺拉的山上狩猎一个星期。大农场与世隔绝，我料想自己可以见到一些墨西哥人和雅基印第安人，但是让我大为惊讶的是，我见到了一个会说英语的人，原来他是美国人。因为他很孤单，很想找人说话，所以我没等多久就知道了他为什么会出现在这里。他的名字叫做麦克卢基，1892年以前一直是霍姆斯特德卡内基钢厂的一位熟练的机械工。他被称为"能手"，拿很高的工资，结了婚，不仅有房子，还有很多资产。除此之外，他还受到身边人的尊重，被选为霍姆斯特德的市长。

1892年工人罢工发生后，麦克卢基站到了罢工工人的一边，并利用自己市长的身份，下令逮捕了坐轮船前来霍姆斯特德保护工厂和维持秩序的平克顿侦探。他认为自己这样做是完全合理的，因为他跟我解释说，侦探们来的时候荷枪实弹，进犯了他的辖区，所以他有权逮捕他们并卸掉他们的武器。结果，他的命令导致了流血事件，冲突正式开始。

罢工的来龙去脉当然已经是人尽皆知。罢工工人最终失败了。至于麦克卢基，他被控以谋杀罪、制造暴乱罪和叛国罪。我不知道是不是还有其他的罪行。他被迫逃离美国，受伤，挨饿，被司法官员追捕，不得不躲起来，等待暴风雨过去。接着，他发现自己被美国所有制钢工人列入了黑名单，所以他找不到工作。他没有了钱，还遭受了最后一击，因为他的老婆去世了，家就此破碎了。经过了太多变迁，他决定去墨西哥。我见到他的时候，他正在距离拉诺里拉佛得角大约十五英里的煤矿找工作。但是对于墨西哥人来说，他是一个太优秀的机械工了，而他们需要的只是最低廉的劳工。他找不到工作，也没有钱，可以说是山穷水尽了。自然，他跟我讲述自己的不幸时，我很同情他，毕竟他是一个很有智慧的人，也没有过多地抱怨自己的不幸。

我想我当时并没有告诉他自己认识卡内基先生,而且在工人罢工后,与他在苏格兰的克卢尼市待了一段时间。我也没能从卡内基先生那里听到故事的另一半。不过麦克卢基说话很小心,以防话语里透露出对卡内基先生的责备,他只是好几次对我说,如果"安迪"在的话,这些麻烦就不会发生了。他似乎认为"那些孩子们"跟"安迪"相处得很好,但是跟其他一些合作伙伴相处不是很好。

我在农场上待了一个星期,晚上经常见到麦克卢基。离开那里之后,我直接去了亚利桑那州的图森,在那儿偶尔会写信给卡内基先生,并在信里告诉他关于和麦克卢基见面的事情。我补充说,我对麦克卢基的遭遇感到很抱歉,认为他不应该受到这样的对待。卡内基先生马上回了信,在信的页边的空白处用铅笔写着:"麦克卢基需要多少钱,就给他,但是不要提到我的名字。"我马上给麦克卢基写信,告诉他我会给他提供资金,虽然没有提到总额,但是我向他保证,这些钱足以让他能够自立。但是他拒绝了。他说他会自己想办法,用他自己的方法克服困难。这就是美国精神。我禁不住佩服他。

我记得后来我跟索诺拉铁路公司的总经理J.A.诺格尔提到了麦克卢基。不管怎样,麦克卢基在铁路公司找到了一份运作井区的工作,大获成功。一年后,也可能是同一年的秋天,我又一次在瓜伊马斯遇到他,他当时正在铁路公司商铺里监督机器的维修。他改变了很多,而且是向好的方面,似乎很幸福。更让他感到心满意足的是,他给自己找了一位墨西哥裔的妻子。既然他的天空已经一片澄澈,我就渴望告诉他关于我上次提议资助他的真相,这样的话他就不至于对那些被迫反对他的人抱有不公正的看法。所以,离开他之前,我对他说,

"麦克卢基先生,我想告诉您,我提议要资助给您的那笔钱

并不是我的,而是安德鲁·卡内基的。是他提出要帮助你,而我只是中间人。"

麦克卢基非常惊讶,他所能说的就是:

"这就是安迪,不是吗?"

我宁愿冒险把麦克卢基的评价当作进入天堂的通行证,也不愿意用人类发明的其他神学教条。我知道麦克卢基是一个善良的家伙。据说他在霍姆斯特德的资产价值三万美元;他被捕是因为,作为市长和霍姆斯特德男子委员会的主席的他开枪打了警务人员。他不得不放弃一切,远走高飞。

这个故事被出版后,这样一篇讽刺文被登在了报纸上,原因是,我曾经声称把麦克卢基的一些话刻在墓碑上,因为这样就能显示出我对工人们的善意:

"我就是如此"

桑迪献给安迪

哦!你有没有听说安迪想要把什么刻在自己的墓碑上,
当他去世的时候!
不是带着敬意的经文,
却是与宗教信条无关的话——"这就是安迪!"

善良的苏格兰人笑看着这个算不上奉承的墓志铭,
它没有不敬,因为这不是一件应该笑的事情,
不过,他散尽了自己的财富,是个好人,
所以他有权这么做,"这就是安迪!"

我们不会刻一个大大的"D",后面跟上一个破折号①,
这样做很安全,可是毁掉了一个词,
他不想玩弄文字,或说出令人宽心的文字,
他是一个直率的人,所以就要用
"这就是安迪!"

所以,当他去世的时候,我们会特别关照,
按他的要求来写;
我们会在他的墓碑和棺材上刻下:
"带着财富死去,是羞耻的,"他说,我的名字是桑迪,
"他去世了,不再是富有的人"——这就是安迪!

---

① 原文是:That's damned white of Andy! 出现了"damn"这个词。

十八　劳动力的问题

我想在这里记录一些我不得不应对的劳工纠纷，因为其中一些例子也许可以教给人们一个关于资本和劳动力的道理。

制钢厂负责高炉的工人们曾经轮流跟我们讲，如果公司在星期一下午四点之前不能给他们涨工资，他们就弃高炉不顾。可是问题是，这些工人签署的工资标准到年底才失效，也就是说还有好几个月的时间。我认为，如果工人随意撕毁自己签署的协议，那么再次签协议也就没有了意义。不管怎样，我当晚还是搭乘夜班车离开了纽约，第二天一大早就回到了工厂里。

我让主管把负责工厂管理的三个委员会召集起来，因为这件事不光牵扯到高炉委员会，还牵扯到制钢委员会以及冶炼委员会。三个委员会都到场了，当然，我很有礼貌地接待了他们，不是因为礼貌是一个好的沟通策略，而是因为我一直很喜欢会见我的工人们。我可以肯定地说，对工人们了解越多，我越是欣赏他们的美好品德。但是和他们在一起，就像巴里描述与女人在一起一样："上帝无疑创造了一件美好的事物，但是他让女人们的思想里多了点奇怪的想法。"他们有自己的偏见和"让人恼火的东西"，但是我们必须要尊重他们，因为麻烦产生的根本原因是无知，而不是敌意。委员们在我面前坐成半圆，都摘掉了帽子，我当然也摘掉了帽子。这个场面看上去就是一个模范聚会。

我先对着制钢委员会的主席说：

"麦基先生（他是一位戴着眼镜的年老的绅士），我们是不是与您签订了一份今年年底到期的合约？"

麦基先生慢慢地取下眼镜放在手里，然后说：

"是的，先生，的确如此，您没有足够的钱让我们撕毁这份合约。"

"这才是真正的美国工人呀，"我说，"我为您感到骄傲。"

"约翰逊先生（钢轨委员会的主席），我们是不是与您有一份相类似的合约？"

约翰逊先生是一个矮小瘦弱的男人，他谨慎地说：

"卡内基先生，如果我面前放着一份需要签的合约，我会非常仔细地读。如果我不认同里面的条款，我就不会签；如果认同，我就会签，然后遵守合约。"

"又一个尊重自我的美国工人，"我说。

然后我转向高炉委员会的主席，爱尔兰人凯利，并问了他同样的问题：

"凯利先生，我们与您的合约是不是到今年年底到期？"

凯利回答说，他没办法说清楚。他只记得有一张传来传去的纸传到了他这里，然后他就签字了，并没有认真读，也不明白里面到底写了什么。就在这时，我们的优秀但是冲动的主管琼斯突然大声说道：

"我说凯利先生，我当时和你一起读了两遍，而且还一起讨论过。"

"秩序，秩序，船长！凯利先生有权做出解释。我也签署过很多自己都没有读过的文献，比如我们的律师和搭档拿给我的那些材料。凯利先生说他在是这种情况下签了字，那我们就接受他的说法。但是凯利先生，我一直都认为，如果一个人当时签字时很随意,那最好的方法是让他认认真真地履行这份合约的其他条款,并下决心以后绝不再犯。 所以,如果你们能坚持做四个月,等到重新签署协议的时候,这不是很好吗? 你明白吗?"

没有人回答,我站起来说:

"各位高炉委员会的先生们,你们威胁公司说,如果在今天的四点前得不到加薪,就会撕毁合约并离开高炉。 现在还不到三点钟,但是你们要的答案已经有了。 你们可以弃那些高炉不顾。 等那周围荒草丛生,我们再向你们让步。 劳工们面临的最糟糕的日子就是他们打破合约,让自己蒙羞的那一天。 这就是你们从我这里得到的答案。"

委员会的成员们陆续慢慢退出去,搭档们都不说话。 一个为了公事走进来的员工在走廊里遇到了委员会成员们,然后对我们说:

"我进来的时候,看到一个戴着眼镜的男人把一个爱尔兰人推到一边,他叫那个人凯利。 他对凯利说,'你们这些家伙最好从今以后记住这一点,不要在工厂里捣乱。'"

他的话是很认真的。 后来,我从一个文员那里听说了发生在高炉那边的事情。 凯利和他的委员们向工人们走去,工人们肯定也在等着他们,一大群人聚集在那里。 到了高炉厂,凯利对他们喊道:

"回去干活,你们这些无赖,在这里干什么呢? 天啊,我这个小老板受了重重一击。 他不会再奋斗了,要坐下来了。 天呢,我们都知道,他到死都站不起来了。 快去干活,你们这些流氓。"

爱尔兰人以及苏格兰-爱尔兰人很怪异,但是如果你找对了方法,他们就是最容易相处,也是最好的伙伴。 自此以后,凯利成了我忠实的朋友和仰慕者,以前他可是我们中间最野蛮的人之一。 我的经验是,如果你的工人们没有表明立场,也没有对领导承诺会站在他这边，那么这个时候你总要依赖这个庞大的团体，相信他们会做正确的事。他们对领导的忠诚让我们为之骄傲，即使有时候他们的忠诚是错误的。只要工人的心里还尚存忠诚，你就有办法打动他们。他们只是希望被公平地对待。

我们曾经用一种很有意思的方式停止了一次罢工。说到这个，我很遗憾，因为某个部门里的一百三十四个工人秘密结盟，要求在年底加薪，那时距离年底还有几个月。可是那一年发展很不景气，美国的其他钢铁制造商已经在降低工资，这一百三十四人却在这个时候提前几个月发难，威胁说不加薪他们就不工作。他们认为自己一定要坚持自己的要求。竞争对手在降薪，我们不可能加薪，于是工厂就停工了。因为这些罢工工人，整个工厂里的所有部门都停滞下来。在约定时间到来的一两天前，工人们扔下高炉不管，我们陷入了很大的麻烦。

我回到匹兹堡，惊讶地发现高炉的炉火被封住了，这有悖于我们的约定。我打算第二天早上会见工人们，但是工人们派人给我送来了消息，"工人们已经离开了高炉，明天会来见我。"这个欢迎方式真好！我的回答是：

"不，他们不用来见我。告诉他们，我明天早上不在。任何人都可以停工，但是关键是怎么复工。某个晴朗的日子，这些工人会希望工厂复工，而且会到处找人帮他们复工。到那个时候，我会像现在这样对他们说：除非工人答应工厂根据产品出售价格，实行工资浮动制，工厂才会复工。而且，浮动制持续三年，工人不能再提议其他工资核定标准。他们已经提过很多次了，这次轮到我们了。这一次我们就向他们提议一次。"

"现在，"我对搭档们说，"我今天下午会回纽约。不需要再采取进一步的措施了。"

我的回答被送出去没多久，工人们就问今天下午在我走之前，可不可以来见我。

我回答说:"当然可以!"

他们来了。 我对他们说:

"各位先生,你们的主席贝内特先生向你们保证说,我会出现,并通过某种方法帮你们解决问题,就像我一直以来做的一样。 这不假。 他还告诉你们,我不会打斗。 这也是真的。 他是一个真正的预言家,但是他给你们传达的信息有一点错误。 他说我不能打斗。 先生们,"我直直地看着贝内特,握起拳头并举起来,"他忘记了一点:我是苏格兰人。 但是我想告诉你们的是,我不会与你们争吵。 除了与自己的劳工打斗,我知道更好的办法。 我不去打斗,但是我可以打败任何一个就座的委员。 只有当超过三分之二的工人投票要求工厂复工,工厂才会复工。 开工后,就像我早上所说,所有工人的工资采取浮动制。 我的话讲完了。"

他们退了下去。 两周后,纽约家里的仆人带着一张卡片来到我的藏书室。 我看到上面写着我们两个工人的名字,以及一个牧师的名字。 他们说自己是从匹兹堡的工厂来的,想要见我。

"问问他们三个人是不是高炉工人,有没有违背合约罢工。"

仆人回来说没有。 我回答说:"那么你去告诉他们,我很高兴见到他们。"

我热情地欢迎了他们,以礼相待,与他们坐着聊了一会儿纽约,这是他们第一次来纽约。

"卡内基先生,我们来的目的其实是想谈一谈工厂里的麻烦,"终于,牧师说话了。

"哦,原来如此!"我回答说,"工人们投票了吗?"

"没有。"

我的回答是:

"那么很抱歉,我不想谈论这个话题。 我已经说过了,只有当三分之二的大多数工人投票,我们才会开工。 先生们,你们从来没有参观过纽约,让我带您去第五大街还有公园看看吧,然后我们一点半回来吃午饭。"

我们真的去游览了纽约，无所不谈，但是却避开他们想要谈论的那个话题。 我们玩得很开心，我知道他们午餐吃得很愉快。 美国工人与外国人之间有一个很大的差别：美国人很男人，他们坐下来与其他人吃午饭，就像他生来就是绅士（一般情况下来说，他是）。 这真的很棒。

他们回到了匹兹堡，走之前我们没有再谈关于工厂的话题，但是工人们很快就投票了（反对复工的票数非常少），我再次回到匹兹堡。 我把新的工资标准拿给委员会看，这个标准是基于产品价格的浮动制，使得资本和劳工荣辱与共。 当然了，工人们会有最低工资，保证他们能够满足生活需要。 既然这些工人已经看过这个标准，就没有必要再跟他们赘述一遍了。 主席说：

"卡内基先生，我们同意所有的条款。 现在，"他迟疑了一下，"我们想请您帮一个忙，希望您不会拒绝。"

"先生，如果您的请求是合理的，我当然会答应。"

"是这样的，请您允许工会的官员为工人们签署这些文件。"

"当然可以了！ 我非常乐意！ 然后我也有一个小小的请求，希望你们也不要拒绝。 看在我的面子上，请你们在官员签字后，自己也为自己签字。 贝内特先生，你看，这份工资标准会持续三年，那么有个别工人或者一些工人也许会有异议，认为工会主席没有权利约束他们这么久，但是如果工人自己也签字，那么就不会产生误解了。"

人群沉默了片刻，接着，身旁的一个人小声（但是我听得很清楚）对贝内特说：

"天啊，完蛋了！"

是的，他们完蛋了。 但是我没有采取正面攻击，而是侧面迂回攻击。 如果我不允许工会官员签字，他们就有了抱怨的理由，就会找借口制造事端。 但是如果像现在这样，他们就没有办法拒

205

绝我简单的请求,那就是,让每一个自由独立的美国公民为自己签字。 据我回忆,工会官员其实没有签字,他们本来就应该这么做。 如果每个工人都被要求签字,工会为什么还要签字呢? 除此之外,工人们知道,有了新的工资核定标准,工会就不能再为他们做什么了,于是就不再缴纳会费,工会就此被废弃,后来我们再也没有听说过它〔这件事情发生在1889年,现在已经是二十七年以后了。 浮动制的工资标准再也没有被改变过。 工人们不会去改变它,即使他们能做到,因为他们明白,如我所说,这份标准对他们是有利的〕。

在我为劳工们所做的所有服务中,引入浮动制工资标准是最主要的一个。 这是解决资本和劳工问题的关键,因为它让资本和劳工成为搭档,共享富贵的同时共同承担苦难。 早些年,匹兹堡采用的是每年更改的工资核定标准,但是效果并不好,因为工人和雇主必须时刻为下一年的薪资待遇标准做准备。 对于雇员和雇主来说,没有规定年限的工资标准会好很多。 雇主和雇员必须提前半年或者一年提出加薪申请。 这样的话,一个工资核定标准就可以用上好几年。

资本和劳动力之间的矛盾可能起因于很琐碎的事情。 为了说明这一点,我举两个例子。 当然,这两件事情通过一点看似没什么结果的方式友善地解决了。 有一次我去会见一个工人委员会,因为我认为它提出的要求不合理。 我听说委员会里的人是受了另外一个人的影响,这个人私下里经营一处饮酒沙龙,虽然他同时在工厂上班。 他是一个土霸王,那些清醒的、希望安静干活的工人都怕他,而喝酒的工人都欠他的钱。 他是这次活动真正的教唆者。

我们很友好地会面。 我很高兴见到工人们,对其中的很多人已经熟知,而且可以叫得上名字。 我们在桌边坐下来,工人领袖的座位在桌子的这一端,而我的在正对着的一端,于是我们就面对面了。当我把会议的议题摆在大家面前时候,却看到那个领导从地上捡起帽子,慢慢戴到了头上,意思是威胁我们,表示他要离开。我的机会来了。

"先生,您面前可是一群绅士呢!所有请您也做一位绅士,把帽子拿下了,或者您可以离开!"

我的眼睛死死盯着他。周围沉静了一会儿。那个土霸王迟疑了一会儿,但是我知道,不管他接下来做什么,他都已经被打败了。如果他因为没有脱帽,对与会人员不礼貌而离开,那么他就不是一位绅士;如果他留下来并拿掉了帽子,那么我的指责确实打败了他。我不在乎他会选择哪一条路,因为他只有两条路可以选,而每一条路的结果都是致命性的。他就这样乖乖地把自己交到了我的手里,慢慢地拿下帽子,把它放到了地上。之后他在会上一句话都没有说。后来别人告诉我,他离开了这个地方,而工人们对此非常高兴,因为问题被和谐解决了。

三年制的工资核定标准被提交给工人们后,他们组织了一个由十六人组成的委员会来跟我们协商,最初的进展甚微。我宣布说,手头上的其他事情让我不得不在第二天回到纽约。工人们来询问,是不是可以把委员会的人员增加到三十二个,因为其他人也想加入进来。很明显,对于新的工资标准,工人们之间是有分歧的。我们当然同意了这一提议。于是他们来匹兹堡的办公室见我。会议由我们最好的工人之一比利·爱德华兹开场(我对他印象很深,后来他升到了很高的职位)。他说,工资总额是公平的,但是工资核定标准却不是;对于某些部门来说,这个标准没有问题,但是对于其他部门,却不是特别公平。大部分工人都持有这样的观点,但是当谈到报酬过低这一点时,不出所料,他们中间又出现了不同意见。来自不同部门的人意见没有办法达成一致。比利说话了:

"卡内基先生,我们认为按每吨产品的价格总额来支付薪水是公平的，但是这笔总额在我们之间的分配是不合理的。卡内基先生，你拿走我的工作……"

"安静，安静！"我喊道，"没这回事，比利，卡内基先生从来不会'拿走别人的工作'。拿走别人的工作是对一流工人不可原谅的冒犯。"

大家哄堂大笑，继而开始鼓掌，我和他们一起笑。我们比比利占优势了。当然，这次的纠纷很快得到了解决。很多时候，资本家与工人之间的矛盾与钱无关。对待美国工人，欣赏、善意的对待和公平的交易往往是更有说服力的方法。

雇主其实可以为自己的工人做很多事情，而且成本也不高。在某次会议上，我问他们，公司可以为他们做什么，我记得前面提到的那个比利站起身说，大多数工人到商店买东西的时候都得赊账，因为他们月底才能拿到工资。我清楚地记得他的话：

"我有一个很好的妻子，她帮我把账目打理得很好。我们每个月的第四个星期后下午去匹兹堡市区，以批发价买回下个月需要的日用品，然后把工资的三分之一存起来。但不是每一个工人都能做到这一点。这里的商店收费很高，煤炭的价格尤其高。如果您每两个星期付一次薪水，那么对于节约的工人来说，这与增加百分之十的工资一样，让他们感到高兴。"

"爱德华兹先生，我们就这么做，"我这样回答。

改变工资发放时间增加了我们的工作量，并且需要更多的文员，但这都无关紧要。比利说当地商店收费很高，这一点让我有了一个想法：工人们为什么不能自己开一家合作商店呢？于是我们把这件事情安排下去：公司同意支付商店的租金，但是要求工人们自己持股，并管理公司。于是，布洛克合作社成立，而且在很多方面成为非常有价值的机构，这不仅仅限于让工人们明白了做生意的不易。

关于过高的煤炭价格，我们采取了有效措施：煤炭公司卖煤给工人们，以净成本价向我们收取费用（据别人告诉我，这个价格只是煤炭代理商收取的价格的一半），然后安排人把煤运送到工人家里，所以工人们只需要支付运费。

我们还帮助工人们做另外一件事情。我们发现，工人们对储蓄感到焦虑，因为这些谨慎的工人对银行不是很信任。不幸的是，那个时候美国还没有像英国那样有邮政储蓄银行。我们主动提出帮助每个工人管理他们的存款，如果存款达到两千元，我们就会支付百分之六的利息给他们，以便鼓励他们节约。我们把工人的存款与商业资金分开，放到信托基金里，然后借贷给那些想要自家建房子的人。我认为这是我们能为想要存钱的工人们做的最好的一件事情。

事实证明，这样的一些让步是公司做出的最有回报的投资，从经济角度来说也是如此。如果你想要与工人们的关系能超越一张聘用合同，你必须有所付出。菲普斯说，我"有满足工人需要的极端倾向，不管工人的要求多么不合理"，但是现在回头来看，如果说他们认为我做得很失败，我倒希望我的失败能更严重，因为没有什么支出能够让你得到像工人们的友谊这样好的收益。

我们终于让所有的工人们凝为一体了。我认为这是一个无与伦比的团体，因为最好的工人，或者说最好的人都聚集到了一起。争吵和罢工都过去了。如果当时在霍姆斯特德的工人是我们的老员工，而不是我们不得不逮捕的人，那么就不会有1892年的麻烦了。1889年引入到钢轨厂的工资核定标准一直使用到现在（1914年），我记得从那以后，工厂里就没有再发生劳工不满的事件。就像我前面提到的，工人们解散了工会，因为他们觉得，既然自己已经有了三年的合同，就没有必要付会费给工会了。工会被解散了，但是另外一个更好的联盟取而代之，因为雇主与工人之间成为了友好联盟。对双方来说，这都是最好的联盟。

如果工人们能够赚更多的钱,并且工作稳定,这对他的雇主来说是好事情。浮动制工资核定标准让公司能满足市场的需求,有时候还能获得订单,让工厂得以持续运营,这对于工人们来说是头等大事。高收入是很好,但是它的重要性跟稳定的工作没有办法相比。在我看来,埃德加·汤姆森制钢公司在资本与劳工关系方面是模范企业。据我所知,在我们那个时代,甚至是现在(1914 年)工人们喜欢两班倒多过三班倒,但是三班倒是大趋势。随着社会不断进步,工人的工作时间也在缩短。八小时工作制将成为工作法则之一,也就是说,八小时用于工作,八小时用于睡觉,另外的八小时用于休息和娱乐。

在职业生涯中遇到的很多事情都让我明白,工人问题的根源不仅仅是工资问题。我认为,预防与工人争端的最好方法就是认可工人,对他们给予真诚的关注,让他们感到满足,让他们知道你真的关心他们,并为他们的成功感到高兴。关于这一点,我可以诚恳地说,我一直都很享受与工人们会面的时刻,而且我们的会面不总是与工资相关。我对他们了解得越多,就越是喜欢他们。他们的优点通常比雇主多,而且工人彼此之间都更慷慨。

在资本面前,工人往往是无助的。雇主也许会突然决定关闭店铺,或者某段时间内不再盈利,但是他的生活习惯、饮食、穿衣和娱乐都不会受到影响,不会因为缺乏生活物资而痛苦。与之相反,不断减少的生活物资让工人备受煎熬;他鲜有物质享受,几乎都不能满足妻子和孩子对健康的需求,孩子生病也得不到适当的治疗。所以,我们需要保护的不是资本,而是无助的劳动力。每天开始工作的时候,我脑海里有的不是对劳资纠纷的担忧,内心里充满着对贫穷工人的关心,虽然这些工人有时候被误导,但是他们是善意的。对他们的关心也软化了我的心,只有这样我才能软化他们的心。

1892 年的霍姆斯特德暴乱后,我回到匹兹堡,马上就去工厂里看望了那些没有牵涉进这次暴乱里的老工人们。他们说,如果我在这里,罢工就永远不可能发生。我告诉他们,公司已经给出了很慷慨的提议,我不会超越这些条款。我还告诉他们,在他们的电报到达苏格兰之前,州政府已经带着军队出现在暴乱现场,希望法律得到维护,所以当时的局面已经不在我的搭档们的控制范围之内。我还补充说:

"你们听从了很不好的建议,本应该接受我的搭档们的提议的,因为他们已经非常慷慨了。我不知道如果我在这里的话,会不会如此慷慨。"

听了我的话,其中一个滚轴工说:

"哦,卡内基先生,这不是钱的问题。关键是这些罢工的孩子们愿意让您踢他们,却不愿意让您的搭档们抚摸他的头发。"

情绪在现实生活中的太多事情里发挥着重要的作用,甚至是在与工人阶级打交道的过程中。不了解这些工人的人一般不会相信这一点,但是我很确定,工资纠纷在劳资纠纷中占不到一半的比例。导致劳资纠纷的主要原因在于,雇主缺乏对雇员应有的欣赏和善意的态度。

霍姆斯特德暴乱发生后,公司向很多罢工工人提起诉讼,但是我回来后很快把它们撤销了。所有留下来坚持工作,没有参与罢工的老工人都被接了回来。我从苏格兰发送电报,催促施瓦布先生马上去霍姆斯特德。他那时候刚被提拔到埃德加·汤姆森工厂。接到电报后,"查理"(我们对他的昵称)马上赶回去,并很快恢复了工厂的秩序和和谐。如果他一直都待在霍姆斯特德工厂,那么就不可能发生这么严重的暴乱。"查理"喜欢他的工人们,工人们也喜欢他。但是,霍姆斯特德工厂有一些之前被公司以充分的理由从其他工厂解聘的工人,他们依然对公司抱有不满,暴乱发生后,他们就去其他新的工厂找工作了。

十九　财富的福音

在我的书《财富的福音》出版后，毫无疑问，我应该实践书中的说教，不再努力挣更多的钱。我决定停止财富的积累，开始一项极其严肃又艰巨的任务——财富的恰当分配。当时我们公司的效益已达到每年四千万美元，在我们面前，利润的增长还在不断继续，前景是惊人的。我们的继任者，美国钢铁集团在收购我们之后，很快，一年内净赚六千万。如果我们没有终止生意，按照计划扩张，赚得的利润可以达到七千万。

在当时，制钢业已成为龙头老大，挤垮了所有的次等材料。毫无疑问，这一产业的前途一片光明。但是，就我而言，我深知，在老去之后，我将被最大程度地征税，这是社会财富分配的必然。在这一点上，莎士比亚一如既往地展现了他的神奇的睿智，写出了这样的句子："所以说，财富分配制度应该消除过度占有，这样，每个人都能获得该有的一份。"

就在这个关头，那是1901年3月，施瓦布先生跟我说，摩根先生跟他提起，他非常想知道我是否有意愿引退，如果是这样，他觉得他可以接手我的事业。他还表示，已经咨询过我的合伙人，他们决定卖掉。我对摩根先生的话很动心，告诉施瓦布说，如果我的合伙人想要卖，我没意见。就这样，我们最终把企业卖了。

一直以来，投机分子常使诡计，买入旧的钢铁作坊，哄抬价值，强卖给那些不知情的买家，很多情况下，百元的股票以低价卖出。因此，我拒绝接受普通股股票。如果我这样做，只能得到大约一亿，更大程度上是百分之五的债券，摩根说之后我会得到。这就是我们钢铁公司值的钱。事实表明我本应该要求更多的金额，因为普通股股票每年还有百分之五的分红。但是正如所证明的那样，我有足够的钱让自己比以前更加忙碌，尽力把这笔钱奉献给社会。

我的第一笔回报资金是给工厂里的工人。下文里的信和报纸会具体说明。

纽约，N.Y.，1901年3月12日

刚把事业结束，我就抵押了那百分之五的债券中一部分，四百万美元，用于补偿那些对我的事业和成功做出巨大贡献的工人们，对他们我有深深的亏欠。这笔钱是给那些遭遇了事故的工人补助，也给那些年老后需要帮助的人一些退休金。

另外，我拿出债券中的一百万用来维持我给工人们建造的图书馆和音乐大厅。

作为报答，工人们给我寄来了这样的信：

蒙霍尔，Pa.，1903年2月23日

尊敬的卡内基先生，

我们是霍姆斯特德钢厂的职工，希望通过我们的工会用这种方法向您的善举表达我们深深的感激之情，感激您为我们成立的"安德鲁·卡内基救济基金"。这个基金的第一份年度运作报告在过去的一个月里已经向我们公布了。

您对我们这些员工一直如此关心,语言已经无法表达我们对您的感激。在您各种途径的慈善事业中,我们相信,"安德鲁·卡内基救济基金"是最伟大的。此刻的家园,人类的未来是如此暗淡而又令人心灰意冷,而从您那里,我们懂得了希望和温暖的关爱,又有了重建家园的力量。

致以最崇高的敬意!

委员会成员:

哈里·F.罗斯,滚轴工

小约翰·贝尔,铁匠

J.A.豪顿,计时工

沃特·A.格雷格,电工班长

哈里·丘萨克,调车长

我还收到了放在来自露西高炉厂员工送的银盘和放在盘里的来信。

鉴于安德鲁·卡内基先生为"安德鲁·卡内基救济基金"做出的贡献,为卡内基公司员工谋得的福利,露西高炉全体职工,经会议商定,对卡内基先生卓越和慷慨的捐赠表达他们最诚挚的感谢。此外,大家还热切期盼和祈求卡内基先生长命百岁,幸福安康。

委员会成员:

詹姆斯·司格特,主席

路易斯·A.哈金森,秘书

詹姆斯·戴利

R.C.泰勒

约翰·V.沃德

弗雷德里克·沃尔克

约翰·M.维

不久以后，我就启航去欧洲。和往常一样，我的合伙人送我上了蒸汽船，与我深情告别。但是，不，对我而言，看似不变中已经蕴藏变化！说想说的话，做想做的事，我察觉到改变悄然而至。内心在深深绞痛，再见也满含痛苦，那是另一种形式的告别。

几个月后，我刚一回到纽约，就感到状态不对。但是能看到码头上欢迎我的那些"小伙子们"真是令人激动，还是那帮亲爱的人，却似乎又有些不同。我已经没有合伙人了，但是我的朋友们还在。这很重要，这相当重要。内心还是有点怅然和失落。我现在不得不把自己全身心投入到对我的财富的分配当中，这让我深深地着迷。

某天，我的眼睛无意间扫过一份颇有价值的报纸《苏格兰美国人》，看到一行无比珍贵的话"上帝已将线递与你，助你编织网"。这句话犹如黑暗里的一盏灯，直照入我心底。我决定立刻开始编织我人生的第一张"网"。诚然，上帝用合适的方式送出绳索。纽约图书馆的J.S.比林斯博士成为了我的中间人，将我拨款的四百二十五万美元承诺用于给纽约建设六十八家图书馆分馆。随后给布鲁克林建设超过二十家的图书馆。

正如我所提到的，我的父亲曾经是邓弗姆林的五个先驱之一，他们曾联合起来给那些比较贫困的邻居提供书籍。我曾经跟随他的脚步，给我的家乡捐赠了一所图书馆，由我的母亲为图书馆奠基。这个图书馆是我真正意义上的第一份馈赠。紧接着，我又在阿勒格尼市修建了一座公共图书馆和音乐大厅，那里曾是我们在美国的第一个安家之处。哈里森总统非常贴心地陪我从华盛顿前往阿勒格尼开始这些工程。不久以后，应匹兹堡的请求，我也在那里修建了公共图书馆。后来，从修建图书馆，慢慢地延伸到修建博物馆、艺术展览馆、技术学校,还有为女士们办的玛格丽特·莫里森学校。这些都在1895年11月5日对公众开放。正是在匹兹堡,我创造了人生的财富。虽然我投入了两千四百万在这个城市的公共建设上,但是与这个城市所赐予我的财富相比,我所回报的实在小巫见大巫,而这份回报实在是她应得的。

我所馈赠的第二份大礼物就是创办建造了华盛顿的卡内基研究所。1902年1月28日,我从百分之五的债权中拿出一千万美元,另外又增加了一些,使现金总额到达两千四百万美元。增加的金额由已得的结果记录所决定。自然地,我向西奥多·罗斯福总统[①]征询了意见,是否能够让国务卿约翰·海担任这个机构的会长。他本人是很乐意的。我的老朋友艾布拉姆斯·威特,比林斯博士,威廉姆·E.道奇,伊莱休·鲁特,希金森上校,D.O.米尔斯,S.韦尔·米切尔等可以协助他担任理事。

当我把这些伟大人物的名单拿给罗斯福总统过目时,他表示"不可能再有第二份这样的名单了"。罗斯福总统非常支持研究所的成立,并在1904年4月28日,以国会法案的形式通过:

> 集结政府、大学、学院、技术学校、学术团体和个人等各方力量,通力协作,以各种形式,促进知识的探索、发展和应用,以帮助人类社会进步;尤其是要指导和帮助科学、文学和艺术等各个领域的探索研究。

我要感谢比林斯博士帮我选择丹尼尔·C.吉尔曼博士担任第一任主席。几年后,丹尼尔博士去世了。比林斯博士又推荐了罗伯特·S.伍德沃德继任主席,后者现在享有极高的声誉。愿他

---

① 下文提到的罗斯福总统都是指西奥多·罗斯福总统,不是富兰克林·罗斯福总统。

能带领研究所一直走下去！研究所的辉煌成就通过它的出版物已是众所周知，这里无须赘述。然后，我还是想要提它的两个独一无二的项目。其中之一是世界范围的项目。一艘名为"卡内基"号的木青铜船，在全世界航行，以修正过去那些错误的航海图。研究发现，由于指南针的变更，很多的海洋考察出现了误导。青铜没有磁性，而钢铁具有很强的吸磁性。早前的航海图是错误的。最显著的例子就是，冠达邮轮的一艘蒸汽船在亚速尔群岛附近搁浅。"卡内基"号的彼得船长认为对这个事故进行调查是很明智的。检测发现，这艘走霉运的蒸汽船船长是按海事地图的航线进行航行，他不应该承担责任。原先的航线是错误的。这个因为指南针的变更而导致的错误迅速得到纠正。

给那些乘船下海的国家的纠错报告数量巨大，上面只是其中一例而已。他们的感谢就是我们最好的回报。我正是想通过这一回馈行动，表达我最深切的希望，希望我们年轻的一代某天能够回报这个我们深深亏欠的古老土地，无论到什么样的程度。对我而言，没有什么比知识更能给我满足感。从某种程度上，它已经这么做了。

在游荡的"卡内基"号的帮助下，我们可以将天文气象台搬上加利福尼亚州海拔达5886英尺的威尔逊山。黑尔教授负责这个项目。有一年，他参加在罗马举办的顶尖天文学家聚会。正是在那里他首次提出，下一次这些学者们的会议应该在威尔逊的山顶举办。然后，真的做到了。

世界上仅有一座威尔逊山。从地球上深72英尺的地方拍摄了新恒星的照片。当第一张底片被洗出来时，我们面前多了许多新世界，我想有十六个。当第二张照片呈现我们眼前时，有六十个新世界进入我们的视野，然后，在第三张照片上估计有超过一百个新的恒星，其中一些据说是太阳体积的二十倍。有一些恒星距离我们是如此遥远，远到从它们那发射出的一道光需要八年才能到达地球。这让我们不由得低下头，喃喃自语"与未知相比，我们其实一无所知"。当那个为普通产品三倍大的巨型新望远镜开始操作时，呈现在我们眼前的是怎样的一个世界！我确信，如果月球上有人居住，他们一定会被看得清清楚楚。

第三件美好的事就是设置"英雄基金"。这也是让我全身心投入的一件事。之前我听说了在匹兹堡附近发生的煤矿事故，以及前主管泰勒先生如何身先士卒，下矿救人的事迹。当时泰勒先生正在处理别的事情，听说发生事故后立刻赶往现场，希望在危机中有所帮助。一番号召后，他带着那些积极响应的志愿者们下到矿下去解救被困的人。唉唉，结果，我们的英雄却牺牲了。

这件事一直萦绕在我的心头，久久不能忘怀。我最亲爱的朋友，理查德·沃森·吉尔德给我寄来一首真挚又美好的诗歌，我在事故发生后的第二天早上读了这首诗，并且决定成立"英雄基金"。（诗附于下方）

和平年代

有人说，当战鼓的喧嚣渐渐沉寂，
当战场的炮声不再隆隆
这片土地不再有英雄的身影
"罪恶"的庞大躯体刚被打败在地
一只小手刚将胜利的旗帜高举
那些话就被轻声吐露却不知
被碾压的心将长久活在痛苦的深渊
女人苍白而颤抖的脸坚如磐石
来抵挡男人的抛却
孩童不发一言地忍受
以免猛烈的痛刺伤母亲的心
学者在宗教的桎梏下

接受挑战,为真理甘愿冒险

人民的英雄

在法律的宁静王国中

在寂寞和孤独中完成使命

奉献自己年轻鲜嫩的躯体

来拯救千千万万的生命

因此,我拿出五百万设立基金,奖励英雄们,或者抚恤英雄的家人。 他们都尽力为同伴服务或者救助同伴。 如果有员工或者其他人对那些遭遇事故的贫困家庭予以帮助,这些钱也可用以补助。 这一基金成立于1904年4月15日,到现在无论从哪个角度看都证明是个成功。 我对这项基金怀有父亲般的感情,因为它不是其他人向我建议的。 就我所知,在此之前,从未有人想过。因此,它就如我自己的孩子。 之后,我把这个项目推广到我的故土英国,成立"卡内基信托公司",总部设在邓弗姆林,由邓弗姆林信托机构负责管理。 他们获得了巨大成功。 适时地,我们又将这一事业推向法国、德国、意大利、比利时、荷兰、挪威、瑞典、瑞士和丹麦。

提起在德国开展的项目,我收到了来自美国驻德大使大卫·杰恩·希尔先生的一封信。 下面是我从信中摘选的一段:

我写这封信的主要目的是向您表达德皇陛下对于"德国英雄基金"的工作是多么满意。他对此充满激情,并且竭力赞美您的敏锐力和慷慨。他原本没想到这个基金会像现在这样重要。他告诉了我们很多动人的故事。这些事例中的人,在过去很可能会孤立无援。其中,有一位年轻人救了一名溺水的儿童,他先把小男孩送上了船,在人们就要拉他上来时,他却体力不支,沉水牺牲了,留下年轻美丽的妻子和一个幼孩。现在这位遗孀在英雄基金的帮助下做起了小生意,养活自己和孩子。孩子的教育也得到妥善安排,他真是一个非常机灵的孩子。这样的故事还很多。

民政内阁大臣瓦伦蒂尼刚开始对这个基金的作用还略有质疑,但是现在他对此充满了热情,他还向我表明委员会的所有成员都竭尽所能地为基金会奉献绵薄之力,这些成员都是严格谨慎挑选出来的。

他们还和英国和法国的委员会相互协作,安排交换报告,并决定在工作中始终保持联系合作。他们对美国的报告非常感兴趣,也从中学到很多。

英国的爱德华国王陛下深切关注基金会的救助工作,并且亲笔给我写了一封信,感激我对故土所作的一切贡献。 为此,我深感荣幸。 现在,我将信的内容奉上:

温莎城堡,1908年11月21日

尊敬的卡内基先生:

长久以来,我都急切地想向您表达我的感激,感激您为这个国家公共设施建设所作的贡献。这片土地也是您的降生之地。

与这份馈赠同样值得尊敬的是您对资金使用的关注和指导,以确保所有的钱都尽其所用。

我必须让您知道,对于您慷慨善行和赠与这个国家的一切,我是多么铭感于心。

为了表达我的敬意,请您务必要收下随信附上的我的诗。

请相信我,亲爱的卡内基先生。

您忠诚的,爱德华 R&I

美国的一些报纸一度对英雄基金的成绩产生质疑，首份年度报告也受到了批评。但是所有的这些都过去了，我们的基金会现在赢得了广泛的赞誉，它成功了，我相信它会一直成功下去直到真理腐朽的那天。过去野蛮时代的英雄只会伤害和杀死他们的同伴，而今我们文明时代的英雄则是拯救和服务他们的同伴。这就是匹夫之勇和精神勇士的区别，是野蛮和文明的不同。第一种人最终是会被历史所摒弃，被人类所不齿。因为，残害同类的行径和食人族吃人的行为本质是一样的。而后一种人，尽管他们的肉体已经死亡，但是，只要人类在这个地球上存活一天，他们就永远不会真正死亡，他们的精神是永垂不朽的。

英雄基金将会证实它主要是一个抚恤基金会。事实上，受我们救济的人很多，包括英雄本人，英雄的遗孀和遗孤。对于基金会，最初出现了一些错误的观念。很多人认为，这个基金会的目的是鼓励英雄主义，人们为了得到奖励而实施英雄行为。我从未有过这种念头。这个想法很荒唐。真正的英雄想到的不是奖赏，他们在乎的只是那些处于危难中的伙伴，从未考虑过自己。我们基金会的初衷，就是想用最恰当的方式，给那些丧失劳动能力的英雄，或者原本依赖他们存活的家人一点帮助和补贴。我们的事业有了一个良好的开端，而且会一如既往地坚持下去，它的服务宗旨和目的慢慢会被理解。如今，在美国，有一千四百三十个英雄或者英雄遗孀和遗孤接受我们帮助。

我从卡内基的老员工中发现了英雄基金会的主席查尔斯·泰勒。他从公司最初成立时就一直为企业服务。他不收取薪水，一分钱也不拿。他是真心热爱这份工作。所以我对他给予最大的信任，放手让他做事。他是最适合这个职位的人。在威尔莫特先生的得力协助下，查尔斯还管理着卡内基工人救助工作（卡内基救济基金会）以及我旧部门的铁路职工的补贴工作。

一天，我终于"报复"了查尔斯。他总是督促我去帮助其他人。 查尔斯毕业于里海大学，而且是学校的忠实"粉丝"。 里海大学需要修建教学楼，查尔斯四处张罗这件事。 我什么也没说，直接写信给德林克校长，提供了一笔资金，唯一的条件是由我来命名。 他同意了。 我把那栋楼命名为"泰勒楼"。 当查尔斯发现的时候，他跑来找我，抗议说，那样让他很丢脸，他只是一个普通的毕业生，没资格享有这样的荣誉，等等。 他的窘态让我觉得有趣，一直等他说完了，我表示，如果我坚持以他的名字命名教学楼可能有点让他丢脸，但是他理应为里海稍作牺牲。 如果能够帮助到他的母校，他又何必因为虚荣心而在意使用他的名字呢。 泰勒不过是个名字而已。 一切都是他可笑的虚荣心在作祟。 他必须克服它。 他可以自己决定，是牺牲他的名字还是牺牲里海大学，随他便，不过"有泰勒才有大楼"。 我说服了他！ 不久以后，那些参观者们抬头看这个建筑，也许会纳闷："谁是泰勒？"然后了解到他是里海的死忠，了解到他不仅传播福音，更是勤勤恳恳为大众服务，他是这个世界上最了不起的人之一。 这就是我们救助基金会的高级专员。

二十　教育基金和养老基金

　　为年老的大学教授创建的一千五百万美元的养老基金（名为卡内基教学促进基金）是我于 1905 年 6 月送出的第四个重要的礼物。 为了管理这笔资金，我们必须要从美国教育机构的校长中选出二十五位基金托管人员。 除了芝加哥大学的校长哈伯先生因病缺席，我很荣幸地在自己家里见到了其他二十四位校长。 他们的加入非常重要，后来又成为我亲密的朋友。 弗兰克·A·范德里普先生在基金创建初始阶段发挥了重要作用，他在华盛顿的经验很宝贵；我们的主席亨利·S.普里切特先生更是基金管理会不可或缺的成员。

　　这个基金项目让我感觉非常亲近，因为我知道很多人很快就可以成为受益者。 我深信这些受益者的价值以及他们所做出的服务的重要性。 在所有的职业中，教学的经济回报也许是最不公平的，是的，收入最微薄的。 其实，教学应该被列为待遇最高的工作。 受过教育的人们奉献毕生精力教育年轻人，却只领取微薄的薪水。 当我作为康奈尔大学的托管人第一次来到学校时，我惊讶地发现大学教授的工资是那么低，通常情况下比我们公司文员的工资还要低。 所以，这些年老的人想要存下一些钱是不可能的。因此，一些没有养老基金的大学被迫留用已经没有能力，不应该继续聘用的老师。 所以，我捐赠的养老基金项目无疑是很有用的。 第一批受益者的名单到现在已经最终确定下来，包含了很多享有世界知名度，并对人类知识宝库做出杰出贡献的人。 很多受益者或者他们的遗孀给我写过很动人的信。 我永远不会毁掉这些信，因为每当内心有一丝忧郁时，重读这些信可以治愈我。

我来自邓弗姆林的朋友托马斯·肖先生（现在应该称他为肖勋爵）曾经为一家英国报刊写过一篇文章，内容是，在苏格兰有很多穷人没有办法承担孩子的大学教育费用，虽然他们已经竭尽所能降低自己的物质需求。 看了肖先生的文章，我有了一个想法：捐赠出价值一千万、分红为百分之五的债券。 每年这些债券会带来104,000英镑的收入，收入的其中一半用作贫穷孩子的受教育费用，另外一半用作改善大学的教育情况。

基金会（名为苏格兰大学卡内基信托基金）的第一次董事会议于1902年在苏格兰秘书长驻爱丁堡的办公室举行，巴尔弗·伯利勋爵主持会议。 出席会议的都是显要人物，有巴尔弗总理，亨利·坎贝尔-班纳曼（后来成为总理），约翰·莫利（现在是莫利子爵），詹姆斯·布莱斯（现在是布莱斯子爵），埃尔金伯爵，罗斯伯里勋爵，海勋爵，肖先生（现在是肖勋爵），邓弗姆林的约翰·罗斯先生，以及其他人。 约翰·罗斯先生是一个无所不能的人，为了同胞的快乐或者教学而努力。 我向他们解释说，我之所以让他们来管理这笔基金，是因为我读了委员会的最近一次报告，不愿意把这笔钱托管给苏格兰大学的老师们。 巴尔弗先生马上喊道："不给他们一分钱，不给！" 埃尔金伯爵曾经是委员会的一员，他也同意巴尔弗先生的说法。

在会议上，我们一起阅读了关于基金会管理的细则，但是埃尔金伯爵不确定是不是要接受这个不算严格和具体的责任。 他希望知道自己的具体责任到底是什么。 我赋予大部分董事会成员修改捐款使用目的和使用模式的权力，只要他们日后认为现在规定的条款已经不合要求，不能与时俱进。巴尔弗·伯利，连同埃尔金伯爵还有巴尔弗总理都一致说，从来没有哪一位捐赠者愿意给托管人这样的权力。他质疑这样做是不是合适。

"巴尔弗先生，"我说，"我以前从来不认识像你们一样有能力，能够为了下一代立法的人。有时候，那些试图为自己这一代人立法的人都不怎么成功。"

人群中传来了笑声，总理自己也笑了。他说道：

"你说得对，非常对，但是我觉得你是第一个如此明智，能这样看待问题的捐赠者。"

我提议说，大部分的董事应该有这项权力，但是巴尔弗勋爵建议说，人数不能超过三分之二，埃尔金伯爵也接受这个比例，其他所有人也同意。我确认这是一个很明智的条款，以后会得到证明。这项条款也适用于我的其他所有大额捐助项目。我确定，在未来的某一天，这一条款会体现出它的价值。埃尔金伯爵毫不犹豫地接下了基金会主席的职位。当我告诉巴尔弗总理，我想说服埃尔金接受这个职位时，他马上说："在大不列颠，你找不到比他更合适的人了。"

在这点上，我们现在非常地满意，也仍然会问一个问题：在哪里可以找到像他一样的人？

一个很奇怪的巧合是，只有四位男士被授予公民身份，并获得了邓弗姆林优秀镇民称号，而这四个人都与苏格兰大学的信托基金有联系。这四个人是，亨利·坎贝尔-班纳曼，埃尔金伯爵，罗斯伯里勋爵和我自己。不过今天来了一位女士，是唯一一位获得邓弗姆林优秀镇民称号的女性，那就是卡内基夫人。像我一样，她对那个城镇非常有感情。

1902年，我被选为圣安德鲁斯的名誉校长，这是我生命中非常重要的一件事。它让我进入了一个大学林立的世界，一个我曾经无缘进入的地方。在我的生命中，没有几件事情能像第一次教师会议一样给我留下深刻印象。 我在自己的位子上就座,自圣安德鲁斯成立以来近五百年间,有无数优秀的名誉校长坐过这个位子。 我读了其他校长的发言稿,好为我自己的发言做好准备。 其中最值得注意的一段发言来自校长斯坦利,他建议学生们"去彭斯那里学习你的神学"。 作为一个教会的高级官员和维多利亚女王的宠臣,他能够冒险向约翰诺克斯大学的学生们提出这样的建议,这足以表明神学也在与时俱进。 最好的行为法则都在彭斯的书中。 我要列出的第一条是:"能让你感到害怕的,只有你的自责。"我很早就把这句话当作生活的座右铭。 第二句是:

> 对地狱的恐惧就像刽子手的鞭子
> 依次敲打着不幸的人们
> 但是当你感觉自己的荣誉感在抓紧
> 那里就是你的界限。

约翰·斯图尔特·密尔[①]给圣安德鲁斯大学学生所做的演讲很值得关注。 很明显,他是想把自己最好的东西都告诉学生。 值得注意的是,他非常看重音乐的重要性,认为音乐可以帮助人们获得更高级的生活,是一种纯洁和有教养的乐趣。 这也是我在音乐方面的经历和感受。

我们给四所苏格兰大学的校长发去了邀请,欢迎他们携自己的妻子或者女儿们来斯科博度一周的假。 这给我和夫人带来了很大的快乐。 埃尔金伯爵,时任苏格兰大学基金会主席,巴尔弗勋爵,时任苏格兰的国务卿,还有巴尔弗女士,都出席了第一次聚会。 从那次以后,"校长之周"成为了每年的一个传统。 他们彼此之间以及与我们都成为了好朋友。 因此,正如他们所一致认为

[①] 约翰·斯图尔特·密尔(1806—1873):英国哲学家和经济学家。

的,这是对大学的发展很好的一件事。 一种合作精神被激发出来。 我依然记得,第一次年度聚会结束后,朗校长在离开前握着我的手说:

"苏格兰大学的校长们花了五百年的时间想要知道如何开一次碰头会。 现在看来,就这么简单,那就是一起度过一个星期。"

1906年的"校长之周"聚会给我们留下了深刻的印象,因为拉德克利夫学院的主任艾格尼斯·欧文小姐,也就是本杰明·富兰克林的曾外孙女与我们一起度过了一个星期。 大家都被她的魅力感染了。 大约在一百五十年前,富兰克林从圣安德鲁斯大学获得了他的第一个博士学位。 人们在费城热烈庆祝了他的第二个百年诞辰纪念日,圣安德鲁斯大学以及世界各地的很多所大学都发去了贺辞。 圣安德鲁斯大学还给他的曾外孙女颁发了学位。 作为学校的名誉校长,我被委派颁发这个证书,授予她这一荣誉。我们在"校长之周"的第一个晚上举行了学位授予仪式,当天有很多的观众,而且我们收到了两百多份贺辞。

观众们被深深地打动了。 圣安德鲁斯大学是第一所赠予学位给本杰明·富兰克林的大学,而同一所大学又在一百四十七年后把学位授予了他的曾外孙女(这份荣誉主要来自她作为拉德克利夫学院的主任期间的优秀表现)。 这份荣誉跨越大西洋,通过名誉校长赠予她。 我是第一位非英国籍的名誉校长;我生活在富兰克林的国家,与他一样是美国人。 学位授予仪式在安葬富兰克林的费城举行,很多优秀人士到场缅怀他。 所有这一切都如此美好,能成为这样一个优美适宜的仪式的中间人,我觉得很荣幸。圣安德鲁斯的校长唐纳森能有这个想法,真的是太有创造力了。

圣安德鲁斯大学的学生全票通过,一致选举我第二学期继续担任名誉校长。 我非常感激他们。 我喜欢"名誉校长之夜",每当这个时候,学生们会声称名誉校长是属于他们的,没有任何其他教师参与。 我们总是玩得很开心。 第一次的"名誉校长之夜"结束后，唐纳森校长给我看了秘书收到的评价："名誉校长……跟我们谈话了，名誉校长……对我们不停地讲话，都是站在讲台上；卡内基先生坐在我们中间，与我们谈话。"

我们对高等教育机构的资助问题经常来困扰我，但是我相信我们的主要大学，比如哈佛和哥伦比亚大学，有着五千到一万名学生，规模已经足够大了，不是很适合进一步的发展。但是小规模的教育机构（特别是学院）依然需要很多帮助，如果能资助他们，将是一种使用我们的盈余的好方法。于是在接下来的捐助中，我就限定了范围，结果很让我满意，证明这个决定是明智的。后来，我们发现洛克菲勒先生的优秀的教育基金，也就是普通教育委员会也在这一领域努力着。但是由于我们两方没有经过任何协商，所以有时也会带来不理想的结果。洛克菲勒先生希望我加入他们的委员会，我答应了。我们的合作很快见到了成果，而且这种合作对双方都是有利的，所以现在我们并肩努力。

在捐资助学的过程中，我的很多朋友都像查理·泰勒一样得到了荣誉。迪金森学院的康韦厅是以蒙丘尔·D. 康韦命名的。他最近出版的自传被学会列为"文学"类，并说："在围绕着它的众多自传垃圾中，这两册书像宝石一样闪闪发光。"这句话一定程度上也映射出了康韦本人的品质。

康韦先生的自传的最后一个章节是这样结尾的：

> 乞求安静,哦,我的读者,从那些我远离的人那里。乞求安宁,不是向那被神化了的、雷雨交加的乌云,而是向每一个你遇到的男人、女人、孩子。不要仅仅是祈祷"赋予我们这个时代应该有的安宁",不,你应该履行自己的职责,去响应祷告! 那么,当世界陷入冲突,至少你心存平和。

我的朋友已经指出了我们最深的耻辱，我认为不久之后它将在文明的民族中被废除。

在俄亥俄州凯尼恩学院的斯坦顿经济学委员会是为了纪念埃德温·M.斯坦顿而建立的。 我在匹兹堡做送信员，给他送电报的时候，他总是很友善地和我打招呼，后来我做了国务卿司各特的助手，他依然对我很热情。 克里夫兰的西储大学为了纪念汉纳先生，成立了汉纳委员会；布朗大学成立了约翰·海图书馆；汉密尔顿大学成立了第二个伊莱休·鲁特基金；威尔斯学院建立了克里夫兰夫人图书馆。 这些机构能以我的朋友们的名字命名，我很高兴。 我希望更多机构能够效仿，用这种方式去纪念那些我知道的、喜欢的和尊敬的人。 我还希望能用我的捐款成立道奇将军图书馆和加利图书馆，但是这两位朋友已经分别从自己的母校获得这样的殊荣了。

我给汉密尔顿学院捐赠第一份礼物时，提出要命名为伊莱休·鲁特基金会。 但是这位最有能力的国务卿小心翼翼地没有把这个要求告诉大学当局，在总统罗斯福看来，他可是"最明智的人"。 当我怪他"玩忽职守"时，他笑着回答：

"我答应你，下次你捐资时，我不会再骗你了。"

于是，我第二次给汉密尔顿大学捐资，上次的"过失"得到弥补，但是我没有把这件事直接交给他去办。 汉密尔顿大学鲁特基金会现在已经不在他的管理范围内。 鲁特是一个很伟大的人，而作为一个伟大的人，他的天真令人崇敬。 罗斯福总统说，如果可以让鲁特有一线希望可以被提名为总统，他愿意从白宫爬到国会大厦。 但是政党们认为他很容易受到伤害，因为他曾经是公司的法律顾问，不擅长滔滔不绝和煽动民众，更多时候他是一个谦逊的、不善社交的政治家，而不是震耳欲聋的演讲家。 于是，政客们很愚蠢地不愿意在鲁特身上冒险。

与汉普顿学院和塔斯克吉学院的联系让我感到满足和高兴。 同时，能够认识它们的创立者布克·华盛顿，这让我感到无比荣幸。这两个学院把曾经被奴隶制束缚的有色人种推动到了一个新的高度。我们都应该向他致敬，因为他不仅让自己从奴隶制中解脱出来，而且帮助数百万同胞提高到新的文化高度。我向塔斯克吉学院捐资六十万美元后没过几天，华盛顿先生就来见我了，问能不能向我提一个建议，我说："当然可以。"

"您非常善良地从那笔基金里拿出了一部分来资助我和妻子以后的生活，我们非常感激。但是卡内基先生，这笔钱超出了我们的需要，对我的同胞们来说，这是一大笔钱。有些人也许会觉得我已经不再是那个不考虑存钱，一心只为别人服务的穷小子了。您能不能把那句话改一下，去掉总额，替换成'仅仅是适当的生活物资'？我信任董事们。而且我和夫人需要的东西很少。"

我听从了他的建议，这件事现在依然是这样处理的。但是当鲍尔温先生向华盛顿先生要原始信件，想要替换成已经修改过的信件时，他告诉我说，那个高贵的人拒绝了，因为他要永远地保存那份写给他的原始信件，而且要一代一代地传下去。他会把原始信件好好收起来，然后让修改后的信件存档。

这彰显了一个种族领袖的性格，没有一个英雄比他更真诚，更愿意牺牲自我。他集所有美德于一身。能结识这样纯粹和高贵的人，你会变得更好。当人性升华到了最高级的水平，那么他在这个地球上就是神圣的。如果要问，在我们这个时代，或者过去的那些年里，谁从最底层的状态升华到了最高尚的高度，答案无疑是布克·华盛顿。他摆脱了奴隶制，成为同胞的领袖——他是摩西和耶和华在现代的合体，带领着他的人民不断向前和向更高的高度发展。

与这些教育机构的联系让我得以认识学校的官员和董事们，比如汉普顿的霍里斯·B.弗里塞尔校长，罗伯特·C.奥格登，乔治·福斯特·皮博迪，V.埃弗利特·梅西，乔治·麦克安尼和威廉姆·H.鲍尔温（唉，他最近去世了！）。这些都是曾经为别人服务过的人。能与他们有密切的来往,我觉得非常幸运。在库帕联合会,技师和商人协会以及其他任何一个我感兴趣的机构里,都能发现很多这样的男男女女:他们没有把时间和思想用在完成自己"苦不堪言的目标上",而是奉献给了更高级的理想,减轻不幸同胞的痛苦,提升他们的精神高度。

我向教堂捐赠管风琴开始于事业的早期。那个时候,我拒绝了为建立一所新教堂捐款,因为去那个教堂的人数很少,后来我给阿勒格尼一所有着不到一百个成员的斯维登堡教堂捐了一架管风琴。父亲也支持我这么做。后来,其他教堂的申请蜂拥而至,从匹兹堡恢弘的天主教堂到乡村的小教堂。我忙个不停。好像每一个教堂都需要换新的管风琴了。有些人给非常小的教堂订了太大的管风琴,发出的声音几乎要撕裂支撑教堂顶的木头了,给斯维登堡教堂的管风琴就是一个例子。其他人在申请前给教堂买了管风琴,但是我们欢迎他们来找文员们报销。不过,我们最终形成了一套严格的捐赠系统。我们打印出来一个时间表,上面有教堂必须要回答的问题,收到问题反馈后,我们才去购买管风琴。现在捐赠部门实现了完美的系统化,运行非常不错,因为我们以教堂的规模为标准来捐赠礼物。

严格的苏格兰高地民众发出了对我的控诉,声称我给教堂提供管风琴的行为是在败坏基督教的崇拜。非常严苛的长老会成员诋毁我的行为,认为我是在"吹着口哨膜拜上帝",而不是用人类的、上帝赋予的声音。在这之后,我决定为自己的罪恶找一个搭档,于是我要求我援助的会众们出一半的钱,用来支付新管风琴的费用。就这样,我们的捐赠部门依然运作着,而且蓬勃发展着,因为人们对新管风琴的需求量还是很大的。除此之外,人口的增加需要我们修建更多的教堂,而为这些教堂提供管风琴也很重要。

这件事情永远不会结束。通过要求会众为新乐器支付一半的费用，我们保证了必需的和合理的花费。就我自己的经验来说，在仪式的间隙聆听神圣的音乐，或者在听完布道之后听一段能激发崇敬之情的管风琴音乐，对会众是很有好处的，所以我感觉花在管风琴上的钱是很值得的。这就是我们继续运营捐助部门的原因。

在我所做过的所有慈善事业中，给我回报率最高，让我觉得最骄傲的是私人养老基金。没有什么比让老人们生活在舒适的环境里更让你感到满足。这些人年事已高，你一直都知道他们是很善良的人，知道他们值得拥有幸福安稳的晚年，但是因为非个人的原因，他们收入微薄，没有能力让自己过上让人尊敬的生活，没有办法让自己远离孤独。其实，不用很多钱，就可以让他们得以享受这样的生活。当我发现有如此多的人需要别人的帮助，才能不至于落得晚年凄凉，我非常惊讶。在退休之前，我就开始帮助这些人了。这件事总是让我感到甜蜜和满足。出现在养老基金名单上的每一个人都得到了应有的帮助。对我来说，这个名单意味着一种荣誉和我们彼此之间的爱。所有这一切都是值得的。我们不会公开受益者的名字，从来没有对外透露过一个字。

对于那个一直萦绕在我心头的问题"我为这个世界做了什么，让我值得拥有它赐予的所有仁慈"，我有自己最喜欢的、最好的答案：养老基金名单上那些亲爱的朋友们让我感到满足。这种满足感总是在我最需要的时候袭上心头。生活给我的祝福已经够多了，因此我不会对至高无上的神祈祷任何东西。我们面对着宇宙法则，应该沉默地低下头，听从自己的内心裁判，不索求，不害怕，只是履行自己的职责，不要求任何回报。

付出比索取更让人感觉幸福。我相信，如果立场倒置，这些亲爱的朋友们也会像我帮助他们一样帮助我的亲人。我对此非常确定。在帮助他们的过程中，我获得了很多宝贵的感谢，有的人甚至说，他们每晚祈祷的时候都会为我祷告，祝愿我幸福。很多时候，我都忍不住把自己真实的想法告诉他们。

"祈祷？ 不，"我说，"不要为我祈求任何东西。 我获得的已经够多了。 任何一个公平的法官都会拿走我一半的幸福。"我不只是说说而已，因为这是我的真实想法。

铁路养老基金与私人养老基金的性质差不多。 这项基金让匹兹堡分部的工人（或者他们的遗孀）得到了照顾。 这项基金开始于很多年前，并发展到了今天的规模。 现在，我担任宾夕法尼亚主管时的属下或者他们的遗孀也因此受益。 我刚刚参加工作，认识这些工人的时候，我还只是个孩子。 他们对我非常好，我也认识大多数养老基金的受益者，他们是我亲密的朋友。

虽然我捐赠给制钢厂（制钢工人养老金）的四百万美元帮助了成百上千位我从未谋面的人，但是我依然记得还有很多工人需要这个基金，这一点一直压在我的心头。

二十一　和平宫和皮藤克利夫

在说英语国家的人民中间实现最终的和平，是我很早就有的想法。1869年，当伦敦最庞大的女王号军舰起航时，因为一些现在已经记不起来的原因，人们谈论着英国可以轻松地让美国的城市——臣服。没有什么能阻挡她。我发电报给约翰·布莱特①（这封电报最近被公开），他那时候在英国内阁任职：

"女王号首先要做好的一件事情也许就是把皮博迪（乔治·皮博迪，美国商人和慈善家，1869年逝世于伦敦）的遗体送回家乡"。

我没有在电报上署名。可是说来奇怪，英国方面真的照办了，于是女王号成为和平的信使，而没有带来毁灭。很多年后，我在伯明翰的一个小规模宴会上遇到了布莱特先生，并告诉他，我就是当年那个匿名发电报的人。他说当他看到没有签名时，自己很惊讶，但是心里已经开始想着这件事情了。我确认他是这样的人。他应该享有所有的赞誉。

在美国内战期间，布莱特先生曾经是危难中向美利坚合众国

---

① 约翰·布莱特（1811—1889）：英国政治家，同时代最伟大的演讲家之一，推行自由贸易。

伸出援手的朋友。我一直视他为我最喜欢的、依然在世的公众英雄，父亲也是如此。最初，这个狂热的极端主义者受到公然抨击，但是他稳步向前，直到国人开始认可他的观点。他总是支持和平，原本是可以避免参与克里米亚战争①的。后来，索尔兹伯里承认，英国在这场战争中押错了赌注。让我感到荣幸的是，布莱特家族同意我以朋友的身份把一尊曼彻斯特-布莱特雕像的复制品放置在国会，以便把一个很旧的雕像替换掉。

在早期的一次访问中，我对英国和平协会产生了兴趣，并参加了很多协会会议。后来，我尤其被克莱莫先生成立的议会联邦所吸引。克莱莫先生是议会中非常有名的工人阶级的代表。很少人的生活经历能与克莱莫先生匹敌。因为一年中为和平事业付出最多，他获得了当年的八千英镑的诺贝尔和平奖，可是他只留下一千英镑应对紧迫的生活需要，把其他的钱全部捐赠给了仲裁委员会。这是非常高贵的牺牲。对于一个英雄来说，钱就是粪土！作为一个伦敦议会成员，他的薪水一个星期只有几美元，可是当天降的财富就摆在面前时，他却把钱捐给了和平事业。这就是英雄行为的最好体现。

我非常高兴能在1887年带仲裁委员会的成员们会见了克里夫兰总统②，总统热情招待了他们，并向他们保证会衷心与他们合作。从那天开始，消灭战争超越其他事宜，成为我最关心的事情。第一次海牙和平大会的突然召开给我带来了极大的快乐。召集海牙大会的初衷是为了商讨裁军（事实证明这只是一个梦），可是它却铸就了一个威严的实体，成为解决国际争端的常设法庭。我认为这是人类在和平道路上迈出的最伟大的一步，而这一步好像是凭着灵感迈出去的，没有太多的讨论。不足为怪，这个

---

① 克里米亚战争：1853年10月英国、法国等国家对俄国发起的战争。
② 克里夫兰总统（Grover Cleveland, 1837—1908）：美国第22届和24届总统。

令人赞叹的想法迷住了参加大会的人们。

我对霍尔斯先生的死感到深深的遗憾。如果他今天依然在世，并能够作为代表与他的将军安德鲁·D.怀特[①]一起参加即将到来的第二次海牙大会，我感觉这两位也许会创立我们需要的、以消灭战争为目的的国际法庭。正是他应将军的要求，在夜里从海牙出发，去见了德国的外事部长和德国皇帝，然后说服他们同意成立高级法院，并且就算受到威胁，也不要撤回代表。这一贡献足以让他成为人类最伟大的公仆。但是，唉，他却英年早逝了。

国际法庭成立的这一天将会成为世界历史上最值得纪念的日子之一。它将为杀人者敲响丧钟，对这种最严重最黑暗的罪行给予警示。我相信，在将来的某一天，每一寸土地上的人们都来庆祝这个日子，我期待的这一天不要太远。到那个时候，很多曾经被赞誉为英雄的人将会被遗忘，因为他们热衷战争，没有在世间播种和平和善意。

一从海牙回来，安德鲁·D.怀特和霍尔斯先生就向我建议，让我为海牙和平宫提供必要的资金。我告诉他们，我绝不敢如此放肆，不过如果荷兰政府通知我说，他们有建和平宫的意愿，并希望我帮助，我会好好考虑他们的请求。但是两人提出了异议，说不会有任何一个政府会这么做。那么我只能告诉他们，我也不能给予资助。

最后，荷兰政府确实通过它的部长，在华盛顿的拜伦·赫韦尔斯，向我提出了申请，我非常高兴。但是，在给他的信中，我依然小心谨慎地说，我会及时支付他们的汇票。所以，我不是直接汇钱给他们的。荷兰政府向我开出了汇票，那张一百五十万美元的汇票被我当作纪念品收藏了起来。这次捐助给我的震撼非常

---

① 安德鲁·D.怀特（1832—1918）：美国外交家，是1899年海牙和平大会的美方代表。

强：个人居然能够被允许为和平宫提供资助，这是多么神圣的事情，宫殿又是世界上最神圣的建筑，那里被认为是最神圣的归处。 我不反对建立圣彼得大教堂，或者任何为了赞扬上帝的荣耀而建立起来的建筑。 正如路德所说，"我们不能服务或者帮助上帝；他不需要我们的帮助。" 这座宫殿的建立是为了带来和平。"对上帝最高级别的信仰是为人类服务。"至少我在路德和富兰克林身上感受到了这一点。

1907年，朋友们来见我，并让我接受成为马上要组织的纽约和平协会的主席职位，但是我拒绝了，理由是我还要忙很多其他的事情，这是真的。 但是后来我又因为拒绝了他们而感到良心不安。 如果我不愿意为了和平事业牺牲自己，那么我还可以为了什么奉献自己呢？ 我还有什么用呢？ 幸运的是，几天后，牧师莱曼·埃伯特、牧师林奇先生以及其他一些为高尚事业奋斗的知名工人们力劝我重新考虑一下。 我猜到他们会来，并坦率地说，他们什么都不用说了，因为我已经受到了良心的谴责，答应接受这个职位，并履行自己的职责。 随后，我们迎来了盛大的民族聚会（第二年四月），和平协会在历史上首次迎来了三十五个州的代表，包括很多著名的外国人。

接着，我突如其来地获得了生平第一个奖章。 法国政府封我为荣誉军团骑士指挥官，接着，在我主持的和平宴会上，男爵爱士图尔·康斯坦上台发表了令人振奋的演讲，并在大家的祝贺中授予给我徽章。 这是非常大的荣誉，我非常珍惜它，因为这是对我为国际和平事业作出的服务的认可。 这样的荣耀让你变得谦逊，而不是洋洋自得，所以让荣耀尽情地来吧。 它们也提醒着我，告诉我必须更加努力，言行更加谨慎，只有这样，我才能稍稍接近授予者设定的、错误地认为我已经达到的那些标准。

....

我捐赠的礼物中没有一个能够和邓弗姆林的皮藤克利夫峡谷

媲美。 这份礼物充满了孩子气的情愫，是最纯真和甜蜜的情怀。我必须要讲讲这个故事：

  我最早的童年记忆里一直保留着邓弗姆林的人们为了争取大修道院的部分土地和宫殿遗址所做的抗争。 外祖父发动了抗争，或者至少是最早起来抗争的那批人中的一个。 后来劳德姨夫和莫里森舅舅继续为之奋斗，舅舅还被控告煽动和带领一批人拆了某道墙。 市民们在最高法院获得了胜利，可是领主随后就下命令说："莫里森家的任何人都不准许进入峡谷。" 于是，我，就像我莫里森舅舅家的表弟多德一样，不准进峡谷。 皮藤克利夫的领主一直与当地居民不和。

  据我所知，峡谷的位置很特别。 它连接着大修道院和宫殿地区，在西边和北边沿着城镇的两条主干道延伸。 整个区域（大概六七十英亩）很好地被保护起来，因为高山上有很多的树木。 对邓弗姆林的孩子来说，那里就是天堂，对我也一样。 每当听到天堂这个词，我总是在脑海里把它置换成皮藤克利夫峡谷，因为我相信那是我能想到的最接近天堂的地方。 如果偶尔能够透过门房开着的门，或者越过墙，或者透过小溪那边的烤架，看一眼里面，我们就会很开心。

  几乎每一个星期天，劳德姨夫都会带"多德"和"内基"围着大修道院散步到一个能俯瞰峡谷的地方，繁忙的乌鸦在下面那些树上成群地飞。 峡谷的领主对于我们这些孩子来说，就是等级和财富的象征。 我们知道女王住在温莎城堡，但是她却不拥有皮藤克利夫，不是她的！ 皮藤克利夫的亨特是不会与她或者任何其他人交换的。 这一点我们很确定，因为如果我们是领主，就一定不会愿意交换。 我在整个童年，不，应该说青少年时期所见过的空中城堡类建筑中（一般都不会小），没有一个能够与皮藤克利夫的宏伟相匹敌。 劳德姨夫曾经预言我长大成人后能做成很多大事，但是如果他预测到我有一天能够富有到成为皮藤克利夫的领主，他也许会得意忘形吧。 我不仅成为了领主,还把它送给了邓弗姆林,让它成为了公园。 哦,我童年的天堂! 就算给我一顶皇冠,我也不愿意交换这一特权。

当罗斯博士悄悄对我说亨特上校也许有意出售皮藤克利夫时,我的耳朵立马竖了起来。 但是罗斯博士认为亨特上校开出的价格简直是敲诈。 随后,我有一段时间没有听到关于皮藤克利夫的消息。 1902年的秋天,我在伦敦,身体有些不舒服,思绪突然跑到了这件事情上去,于是我发电报给罗斯博士,让他来见我。一天早上,夫人走进房间,让我猜猜谁来了,我说是罗斯博士。确实是他,他来了。 我们聊了聊关于皮藤克利夫的事情。 我向他建议说,可以让我和亨特上校共同的朋友和同一个镇上的人,也就是爱丁堡的肖先生(邓弗姆林的肖勋爵),见到亨特上校的代理人,然后向他们暗示说,有一天他们会后悔没有答应把皮藤克利夫卖给我,因为他们找不到像我一样急切想要买下皮藤克利夫的人了,而且我也可能会改变主意或者就此走开。 肖先生说,他第二天早上凑巧要找亨特的律师谈些事情,到时候一定会向他们提及卡内基先生。

这件事过后,我短暂去了纽约一段时间,在那里收到肖先生的电报。 他说,领主愿意接受四万五千英镑的价格。 他愿意出售了? 我马上回复说:"好的,只要符合罗斯博士提出的条款。"然后,在圣诞节前夜,我收到了肖先生的回复:"祝贺你,皮藤克利夫的新领主!"那一刻,我估计自己拥有了地球上最宏伟的称号。 就拿国王来说,他只是国王,他既没有马尔科姆国王的纪念塔,也没有圣玛格丽特的神龛,也没有皮藤克利夫峡谷。 他没有,所以他是个穷人,而我拥有这些。 如果国王能来邓弗姆林,我也会很高兴屈尊给他介绍这些宝藏。

作为公园和峡谷的所有者,我拥有机会去了解一件事情,那就是,如果把钱交到一群有公众意识的公民手里,那么这些钱到底能为一个社区的人们做哪些事情。 说到皮藤克利夫公园,我当然很信任罗斯博士。 在他的建议下,我们选了一些人组成董事会,并邀请他们到斯科博商讨如何组织在一起。 他们认为我要谈的事情是关于把公园交给邓弗姆林镇,至于要谈的其他话题,我甚至连罗斯都没有告诉。 当得知我同时捐赠一百万英镑的债券,而且债券每年可以获得的百分之五的利润也归他们,以用于改善邓弗姆林时,他们非常吃惊。

自从我把皮藤克利夫峡谷交给董事会管理,已经过去了十二年。 没有哪一个公园让人们感到比皮藤克利夫更亲近。 孩子们一年一度的欢庆日,花卉展以及人们对公园的每日的使用都让人感到惊讶。 皮藤克利夫峡谷现在开始吸引周边城镇的人前来参观。 董事会的成员们用很多种方法向着我们在董事会章程里陈述的目标前进:

给邓弗姆林劳苦大众的单调生活增加更多的"甜蜜和阳光",让他们,特别是年轻人,能够感受到住在其他地方接触不到的一点点充满魅力、幸福或者高尚的生活,让我的故乡的孩子们在远离故土、飘零在外、回首童年的时候,能够因为身为邓弗姆林人而感到更幸福和更美好。如果你的辛劳能结出上面的果实,你就成功了;如果没有,你就是失败的。

因为这段文字,我认识了加拿大前总督厄尔·格里,并与他成为了朋友。 在那之前,他曾经写信给罗斯博士:
"我必须要在今天早上的《泰晤士报》上看到是谁写了这段文字。"
我们在伦敦会面,马上一见如故。 他有着伟大的灵魂,是那种可以马上走进你的心,并让你记住他的人。 今天,格里勋爵同时也是我捐赠给联合王国的一千万美元基金的董事会成员之一。

因此可以这么说，皮藤克利夫峡谷是我捐赠的公共礼物中最让我感到满足的一个。我觉得自己用一种诗意的方式赢得了公正：作为激进派领袖托马斯·莫里森的外孙，贝利·莫里森的外甥，他的儿子和继承者，最重要的是，作为我神圣的父亲和最英勇的母亲的儿子，我站了起来，买下了领主的产业，却将峡谷和公园永久地留给了邓弗姆林。这是一个真实的浪漫故事，没有城堡能比得上它，也没有小说能描绘得出。命运的手好像罩在它上面，我听到某个声音在低声说："总的来说你不算虚度人生，不算虚度。"这是我职业生涯中最大的幸运！我把它与其他公共礼物区分开来。时间的陀螺不断旋转，带来一些奇怪的报复。

距我停止积累财富和开始分配自己的钱，已经过去十三年了。不过，如果我只赚够了退休之后要花的钱，就停下来，那么我是不可能成功做成前面提到的任何一件事的，退休之后也就无事可做。我还是一如既往地喜欢读书、写作以及在不同的场合演讲。在放弃商业之前，我也结识了很多很有教养的人，并和他们成为了朋友。刚退休的那几天，我没有办法说服自己回去工厂里看看，因为，唉，那会让我想起很多已经离我而去的人。我早年的朋友几乎都不在了，没有人会再握我的手。这些老人中，只有一两位会称呼我"安迪"。

但是，请不要认为我忽略了年轻的搭档们，或者他们在帮助我适应新生活中扮演不重要的角色。情况恰恰相反呢！最让我感到安慰的是，他们快速地组织起卡内基老员工协会，并宣布只有当最后一个成员去世后，协会才会解散。在我们纽约的家里举行的一年一度的聚会给我带来极大的快乐，足以支撑我从这次聚会等到下一次。有些老员工从很远的地方赶来参加聚会，每一次相聚，都给彼此带来很大的快乐。我一直有着把他们当作"我的小伙子们"的情愫，确实是这样的，因为我的心是向着他们的。我认为这是让我幸福的众多事情之一，很多时候，每当想到这一点，我就会对自己说："我宁愿拥有这些，就算没有钱，没有几百万美元，也没有关系。即使问我一千次，我还是会这么说。"

夫人和我都很喜欢认识很多朋友，包括很多伟大和善良的男男女女，但是这一丁点儿都不会改变我们对"小伙子们"共同的爱。让我无比高兴的是，夫人与我一样，都很关心这些工人。正是她开始在我们纽约的家里组织第一次的老职工聚餐。"伙伴优先"是她的格言。所以，当他们推举卡内基夫人做第一位荣誉成员，我的女儿是第二位成员时，并不是做做样子而已。他们在我们的心里一直占据着牢固的地位。虽然我已经老了，但是我们曾经在一起做过"小伙子"。彼此之间完全的信任、相同的目标以及深厚的感情让我们宛如兄弟。我们是先成为朋友，后成为合作伙伴的。于是，四十五位合作伙伴中的四十三位就一生一世联系在了一起。

另外一个吸引了很多优秀人物的是在我们家举办的文学晚宴，管理者是我亲爱的朋友，《世纪报》的编辑理查德·沃森·吉尔德。他会从我们选拔出来的年度客人的文字中摘录一些语句，写到客人面前的卡片上。这一方法特别适合文化晚宴这样的场合，引起了不小的欢闹。新人的演讲也给晚宴增加了趣味。1895 年，我们的荣誉客人是约翰·莫利，因此我们把他的作品中的一段引文写在卡片上，放在每一个餐盘里。

在有一年的文学晚宴上，吉尔德晚上早早地来了，因为他要安排来宾的座位。结束后，他来跟我说，幸好他检查了一遍，不然还发现不了自己把约翰·伯勒斯和欧尼斯特·汤普森·西顿安排到了一起。这两个人最近正在激烈地争论野兽和鸟类的习惯，已经到了不可开交的地步。吉尔德说，断然不能把他们俩安排坐在一起，就把他们的名牌分开了。我什么都没有说，偷偷溜到餐厅，把名牌换回原来的位置。可想而知，当吉尔德看到他们两个人坐到一起时，有多么惊讶。不过结果并不像我们想象的那么糟糕，这两个人和解了，分开的时候就像好朋友一样。这个故事的道德意义是：如果你想做和事佬，那就让敌人们坐到一起，这样他们就必须很有礼貌地开始谈话。

伯勒斯和西顿先生对我们的圈套很受用。事实上，我们憎恨的只是那些自己不甚了解的人。通常情况下，和平解决问题的办法就是邀请你的对手来吃饭，甚至是恳求他，绝不接受他的拒绝。很多争吵之所以越来越激烈，是因为没有见到对方并彼此沟通，却总是从旁人那里听到对彼此的不满。正因为如此，他们不能完全理解对方的观点，也不能听到对方为此作出的解释。如果与朋友之间出现了分歧，明智的人应该做的是主动和解，那个拒绝和解的人到死都不会开心。没有什么能够弥补失去朋友的损失，即使作为朋友的他已经不像以前那样让你觉得亲近了；他依然是那个你倾心相交的人。随着时间的流逝，好朋友很快逝去，只留下你自己。

朋友是一个很容易幸福的人，并且希望世界上的每一个人都能幸福、长寿，并如愿获得成功；他不会为身边的人设置任何障碍；只要力所能及，他都愿意给予别人帮助。他心存幸福，所以就算别人不要求，他也会愿意去包容自己的朋友，即使这个朋友做出了很不光彩的事情，不值得他这样做。对他来说，这样的朋友只会让他心生同情，无限的同情。他也因为失去这样的朋友而同情自己，毕竟真正的友谊是要依靠美好的品德才能持续下去的。

> 当爱开始生病和腐朽
> 它就会用强制的客套言语。

往日的温情也许已经一去不复返，但是彼此还是希望对方能够幸福。

我的朋友中没有一个比马克·吐温更称赞我的退休。有一段时间，报纸上一直在谈论我的财富，这时，我收到了马克·吐温的一封信。

亲爱的先生和朋友：

　　这些日子您似乎很富有，那么您能借一美元五十美分给一个倾慕者，好让我去买一本赞美诗吗？如果您这么做了，上帝会保佑您的；我能感受到的，我知道这一点。我也会保佑您的。如果还有人想要您帮忙，那么您可以不考虑我的请求。

您的，
马克

　　顺便说一句：请不要给我寄赞美诗的书，请寄钱给我，因为我想自己做选择。

M.

当他在纽约卧病在床时，我经常去看他，在一起度过了很快乐的时光。就算病倒了，他的聪明丝毫不减。在坐船去苏格兰之前，我打电话去跟他告别。去苏格兰后不久，纽约宣布我捐赠的大学教授基金会开始运作。关于这件事，马克给在苏格兰的我写了一封信。在信中，他称呼我为"圣人安德鲁"。我从里面摘抄了一段：

　　请接受我的光环。如果你在我的病床边就告诉了我你所做的善事，我那时候就会给你送上这光环了。它是纯锡制作的，而且买的时候已"交过税"了。

那些与克莱门斯①先生相交甚好的人们都可以证明他是一个很有魅力的人。乔·杰斐逊②是唯一被承认在行为和言谈上可以与他匹敌的人，他们有着同样类型的魅力。"雷莫斯大叔"（乔尔·钱德勒·哈里斯③）是另外一个有魅力的人，还有乔治·W.凯布尔④，同时还有乔西·布里斯⑤。这些人点亮了朋友们的生活，丝毫不考虑自己。他们所到之处总是充满了阳光。用里普·万·温克尔⑥的话说："他们都差不多。"他们每一个人都很无私，有着温暖的内心。

公众只了解克莱门斯先生的一个方面，就是他的幽默。人们不会怀疑他在政治和社会问题上的强烈信念；他还是一个强烈的道德家。比如，在评判利用欺骗手段逮捕阿吉纳尔多⑦这个历史事件上，克莱门斯先生的笔是最犀利的。相比之下，朱尼厄斯⑧的笔锋太弱了。

为庆祝他的七十岁生日而举行的聚会很特别，充满了文学元素，但是马克·吐温没有忘记让百万富翁H.H.罗格斯坐在自己的旁边，因为他是马克的患难之交。马克也是这样的人。无一例外，当这些著名的文学大家聚集到一起，他们就会一门心思地专注讨论客人们的文学作品。轮到我的时候，我提醒他们注意，我

---

① 马克·吐温的真实姓名是萨缪尔·克莱门斯(Samuel Clemens)。
② 乔·杰斐逊（1829—1905）：美国演员。
③ 乔尔·钱德勒·哈里斯（1848—1908）：美国记者和小说家，"雷莫斯大叔"是他创作的雷莫斯系列故事中的主要人物。
④ 乔治·W.凯布尔（1844—1925）：美国小说家，他善于描写故乡新奥尔良的克里奥尔人，用的是现实主义的手法。
⑤ 乔西·布里斯（1818—1885）：美国幽默作家，善于描述乡村生活。
⑥ 里普·万·温克尔：美国作家欧文同名书中的主人公。
⑦ 阿吉纳尔多（Emilio Famy Aguinaldo，1869—1964）：菲律宾政治家和革命家，曾经带领国民反抗美国政府，后来被捕，与美国政府的战争宣告结束。
⑧ 朱尼厄斯：一个不知名作者的笔名，在1769至1772年间在伦敦一家报纸上发表一系列抨击英内阁信件。

们的朋友马克·吐温一生中所取得的成就就像他的作品一样，将永远传承下去。 他与沃尔特·司各特先生不可分割地联系在一起。 我们的朋友马克与司各特一样，因为搭档的错误而被毁，陷入了让人绝望的破产。 他的面前摆着两条路，一是平坦、轻松的捷径——法律途径，也就是说，交出你所有的财产，申请破产，然后从头再来。 这是他欠债权人的。 另一条路，漫长，充满荆棘，枯燥，要牺牲掉一切，奋斗一生。 面对这两条路，他作出了这样的决定：

"这不是关系到我欠债主们什么，而是关系到我欠自己什么。"

在大多数人的一生中，总有一些时候会考验一个人到底是渣滓还是纯金。 在危急时刻做出的决定能反映出一个人的真实内心。 作为一个男人，我们的朋友经历了生活的熊熊熔炉，终于成为一个英雄。 他用在全世界演讲赚来的钱偿还了债务。 在评价他的时候，人们总是说，"马克·吐温，一个很有趣的家伙，"但是，他同时是一个了不起的人和英雄，两者皆是，而且是出类拔萃的，和沃尔特先生一样。

他的妻子是一个女英雄，是她一直在背后支持他，陪他全世界走，像一个守护天使，让他能够像沃尔特一样战胜困境。 他总是不厌其烦地把这一点讲给自己的密友们听。 克莱门斯夫人去世后，我第一次去看望他。 见到他的那一刻，他说了三个字，从来没有哪个词如此重重地敲击在我的心上。 那天，我幸运地发现家里只有他一个人。 刚握上他的手，还没有说一句安慰的话，我就感觉双手被紧紧地握了一下，接着听到他说："家毁了，家毁了。" 四周一团死寂。 很多年之后，当写下这些文字时，我依然能听到他的话，心里依然很难受。

今天，我们获得了祖先们没有得到的仁慈。 如果心里的法官能够因为我们过好了这一生而赦免我们，那么我们就不需要害怕其他法官了。

> 要真诚地面对自己，
> 那么成功自然会随之到来，就像白天之后就是黑夜，
> 如果你做到了这一点，就不会有任何人认为你虚伪了。

如果因为自己很多年以来有很多缺点，使自己收到永久的惩罚，那么你的生活将永远与神圣的上帝无缘了，连撒旦自己都不愿意面对这样的生活。

二十二　马修·阿诺德以及其他人

约翰·莫利和我一致同意，我们所认识的最有魅力的人是马修·阿诺德。 他确实很有"魅力"，这是唯一一个可以被用来形容他的外表和谈话的词了，而且他的表情和庄严的沉默都能感染到别人。

我记得，1880年的时候，他曾经和我们一起坐马车在英格兰南部地区旅行过，同行的人有威廉姆·布莱克和埃德温·A.埃比。 当我们快要到达一个很漂亮的小村子时，他问我能不能让马车停几分钟。 他解释说，他的教父，主教基布尔就安葬在这里，所以他想去教父的墓前拜祭。 他接着说：

"哈，亲爱的，亲爱的基布尔！ 我在神说话题上的观点让他很伤心，于是也引起了我的悲伤。 不过，虽然他极度悲伤，却依然是我极好的朋友，还专程赶到牛津，投票支持我竞选英国诗歌学教授。"

我们一起走到那个安静的教堂墓地，马修默默站在墓前的情景深深刻在我的脑海里。 后来，我们提到了他的神学观点，他说，这些观点曾经给他最好的朋友们带来了悲伤。

"格莱斯顿就曾经表示过他深深的失望，或者是不高兴，因为他说我应该去做主教。 毫无疑问，我写的那些东西让自己升不了职，让朋友们伤心，但是我无能为力，因为那就是我的观点，而我要把它们表达出来。"

我清楚地记得他说这些话时伤心的、极其缓慢的语调。 那是从心底发出的声音。 他有自己想要传达的信息，而随着时间的稳步向前，人们开始接受它。 时至今日，他的教义不断传承，再也没有受到谴责。 说到有着严肃的宗教信仰的人，非马修莫属。他的嘴里从来没有说出任何不敬的话。 在这一点上，他和格莱斯顿先生都无可指责，但是他曾经说过的一小句话确实彻底抹杀了超自然力量，"对神迹的控诉就此结案，因为神迹根本不会发生。"

1883年，他和他的女儿，现在应该被称为惠特里奇夫人，曾经来我们纽约的家里做客，还去过我们在阿勒格尼山上的家，所以我们能经常见到他，但是还是觉得见面的次数不够多。 他第一次来纽约的时候，母亲和我开车带他去会场。 那里聚集了一批最好的听众，但是他的演讲不是很成功，主要是因为他没办法在公众面前很好地发表演讲。 人们听不到他的话。 回到家后，他说的第一句话就是：

"那么，你们大家有什么要说的吗？ 告诉我！ 我能成为一个演讲家吗？"

我非常希望看到他成功，所以毫不犹豫地对他说，除非他能够让自己学会在公共场合演讲，不然他做不来这一行。 他必须要请一个演说家给自己上上课，指点指点。 我很强烈地建议他，于是他同意了。 等我们都说完了，他转向我的母亲，对她说：

"现在，亲爱的卡内基夫人，他们都给出了自己的观点，不过我还是希望听到您对于我在美国首次演讲的看法。"

"您说话太像牧师了，阿诺德先生，太像牧师了，"她慢慢地、温柔地向他表达了自己的看法。 后来，一直到他去世之前，他偶尔还是会提到这件事，说当时的他就像头上被钉了钉子。 从西部回到纽约后，他已经进步了很多，声音饱满，能让整个布鲁克林音乐学院听得见他。他听从我们的建议，在波士顿跟着一位教育学的教授上了一些课。从此以后，他的演讲事业一帆风顺。

他表示说想听一听著名牧师比彻的演讲，于是在一个周日的早上，我们出发去布鲁克林。比彻牧师已经得到通知，知道我们要来，所以布道结束后，他也许就会留下来见见阿诺德先生。当我向他介绍阿诺德时，比彻先生表示了热情的欢迎，并且表示说，他早就听说了阿诺德的大名，今天能见到本人，他非常高兴。他握着阿诺德的手，说道：

"阿诺德先生，您写过的任何文章我都认真地读了至少一遍，有的甚至读了很多遍，每一次都很有收获，受益良多呀！"

"哈，那么，比彻先生，"阿诺德回答说，"我恐怕您已经发现我在文章中多次提及您吧？那些东西其实最好应该删除。"

"哦，不，不，它们对我来说帮助非常大，"比彻笑着说，然后他们一起笑了起来。

比彻先生从来不会不知所措，总能应付自如。在向他引荐了阿诺德后，我又有幸带他会见了英格索尔上校的女儿。我对他说：

"比彻先生，这是英格索尔小姐第一次来基督教堂。"

他伸出双手，握着她的手，直直地看着她，然后慢慢地说：

"哟，哟，那么你就是我见过的最漂亮的异教徒了。"那些记得英格索尔小姐年轻时候的容貌的人，应该都会同意比彻先生的看法。接着，牧师问她："英格索尔小姐，您的父亲还好吗？我希望他一切都好。我们曾经有很多次一起站在讲坛上。那时候的我应该算是很幸运的吧？因为我们站在同一个战线上。"

比彻先生的确是一个很伟大、心胸宽广、懂得包容的人。他总是能吸收在任何地方发现的美好的东西。斯宾塞的哲学，阿诺德充满合理性的见解，英格索尔对政治目的的坚定支持，所有这一切都是可以让这个共和国变得更好的力量。伟大如比彻先生，他是这些人的益友，能够欣赏并赞美他们的观点。

1887年，阿诺德来苏格兰看我们。有一天我们谈到运动，他说他不打猎，因为他不愿意射杀任何长着翅膀、能在蔚蓝的天空翱翔的生物。但是他补充说，他不能放弃钓鱼，因为"鱼儿身上的装饰都太可爱了。"他告诉我，当某个公爵邀请他每年来个两三次，钓一整天鱼的时候，他特别开心。我不记得那个善良的公爵是谁，但是似乎有些传言说他的名声不好，别人还曾经问阿诺德，他怎么会和这样一个人成为亲密的朋友的。

"哈，"他说，"任何一个公爵对我们来说都算是个名人，总是如此，因为他拥有独立的头脑和行为方式。我们都是势利眼，几百年的时间已经把我们塑造成这样子了。我们控制不了这一点，因为它在我们的血液里。"

他是微笑着说这些话的，所以我觉得他其实保留了心里的一些想法。他本人不是一个势利小人，他能自然地"微笑着接受长期继承下来的血统所发出的控告"，因为一般来说"血统"是不能被质疑的。

但是他仍然对有阶级和财富的人感兴趣。比如，我记得当他来到纽约后，他尤其想见一见范德比尔特先生。我大胆地跟他说，他会发现，其实范德比尔特先生与其他人没有什么不同。

"是这样没错，但是能认识世界上最富有的人，这也是很不错的一件事，"他说，"他的财富让那些通过继承获得现在的地位的人相形见绌。"

有一天，我问他为什么不写关于莎士比亚的评论，让莎翁在众多诗人中获得他的宝座。他说，他确实有过这样的想法，但是经过反思后，他觉得自己还不够资格去写这样的文学评论，更不用说批评莎士比亚了。他认为这是一件不可能完成的事情。莎士比亚是至高无上的，不能用任何评论法则来衡量。虽然他很喜欢细细地研究这位自己喜欢的杰出天才,但是他总是避免评论莎士比亚的作品。 我说,我已经预料到阿诺德会这样回答,在他向莎士比亚表达了至今无与伦比的敬意后,我引用了他关于莎士比亚的十四行诗:

莎士比亚

其他人无法容忍我们提出的问题。你却是慷慨的。
我们问了又问——你就那么微笑着,静静地,
给予我们很多很多的知识。在最高的山上,
国王摘下皇冠,向星星致敬,

在大海里迈着稳健的脚步,
让他住的地方成为天堂中的天堂,
他的地盘没有云彩来镶边
凡人也可以来探寻;

你,星星和太阳都知道你,
自我学习,自我审视,自我尊重,自我保护,
你就这样站在地球上,让人看不透——是那么地好!

凡人必须承受的所有痛苦,
对人有害的弱点,让人弯腰的不幸,
都包含在那胜利的表情里。

我认识肖先生(笔名是乔西·布里斯),并且希望阿诺德这位甜美和光明的倡导者能够见见那块"未加工的钻石",虽然粗糙,但是依然是钻石。 幸运的是,一天早上乔西来我们入住的温莎宾馆找我,提到了正在我这里做客的阿诺德,还表示了对他的崇敬

之情。我回答说：

"那么你今天晚上就与他共进晚餐吧。女士们都出门去了，所以阿诺德先生和我要独自吃饭。你来得正好。"

作为一个很谦逊的人，他不想接受这个提议，但是我不为所动，拒不接受他的任何理由，并告诉他必须答应我。他答应了。吃晚饭的时候，我坐在他们中间，欣赏着两个极端不同的人物的会面。阿诺德先生对肖先生说话的方式很感兴趣，而且很喜欢他讲述的西部趣事，笑得比我见过的任何时候都开心。在过去的十五年里，肖先生已经在美国每一个人数达到一万人或者更多的地方演讲过了，所以他讲述了自己经历过的很多事情。

阿诺德很希望听到肖先生是如何吸引住观众的。

"关于这一点，"他说，"你一定不要让他们笑很长时间，不然的话，他们会认为你在嘲弄他们。让观众稍稍娱乐了一下后，你必须认真起来，然后扮演一个很严肃的角色。例如，'有两样东西任何人不可能为之做好准备。谁能告诉我这两件事情是什么？'有人喊'死亡'。'还有其他答案吗？'很多人回应：财富，健康，婚姻和税收。最后乔西开始说话了，表情非常凝重：'没有任何人给出第二个。其实，世界上任何人都不能做好准备，那就是"双胞胎"，'"房间里爆发出的笑声足以让房子震颤起来。阿诺德也笑了。

"你一直在发明新故事吗？"

"是的，一直是。如果不发明新的故事，你就没有办法一年又一年地演讲，而且，有时候有的故事不能打动观众。我编了一个段子，觉得一定能行，一定能打动一屋子的人，可是试过以后却发现不行，因为我没有找到那个不可或缺的词，就一个词。有天晚上，在密歇根我正坐在一个熊熊燃烧的火堆前，突然想到了那个关键的词。我重新把那个段子讲给小伙子们听，并获得了期待的效果。于是，我用这个词比用其他词的时间都长。那个段子是这样的：'这是一个具有高度批判精神的时代，人们对任何事情都一定要弄到完全明白，才愿意相信。我们讲到了约拿和鲸鱼的故事。人们想要知道关于这个故事的所有细节，但是我认为约拿和鲸鱼都不能完全理解这一点。接着，人们问：约拿在鲸鱼的社会里做什么。'"

有一天，肖先生正走在百老汇大街上，这时一个西部人来跟他搭讪：

"您是乔西·布里斯吧？"

"嗯，人们有时候这样称呼我。"

"我的小笔记簿里有五千美元是要给您的。"

"这里是德尔莫尼科的家，进来跟我说说。"

坐下来以后，那个陌生人说，他是加利福尼亚一处金矿的共有人。在这之前，合伙人在所有权的问题上发生了分歧，会议演变成了争吵。那个陌生人说，他愤然离席，威胁说将要毫不犹豫地走法律程序。"第二天早上，我去开会的时候对他们说，早上我翻看了乔西·布里斯的年鉴，得到的一个启示是：'当你想要抓住牛角，试图制服牛的时候，你不妨抓住它的尾巴；你可以抓得更牢，而且在想放手的时候就放手。'会上的人都大笑不止，觉得这很有道理。我们听从了您的意见，解决了问题，散会时仍然是好朋友。其中一个合伙人提议说，我们应该给乔西·布里斯五千美元。这次来东部，他们指派我为会计，我也向他们承诺要完成这个任务。所以，请您收下。"

那天晚上道别前，阿诺德说：

"肖先生，如果你到英格兰来做演讲，我会非常乐意帮您组织第一场演讲。任何一个有勋爵称号的傻瓜都可以比我更好地引荐您，但是我希望有这个机会这样做。"

想象一下：倡导美好和光明的信徒马修·阿诺德向经过挑选的伦敦观众介绍乔西·布里斯，最会说俏皮话的人。

在后来的很多年里，他总是时不时地问候"我们威武的朋友，肖先生"。

在那次三人晚餐之后的某个早上，我又一次在温莎宾馆会见了乔西。我们坐在宾馆的圆形大厅里，他拿出一个小小的记事本，然后对我说：

"阿诺德去哪里了？我还想听听他的意见呢。《世纪报》说，他们每个星期支付我一百美元，而我只要同意把突然想到的一些琐碎的想法发给他们就行了。我努力想给他们点什么。这是我从泽基尔叔叔那里听来的，就是它帮我赚到了每周的一百美元：'批评家肯定是比作家更伟大的人。一个人如果能指出另外一个人所犯的错误，那么他肯定是比那个犯错误的人要聪明一些的。'"

我给阿诺德先生讲了一个芝加哥故事，或者说一个关于芝加哥的故事：一个来自波士顿的社交名媛到芝加哥拜访自己的同窗好友，因为那位朋友马上要结婚了。来到芝加哥的她有点目不暇接了。有一天晚上，一个很有名气的芝加哥市民问她，她觉得芝加哥什么地方最吸引她，她优雅地回答：

"让我感到惊讶的不是喧闹的生意，显著的物质发展，或者宏伟的住宅区，而是文化素养的水平。"

那位市民马上回答说：

"哦，其实我们只是因为崇拜时尚而有点眩晕而已，真的。"

阿诺德先生并没有期待自己会喜欢芝加哥，因为这个城市给他的印象就是庸俗的总部。但是他大为吃惊，这里的"文化素养"让他很满意。在开始游览之前，他问芝加哥哪里最有趣。我笑着说，我也许会先带他去看当地最精彩的景象，就是所谓的屠宰场。那里有新的机器，你只要把猪从这一端赶进去，还没等猪的尖叫声飞远，火腿就从另一端出来了。阿诺德沉思着问：

"可是我为什么要到屠宰场去听猪的叫声呢？"

我给不出原因，于是这件事就这么算了。

阿诺德在旧约中最喜欢的人物一定是希伯来的大预言家以赛亚：至少从他频繁地引用这个被他称为伟大诗人的作品，我们可以得出这个结论。在环游世界的过程中，我发现其他宗教的圣书去掉了围绕他们的神话故事而存在的糟粕。我记得阿诺德说，圣经应该也这样做。那些宝石般的智慧埋藏在孔子和其他人中间，给世界带来欢乐，不过这些智慧都是经过仔细筛选，才得以面世的。信徒们不会去关注那些呈现在他面前的、令人生厌的附加品。

人们越多地思考这件事，越觉得基督教徒有必要追随东方人，像筛掉谷糠一样分清良莠，也许不光要筛掉谷糠，还有一些更可怕的甚至有毒的废弃物。彭斯在"农奴的星期六晚上"中描绘了一个拿出圣经做晚祷的善良人：

>他非常谨慎地选择了一段。

我们应该筛选出这些片段，然后只用这些筛选出来的内容。在这一点上，还有其他很多方面，彭斯都证明自己比同时代的人更称得上是真正的老师；在"未来和未知的领域"，他是最伟大的诗歌老师。

我带阿诺德离开我们位于阿勒格尼山中的克雷森的避暑山庄，去参观黑乎乎、烟雾缭绕的匹兹堡。从埃德加·汤姆森制钢工厂前往火车站的路上，我们要爬两段阶梯，过桥到达火车站。第二段阶梯很陡，当大约走了四分之三的时候，阿诺德突然停下来大口地呼吸。他依靠着扶手，一只手放在胸口，对我说：

"哈，有一天它也许会像毁掉我父亲一样毁掉我。"

那时候我不知道他的心脏已经衰竭，但是我永远没有能忘记当时的这个场景。在听到他突如其来的死讯后不久，也就是到英格兰试图逃避某个干扰后不久，我突然想起了这段记忆，心里感到挨了重重的一击,因为我们的朋友言中了自己的命运。 我们失去了一位伟大的朋友。 我觉得,在我认识的人当中,除了阿诺德,没有人更适合用彭斯为泰姆·萨姆森写的墓志铭了:

泰姆·萨姆森劳累过度的肉体躺在这里;
你们这些伪善的狂徒们,离他远点!
如果诚实的人能进天堂,
你就改好吧,这样就能离他近一些了。

就在这时,我想起了一个令人尊敬的人,他就是波士顿的奥利弗·温德尔·霍姆,是每一个人的医生。 他活到八十岁都没有生过病,到死都像个小孩子。 当马修·阿诺德去世时,一些朋友坚持要给他树立一座纪念碑,这些朋友还提供了必要的资金,因为我们是不可以申请公众支持的。 不是每一个人都有幸可以为这座纪念碑捐款的,必须是那些有权享受这一特殊优待的人,不然我们可以很快筹集到实际需要的资金的两倍或者三倍的捐款。 我非常高兴能有此殊荣,成为少数被选中可以捐款的人,并且可以在大洋彼岸关注这件事情。 当然,我很小心地没有向亲爱的霍尔姆斯博士提起这件事,并不是因为他没有被选中,而是因为,如果在很少的情况下,某项基金是用于他们自己的,那么我们是不可以让作家或者职业人士为本项基金捐钱的。 但是,有天早上我从博士那里收到一封短信,说他耳闻有这样一个活动正在进行中,而且我也参与其中了。 他说,如果自己有资格成为捐赠名单上的一员,他会非常满足。 他还说,既然已经听说了这件事,他就忍不住想写封信给我,并期待我的回信。 毫无疑问,我认为他绝对是有资格的。

和霍尔姆斯博士一样,任何人都想要参与到这样的纪念活动中。 我敢说,每一个得以捐赠的人都会感激命运给了他这样的机会。

二十三　英国的政治领袖

在伦敦，罗斯伯里勋爵很友好地邀请我共进晚餐，并会见格莱斯顿先生。罗斯伯里勋爵当时是格莱斯顿先生的内阁成员，是一位冉冉升起的政治家。我非常感激他能带我会见世界第一公民。我记得这件事情发生在1885年，因为我的《胜利的民主》是1886年问世的。我记得在见到格莱斯顿先生时，还告诉了他一些令人惊讶的数字，那些数字来自我为书准备的材料。

后来，我收到了来自格莱斯顿先生的第一次晚宴邀请，但是那次我做出了极大的自我克制，以及我认为在社会礼仪上正确的决定。接到他的邀请之前，我就已经和别人有约了。当时我想，英国首相的邀请应该被看作一项命令，就像来自某位雍容华贵的高官。但我还是遵守了原来的约定，错过了会见我最想见到的那个人。幸运的是，后来我很荣幸得以去黑瓦登拜访他。

罗斯伯里勋爵为我捐赠的第一座图书馆，也就是给邓弗姆林的图书馆揭幕，而最近（1905年）他又为我最新捐赠的图书馆揭幕，图书馆设在斯托诺韦。他上一次来纽约的时候，我开车带他看了环河路沿途的风景。他说，世界其他地方都没有这样的景色。他是一个有着各种优秀品质的人，但是他的决心

"被思考蒙上了一层惨白"。

如果他出生在工人家庭,并在年轻的时候进入了下议院,而不是没有经过任何努力就被扔进了镀金的上议院,那么他也许已经从生活的起起伏伏中得到了锻炼,成为更坚韧的人。现在的他过于敏感,缺乏政治生活中至关重要的韧性。但是他是一个很有魅力的演讲家,一位赞颂者,有着最轻柔的笔触和最优雅的表达方式。【自我写下这些文字之后,他也许已经成为我们种族首屈一指的赞颂者。他已经成就斐然。向他致敬!】

一天早上,我如约来见他。彼此打过招呼后,他拿出一个信封,我在进门的时候已经看到这个信封躺在桌子上。他把信封递给我,并说:

"我希望你解聘自己的秘书。"

"这是个不小的命令,先生。可是他是我不可或缺的帮手,还是苏格兰人,"我回答说,"他有什么问题吗?"

"这不是你的字迹,那就是他的。你认为什么人会把我的名字 Rosebery 拼成两个 'r'?"

我告诉他,如果我介意这样的事情,那么我的生活早就无法忍受了。"我每天都会收到很多信件,里面有百分之二三十的人会把我的名字拼写错误。有的人拼成 'Karnaghie',有的人拼成 'Carnagay',等等。"

但是罗斯伯里勋爵是认真的,这样的小事让他很懊恼。我认为,干大事的人应该对这样琐碎的小事一笑置之,不然他们自己也变得"琐碎"了。他的个性很有魅力,可是同时又是一个害羞、敏感、反复无常,并且沉默的人。我想,很可能是上议院那么多年的职业生涯塑造了他的这些特点。

当他,作为一个自由党派人士,震惊了上议院,并掀起风波时,我大胆地向他灌输了一点我的民主作风。

"你要大胆地代表议会。放弃你继承来的头衔,宣布说自己不屑接受一个非大众共享的特权。通过这种方式,你就成为人民的领袖了,但是当你还是贵族身份时,你是做不到这一点的。你年轻、聪明、迷人,再加上你发表魅力演说的天赋,只要你全力以赴,成为总理不成问题。

让我惊讶的是,虽然他表面上很感兴趣,但是却平静地对我说:

"但是下议院是不会接受我的贵族身份的。"

"我倒希望这样。如果我在你的位置,而且也被拒绝了,那么我会再次站起来,为下次竞选这个岗位做好准备,并强迫下议院立刻做决定。我会坚持和强调一点:如果一个人放弃了自己继承来的头衔,那么他已经升华为市民了,也就有资格竞选任何岗位。那么你一定能取得成功。这是在重复克伦威尔的故事。民主总是崇拜打破传统和开创先例的人。"

我们没有再继续谈论这个话题。后来我把与罗斯伯里的谈话告诉莫利,并一直记得他的评论:

"我的朋友,伯克利广场 38 号诞生不了克伦威尔。"他缓缓地、严肃地说道,语气很确定。

罗斯伯里是一个很不错的家伙,可是贵族出身成了他的不利条件。相反,莫利是一步步奋斗而来,做外科医生的父亲为了供他上大学,常常捉襟见肘。但是,现在他依然是"诚实的约翰",而且凭借自己良好的表现被提升为贵族,并被授予荣誉勋章。不过这些荣誉一点也没有影响到他。"鲍勃"·里德与莫利的经历相似。他后来成为劳伯恩伯爵和英国上议院的大法官,后来霍尔丹勋爵继任成为大法官;阿斯奎斯成为首相,后来是劳德·乔治,还有其他人。即使我们共和国今日的统治者也不像那时的他们那么民主,并完完全全是人民公仆。

当世界的一等公民去世,问题来了:谁来接替格莱斯顿的职位？ 谁又有资格成为他的继任者？ 内阁的年轻成员们同意把这个决定留给莫利。 那么是选择哈考特还是坎贝尔-班纳曼呢？ 前者只有一个不足，但是这个不足却是致命的——他很难控制自己的脾气。 很不幸的是，这件仍然没有做出最终决定的事情激起了他强烈的情绪，最终他被认为不适合这个领导职位。 于是，有着震惊、清醒和清晰判断力的坎贝尔-班纳曼成为不二选择。

我非常倾慕哈考特，而他也是我们共和国的热忱的崇拜者，后来还与莫特利的女儿结婚了。 我把我们的人口普查和打印出来的报告寄给他看，并亲自过问他是不是收到了，他非常感兴趣。 当然，能被他选为我的故乡邓弗姆林的代言人，我非常高兴。 让我更高兴的是，当他在联排别墅向聚集在这里的人们致谢时，他说了下面的话：

"我能被选为总理，多亏了贝利·莫里森。"

他提及的"贝利"，邓弗姆林的主要激进党，就是我的舅舅。那时候，卡内基家族和莫里森家族都是激进派，现在仍然如此；两者都是大共和国的强烈支持者，比如，家族中的一位成员曾经称赞华盛顿和他的同僚是"了解并敢于赞扬王权的人"。 这样的宣告很值得做。 有一点是非常确定的：有序、合法发展着的说英语种族终将通过进化，而不是革命，去建立起公民身份的黄金法则：

> 等级只是金币上的印记，
> 而人才是上面的金子。

这种想法已经盛行于所有的英国殖民地。 亲爱的老母鸡看到鸭子叼走了自己的鸡仔，着急地想要破浪前进，在岸上疯狂地喊叫着，但是她不久以后就会学会游泳。

1905 年的秋天，我和夫人参加了授予我们的朋友约翰·罗斯邓弗姆林荣誉镇民称号的仪式。当时他是卡内基-邓弗姆林基金会的主席，为了这里的镇民，热情和积极地工作着。教务长麦克白在他的演讲中说，这个荣誉只有很少的授予人，现在在世的只有三位：议会成员坎贝尔-班纳曼，后来成为了首相；邓弗姆林的埃尔金伯爵，印度的前总督，后来是殖民地大臣；第三个就是我。看来我有着非常棒的同伴，所以看起来我是没有什么希望竞选官职的。

埃尔金伯爵是布鲁斯的后代。他们的家族墓地在邓弗姆林的大修道院，在那里，他伟大的祖先就安息在大修道院的钟下面。国防部秘书长斯坦顿选举格兰特将军做总司令这件事很有名，因为人们认为格兰特成不了司令。关于埃尔金，人们往往会产生相似的错误看法。当苏格兰的大学面临改革，埃尔金在改革委员会的名单上排在第二；当保守党执政政府成立布尔战争[①]委员会，自由党人埃尔金被指派为主席；当上议院给苏格兰联合自由教堂造成混乱时，埃尔金伯爵被委派为委员会主席，去解决这件事情；议会把他的报告制定成法案，并让他指挥执行；为苏格兰大学基金会选举董事会成员时，我对总理巴尔弗说，作为邓弗姆林要人的埃尔金伯爵可以担任主席。他说，在英国，我找不到比埃尔金更好更合适的人了。结果证明确实如此。一天后，邓弗姆林基金会的成员，有过主席经验的约翰·莫利对我说：

"我曾经认为埃尔金是高官中问题缠身的公众人物，但是现在我知道他是最有能力的人。他注重实干，而不只是说说；他注重做出判断，而不只是聊聊。"

这就是布鲁斯后裔的风采，是适当的价值和智慧相结合的象征。

一旦被第一次授予荣誉市民，我就好像在不停地接受这样的

[①] 布尔战争：1899—1902 年英国在南非和布尔人之间的战争。

荣誉。 1906年，我住在纽约，那一年，我连续六天收到了六个荣誉市民称号，一个星期后，又被授予了另外两个荣誉，早出晚归地参加荣誉授予仪式。 也许有人会认为那样的仪式很单调和无聊，但不是这样的，因为每一次的场合都很不同。 我遇到过很多非常出色的市长和教务长，以及与市政事务相关联的其他有重要地位的市民。 每一个小团体都有自己的优势和问题，成功与失败。 通常情况下，人们会迫切期待某一项改观，而这一期待会把人们的注意力暂时从其他事情上移开。 每一个小地方都自成一体：市政厅是小型的内阁，而市长就是首相。 人们对本市的事务抱有很大的兴趣，但是有时也要处理外交关系，比如与邻近社区之间的问题，涉及巨大投入的联合水电气工程。 城市之间往往召开会议，决定是联合起来还是分开行动。

没有哪个部门能像市政府那样突显新旧大陆之间的巨大差别。 在旧大陆，人们世世代代居住在出生地，对出生的小镇和周围的环境越来越依恋。 获得市长职位的父亲会鼓励儿子去争取这个职位。 于是，城市自豪感这一无价的财富应运而生，最高级别的体现就是对故土的浪漫依恋。 人们世世代代都会争取参议员的职位，想着哪一天也许可以为小镇服务。 对于那些最好的市民，这是一个值得称赞的奋斗目标。 但是很少有人往更远处望，因为议会成员的位子是预留给有钱人的，何况成员们得住在伦敦，并且没有补贴。 但是这一点很快就要被更改了，因为英国遵循了国际规范，承担立法者的服务费。 [1908年，到目前为止，已经支付了四百英镑。]

之后，英国也许会跟世界的其他地方学习，议会在白天碰面，成员们精神饱满地开始一天的工作，而不是像以前一样，把一整个白天都花在职业工作上，然后带着疲惫的大脑在晚餐后投入到国家的管理工作当中。 卡文迪什是惠斯特扑克牌方面的权威。 有人问他,一个人有没有可能连着三轮以偷牌的方式出杰克①,他想了想,回答说:"有可能,比如在晚餐之后。"

英国的镇议会有着非常优秀的人,他们有为大众服务的意识,为自己的小镇感到骄傲并全心全意地付出。 美国正在朝这个方向努力着,但是与英国相比,还是落后很多。 不管怎样,随着整个国家人口变得越来越稠密,人们开始在某个地方永久定居下来。 我们应该培养地区性的爱国主义者,他总是急切地想要自己的故乡变得比最初要好一些。 自从苏格兰城镇的教务长之职一般预留给某一位来自上层阶级的当地领主,也就过了一代人。 英国人"深深爱戴勋爵"倒是真的,但是这爱戴正在快速地消亡。

在伊斯特本②、金斯林、索尔兹伯里、伊尔吉斯顿,以及其他很多古老的城镇里,我发现镇长们都是从底层一步步做起的,而且整个镇议会的成员们都是这样的。 他们无偿地付出自己的时间。 能认识苏格兰和英格兰的许多城镇的教务长和议会领导,这让我非常高兴,当然也不能忘了曾经授予我荣誉镇民称号的爱尔兰。 我在爱尔兰的科克郡、沃特福德和利默里克受到了前所未有的欢迎。 更让我惊讶的是,他们在欢迎我的旗帜上用盖尔语写着"衷心欢迎",斯科博的当地人用的就是这种语言。

没有哪一个场合能比荣誉镇民授予仪式更好地让我领略英国人的当地公共生活和爱国心,不然我会感到很无聊的。 在当地的主要官员中间,我觉得很自在,所以能轻松地应对沿途所遇到的旗帜、拥挤的人群,还有趴在窗边的人们,并不会感到尴尬。 最高行政官的发言甚至还让我思考起了新的人生阶段。 自豪的镇长夫人们看起来也令人愉快。

我的结论是:由公众投票选出的英国市政当局能够提供更好

---

① 扑克牌里的 J,在数字 10 和代表 12 的女王之间。
② 英格兰东南部港口。

的服务，远非其他任何国家可以相比。 而且，市政当局的管理体制非常健全和健康。 议会成员很自然都是在不影响当地办事效率的前提下从各个镇议会选拔上来的代表。 也许当议会成员能得到足够的报酬时，更多的镇议会代表会聚集到威斯敏斯特，这对英国来说是有利的。

二十四　格莱斯顿和莫利

当夫人和我于 1892 年 4 月到黑瓦登做客时，格莱斯顿给了我《在英国的美国四马马车》一书不小的恭维。有一天，他提议我到他的新书房来待一个早上。在书房里，他一边排书（除了他，其他人都不可以动他的书），一边与我聊天。我浏览着书架，突然发现了一本很特别的书，忍不住喊了他一声。那会儿他在高高的凳子上整理很重的书籍：

"格莱斯顿先生，我发现架子上有一本叫做《邓弗姆林杰出人物集》。这是我父亲的一位朋友写的，而且我小时候就认识书中的一些名人。"

"好。"他回答说，"如果你沿着那一排向左数三本或四本书，你会发现另外一个邓弗姆林人写的书。"

我照做了，然后就看到了我写的《在英国的美国四马马车》。我还没说话，高高的梯子上就传来了管风琴般的声音，正在朗诵着：

"麦加对穆罕默德，贝拿勒斯对印度人，耶路撒冷对基督徒的重要性，如同邓弗姆林在我心中的地位。"

过了一会儿，我才意识到那是我从南部回到邓弗姆林，第一眼看到它时说出的话。

"您怎么会有这本书的？"我问道，"我写这本书的时候，还没有那个荣幸认识您，所以不可能寄书给您。"

"是的！"他回答说，"我也很不幸地还没有认识你。不过有一个人，我记得是罗斯伯里，向我提起这本书，于是就派人买来了。我读完以后非常开心。你对邓弗姆林的这份敬意非常特别，所以我一直记得，不能忘怀。"

这件事情发生在写完《在英国的美国四马马车》八年之后，更是证明了格莱斯顿先生极好的记忆力。我是一个爱慕虚荣的作者，所以如果我说格莱斯顿先生不仅记忆力好，还有着极好的判断力和鉴赏力，请原谅我。

这位在星期日扮演"圣经经文朗读者"的政治家总是引起别人的怀疑。我必须承认，在了解格莱斯顿先生之前，我时常认为这位谨慎的老绅士至少会感觉这样的露面对他的投票没有什么帮助。但是当我真正了解他之后，所有这些怀疑都消失殆尽。他是最衷心和真诚的人。是的，他甚至在自己的日记（莫利在他的《格莱斯顿的一生》一书中有提及）里写道，在下议院连续几个小时发表关于预算的演讲时，他获得了很多支持，自己感觉像是被"高高在上的神圣力量"支撑着。也许一个人可以自己做出努力，但是谁又能否认，对于一个有着虔诚信仰的人，如果他相信有未知力量给予他支持，这一定会给他带来持久的影响。虽然别人会感到很震惊：一个凡人竟然可以如此大胆地以为宇宙的缔造者会关心格莱斯顿先生的预算这种小事。在这些人看来，格莱斯顿的说法简直是亵渎神明，但是对于格莱斯顿来说，我们知道这恰恰相反——这样一个宗教信念不需要上帝直接来参与。

1887年6月，在女王登基周年庆的晚上，布莱恩和我到位于伦敦皮卡迪利大街的沃尔弗顿勋爵家参加晚宴，同时会见格莱斯顿夫妇。布莱恩先生是第一次见到格莱斯顿先生。我们提前从都市酒店打车出发，但是街上的人群太拥挤，我们不得不在圣詹姆斯大街上半途下车。 我和布莱恩先生一前一后走到人行道上，找到一个警察，向他解释了我的同伴是谁，我们要去哪里，问他能不能带我们过去。 他答应了，凭着警察的权威，带着我们在人群中找到一条路，我们俩紧跟其后，到沃尔弗顿勋爵家的时候已经九点多了。 十一点后，我们结束晚宴离开。

格莱斯顿先生说，他和夫人是走海德公园，绕了一圈才到这里的。 他们希望还用同样的方法回到卡尔顿排屋的家。 而布莱恩先生和我觉得，可以在大街上散散步，慢慢地突破拥挤的人群，走回去。 效果还不错，我们慢慢地随着人流移动着。 经过里福姆俱乐部的时候，我听到右边的楼里传来一个声音，并听到了一两个词。 我对布莱恩说：

"那是格莱斯顿先生的声音。"

他说："这不可能。 我们刚刚才与他分开，他说要回家的。"

"我不管；我听声音识别人的能力，比看脸要厉害。 我很确定那是格莱斯顿先生的声音。"

最后，我说服他跟我往回走几步，我们走到房子旁边，往后退。 我看到一个蒙住的身影，然后低声说：

"'重力'大半夜不在家休息，在这里做什么呢？"

结果真的是格莱斯顿先生。 我告诉他，他在低声跟同伴说话的时候，我听出了他的声音。

"所以，"我说，"您这位真正的统治者竟然来观赏这些为名义上的统治者准备的装饰！"

他回答道："年轻人，我觉得现在是上床睡觉的时间了。"

我们跟他待了几分钟，他很小心地没有摘掉遮住头和脸的宽大外衣。 那个时候已经过了午夜十二点，而他也已经八十岁了，却依然像个男孩，把夫人安全送回家后，他决定来看演出。

晚宴上，格莱斯顿先生和布莱恩先生谈论了英国和美国在议会程序上的不同。 那个晚上，格莱斯顿先生一直在细细询问布莱恩先生关于美国众议院的操作模式,因为后者曾经是众议院的发言人。 我觉得,"先决问题"以及避免不必要的辩论这两点给格莱斯顿先生留下了很深刻的印象。 中间休息的时候,他们的对话又开始有了更多的话题。

格莱斯顿先生也许比任何一个英国人对更多话题感兴趣。 上一次,我跟他一起在苏格兰的阿米斯特德家的时候,他的思维一如既往地清晰有力,对事情的兴趣依然强烈。 那时候他最感兴趣的话题是他在书中读到的、我们国家高耸的钢制建筑。 他一直很困惑,为什么我们能在第三层或第四层建好之前就建好了第五层或第六层。 关于这个问题,他对我的解释非常满意。 他喜欢探根究底,从不知疲倦。

早在他担任《双周评论》的编辑时,莫利先生(虽然已经是勋爵,但是仍然是朴实的约翰·莫利)就已经是我的英国朋友之一了。《双周评论》是发表过我的文章的第一家出版物。 随着年龄的增长,我们的友谊更加深厚,彼此更加亲近。 我们经常在星期天的下午随性地给对方写短信(有时很长)。 但是我们两人并不相像,应该说很不相像,不过对立的两者之间是互利的,这就是我们吸引彼此的原因。 我很乐观;我拥有的鸭子对我来说就是天鹅。 他很悲观,很冷静,甚至是阴郁地看待前方存在的危险,有时甚至凭空想象一些无用的事情。 他有点"草木皆兵",但是我却认为世界很明亮,有时候就像真实的天堂。 我很幸福,对仁慈的命运充满了感激。 莫利从来不热衷任何事情,他的判断总是深思熟虑的,眼睛总是能看到太阳上的污点。

我跟他讲述了一个悲观者和一个乐观者之间的故事:悲观者对任何事情都感到不高兴,而没有什么事情能让乐观者感到不高兴。 后者获得了天使的祝贺,获准进入了天堂。 悲观者回答说:

"不错,天堂是好地方,但是不知道怎么回事,这个光晕不大适合戴在我的头上。"

乐观者给悲观者讲了一个故事：一个人将要被带下地狱。魔鬼把这个人放在岸边，自己去温泉旁边喝水，水温很高。一个老朋友过来跟这个人搭讪：

"我说，吉姆，感觉怎么样？再也不可能有回头路了。你真的没有指望了。"

那个人马上回答道："嘘，也许你会让事情变得更糟糕。"

"怎么会？比你正被带到无底深渊还糟糕？"

"嘘，"说着指了指那个负责押送他的魔鬼，"他也许会让我背着他。"

莫利跟我一样，非常喜欢音乐。在斯科博，每个早上听到管风琴的声音，他都会很开心。他像亚瑟·巴尔弗一样，着迷于宗教剧。我记得他们两人还买票一起去水晶宫看宗教剧。这两个人都是非常理智又达观的人，在哲学观点上也没有很大的不同。但是巴尔弗最近的创作却与莫利的领域相去甚远，是后者从来没有尝试过的方面。莫利喜欢做很有把握的事情，只涉足前路清晰的领域，所以永远不用担心他会"在森林中迷路"。

莫利最近最令人惊讶的言论出现在他给聚集到伦敦的全世界编辑的发言中。他大概的意思是，彭斯作品中的几行字比上百万的评论文章都更加能维护现在进步了的政治和社会局势。他还评论说，有一些形成文字或者说出口的话本身就是事件，它们自己能变成现实。他引用了汤姆·佩恩的《人的权利》做例子。

随后他来到了斯科博，我们谈论起他的演讲。我提到了他对彭斯的致敬以及他引用的六行文字。他说，不用他说，我也应该知道是哪些文字。

"是的，"我说，"我牢记在心。"

后来，在蒙特罗斯的公园举行的彭斯雕像揭幕仪式上，我发表了演讲，并重复了我认为当时莫利引用的话，他表示赞同。说来奇怪，我们两人很多年前一起被授予蒙特罗斯荣誉市民，所以我们是同市的荣誉市民了。

后来，我终于说服莫利来美国见我们。1904年，他几乎走遍了美国的大部分地区。我们尽量安排他会见很多像他一样杰出的人物。有一天，议员伊莱休·鲁特应邀到我家里来，莫利和他进行了长时间的对话。议员走了之后，莫利评价说，他很喜欢鲁特议员，是他见过最让人满意的美国政治家。他说得没错。能在公共事务上做出明知判断，并有着广博知识的鲁特无人能比。

莫利离开我们去白宫会见了总统罗斯福，并与那个非凡的人度过了颇有收获的几天。后来，莫利这样评价说：

"我在美国见到了两大奇观：罗斯福总统和尼亚加拉大瀑布。"

他的说法非常聪明和生动，两者都是汹涌澎湃的、勇猛的、令人轰动的奇观，不知疲倦地完成着自己的任务。

莫利是最能配得上阿克顿图书馆的人，我之所以把这样一座图书馆馈赠给他，由来是这样的：格莱斯顿先生告诉了我阿克顿勋爵的状况。在他的建议下，我同意买下他的图书馆，并答应他终身都可以继续使用。不幸的是，只过了几年他就去世了。图书馆也就回到了我的手里。我觉得莫利会好好利用阿克顿图书馆，而且最终会把它交给适当的机构管理。于是我开始跟他说阿克顿图书馆其实归我所有，这时候他打断了我：

"那个，我必须要告诉你，其实从你买下图书馆的那天起，我就知道这件事了。格莱斯顿先生没有保守这个秘密，你买下图书馆，让阿克顿勋爵能够一生享用，这让格莱斯顿先生大喜过望。"

这个时候的我们已经是很亲密的朋友了，可是我们在此之前从来没有把这个情况告诉彼此。其实当他没有表现出惊讶时，我就感觉到很惊奇了。这件小事也证实了格莱斯顿先生和莫利先生之间的紧密关系：当前者遇到开心的尘世琐事时，后者是他唯一忍不住想要与之分享快乐心情的人。但是在神学问题上，这两人有着很多不同看法。

我为苏格兰大学捐赠基金会后的一年，莫利作为首相出访巴尔莫勒尔，会见了苏格兰国王，并给我发电报说，在我们航行出发前，他必须要见到我。我们见面的时候，他告诉我说，国王深深感动于我给苏格兰大学和其他人的捐赠，并拜托莫利了解一下我希望从他那里得到什么样的馈赠。

"你怎么回答的？"

莫利说："我认为没有。"

我说："你回答得很对。但是如果国王陛下能够给我写一封信，就像写给你的一样，在信里表达一下自己的满意，那么我会非常感激他，并且当作值得骄傲的遗产传承给后人。"

国王答应了。在书中的其他地方，我已经提到过王的亲笔信了。

很幸运的是，莫利认为斯科博是最好的疗养胜地之一。他每个夏天都会来看我们很多次，已经成为家庭的一员了。莫利夫人总是陪伴在他左右。他跟我一样喜欢游艇。幸运的是，这对我们两人来说都是最好的药。莫利是，而且一定永远是"诚实的约翰"。他不会支支吾吾，不会说废话，面对任何问题和突发状况都坚如磐石。同时，他又总是会兼顾四周，奉献他宽大的胸怀，但是又不总是温柔的，在适当的时间和场合，他又显示出自己的力量和存在感。事情解决后，一切又归于沉默和安静。

张伯伦和莫利是铁哥们，同样都是前卫的激进派。在英国的时候，我们经常见面，共同商议问题。当地方自治这一问题被提出后，英国方面对美国的联邦体制产生了很大的兴趣。很多人求助于我，于是我在很多城市发表了很多演讲，解释并宣扬我们的联邦体制；总结来说，我的主要观点是，美国政府有很多个部分组成，每个部分都对整体给予最强大的管理，然后共同组成最自由的政府。 应张伯伦先生的要求，我给他寄去了安娜·L.道斯小姐的《我们怎么被统治》一书，同时与莫利、格莱斯顿和其他很多人讨论了这个话题。

我给莫利写信说，我不赞同他们的地方自治，并给出了我的原因。 当我见到格莱斯顿时，他对此表示遗憾，并跟我进行了详尽的谈话。 我不赞成他们把爱尔兰成员排除在议会之外，因为这就是明显的隔离。 我说，我们本不应该允许南方各州停止派地方代表到华盛顿的。

"如果他们拒绝，那你又会怎么做呢？"他问。

"利用一切文明的资源，首先要切断信件往来，"我回答说。他停顿了一会儿，重复道：

"切断信件往来。"他察觉到这个问题没有办法再讨论下去了，于是沉默起来，然后转变了话题。

当别人问我，我会怎么做时，我总是指出说，美国有很多个议会，但是只有一个国会。 英国应该向美国学习，成立一个国会，并为爱尔兰、苏格兰和威尔士成立当地议会（而不是很多个国会）。 这三个地方应该被转变成像纽约和弗吉尼亚一样的州政府。 但是英国没有最高法院来决定要通过哪些法律，就像在美国，不仅要通过各州议会，还要通过国会，而最后的敲定者是司法部门，不是政治部门。 英国应该把议会设为这个国家的最终权威。 这样的话，爱尔兰当地议会的行为就会连续三个月在下议院讨论，或许会遭到反对，但是会实施起来，除非直接被否定掉。这一条款将形同虚设，除非以前的规定是不合适的。 但是如果以前的立法是不适当的，那么逻辑上来说，这一条款已经是有用的。 我是这样说的，这一条款是为了安抚那些胆怯的人，让他们放心，英国不会出现分离。

就在我稍后催促莫利先生接受这个观点时，他告诉我，这个建议已经提交过给帕内尔，但是被拒绝了。 格莱斯顿先生也许会这样说："很好。 这个条款对我自己和其他与我一起出主意的人没有什么用，但是对于保持英国的完整性是必要的。 我现在不想讨论这个问题了。 现在轮到你负责了。"

在黑瓦登的一天早上，格莱斯顿夫人对我说：

"威廉姆说，他跟你进行了非常棒的对话。"

我相信他会觉得很棒，因为他不会经常听到一个真诚的共和党人活泼的谈话，也不能理解我为什么不能接受人们想要得到与原来不同的世袭身份。 我觉得非常奇怪，有些人居然故意放弃自己父母给的名字，然后自己为父母命名。 更有趣的是，那些年龄大的世袭贵族要强忍着，才能不对那些或许花费一万英镑买走他们的头衔的新晋贵族们笑。 这些资金据说都被纳入了政党基金。

布莱恩和我们一起在伦敦。 我告诉格莱斯顿先生，布莱恩曾经向我表示，当看到年老的他手托着帽子，在寒冷的天气里召开的露天招待会上向贵族们表示敬意，他感到很惊讶和伤痛。 我们谈到了教会和政府结合的话题，以及我的"展望未来"的想法，因为我预测说，英国各岛屿已经不能再继续扩张了，所以说英语的各个民族会重新结合。 我的观点是，英国教会的政教分离是必然趋势，因为考虑到其他原因，它确实是一种反常体制。 在我们这个种族的其他地方，情况都不是这样的。 在那里，所有的宗教都是被扶持，但是不支持。 格莱斯顿问：

"你认为我们的国教能存活多长时间？"

我的回答是，我没办法给出一个确切的日子，因为他在政教分离方面比我更有经验。 他点点头，笑了。

当我谈到，相比较其他领土较大的国家，英国将面临人口减少的趋势，格莱斯顿问我：

"你认为这个国家未来会如何？"

在众多古老国家中，我拿希腊做例子，并且说，英国能产生像乔叟、莎士比亚、斯宾瑟、弥尔顿、彭斯、司各特、史蒂文森、培根、克伦威尔、华莱士、布鲁斯、休谟、沃特、斯宾塞、达尔文,以及其他的名人,这并不是偶然。 天才依赖的不是物质财富。 很多年以后,英国将不再是著名的工业国家,不是因为它自己的退步,而是因为其他国家的更大进步。 所以在我看来,她会成为现代希腊,在众多国家中享受精神优势。

他抓住了我话中的词,沉思着重复着:

"精神优势,精神优势,我喜欢这个,我喜欢这个。"

我以往从来没有像这样完完全全享受与一个人的对话。 我又去黑瓦登拜访过他一次,但是上一次见到他是在1897年的冬天,在戛纳的兰德尔勋爵家。 当时他正重病缠身。 不过他依然保持着以往的魅力,还特别问候了我的弟媳露西。 露西是第一次见到格莱斯顿,但是却印象深刻。 我们开车离开的时候,她低声说:"一只生了病的鹰,生了病的鹰!" 那天见到的他,脸色苍白,显得很疲惫,没有什么词能比露西的话更恰当地形容他的状况了。 他不仅是一个伟大的人,而且是非常善良的人,总是被最纯真的念头驱使着,带着自己高傲而迫切的灵魂,一直往前往上看。 他真正配得上"世界首屈一指的公民"的赞誉。

在英国,我于1881年和塞缪尔·斯托里下院议员有了生意往来。 他是一个很有能力的人,一个坚定的激进派,还是一个真诚的共和党人。 我们买下了英国的几大报纸,然后开始了一项支持激进路线,推动政治进步的活动。 帕斯莫尔·爱德华兹[①]以及其他一些人也加入了我们。 但是因为我的英国朋友们之间存在不和,所以结果并不是很理想。 我最终决定退出合作关系,幸运的是,我并没有损失什么。

我的第三次文学创作是《胜利的民主》。 我之所以写这本

[①] 帕斯莫尔·爱德华兹(1823—1911):英国记者,拥有自己的报纸,还是一位慈善家。

书，是因为我意识到，很多外国人，甚至是英国人，对美国知之甚少，而且知道的那一点信息也是已经被扭曲了的。更让我惊讶的是，一些很著名的英国人甚至也不了解美利坚合众国。我永远不会忘记1882年与格莱斯顿先生的第一次谈话。当我告诉他，说英语国家的绝大部分成员都是共和主义者，君主制统治的是少数人。他说：

"什么，怎么会？"

"格莱斯顿先生，"我解释说，"共和主义统治的人数比英国及其殖民地的人口加起来还多两倍。"

"啊？怎么可能？你们有多少人口？"

"六千六百万，而您的人口还不到这个的一半。"

"哈，这真让人惊讶！"

当谈到国家财富时，他同样感到惊讶：据1880年的统计调查，仅有一百年历史的美国共和国可以买下英国和爱尔兰，以及他们的所有资本和投资；偿还英国的所有债务后，美国依然还有剩余的财富。但是最让他感到震惊的，是我提到了自由贸易。我指出，美国现在已经是世界上最大的制造国［后来，我记得英国大臣霍尔丹犯了一个错误，称英国是世界上第一大制造国，但是他后来感谢我纠正了他的错误］。我引用了马尔霍尔的数字：1880年，英国的制造总产值为八亿一千六百万英镑，而同年美国的总产值为十一亿两千六百万英镑。他只说了一个词：

"不可思议！"

我还列出了其他一些令人惊讶的信息，他问道：

"为什么没有哪一个作家写一写这个话题，把这些事实清晰明了地告诉世人呢？"

说实话，那时候我已经在为《胜利的民主》收集材料了，我的目的与他期待的一致。我把这个消息告诉了他。

写作《环游世界》和《在英国的美国四马马车》时，我没有花费很大的力气，但是从1882年就开始筹备的《胜利的民主》就不是那么一回事了。 写这本书需要付出沉着的勤劳劳动，需要核对和安排数据。 不过随着研究的推进，我开始对此着迷。 连续几个月以来，我的脑海里似乎装满了统计数字，丝毫注意不到时间的流逝，有时候把晚上当成了中午。 我第二次患严重的病就是因为这本书带给我的极大压力，而且我同时还得照顾生意。 所以，如果再次做关于数据相关的东西，我一定要再三思考。

二十五　赫伯特·斯宾塞和他的信徒

1882 年，赫伯特·斯宾塞和他的朋友劳特先生，还有我一起乘坐塞尔维亚号，从利物浦旅行到纽约。莫利先生曾经向我介绍过斯宾塞先生，但是在那之前，我在伦敦已经见过这位哲学家了。我是他的一位信徒。作为一位资深的旅行者，我负责照顾他和劳特先生。在这个航程中，我们都坐在同一张桌子上。

有一天，我们谈到与伟大人物第一次见面时，他们往往给我们留下什么印象，与我们想象中的一样吗？我们依次讲述自己的经历。我的看法是，想象出来的形象和实际见到的人之间差距非常大。

"噢？"斯宾塞先生说，"就拿我来说，就是这样的吗？"

"是的，"我回答说，"你不是我想象中老师的样子。想象中，您是一位安静沉思的伟大哲学家，像印度教里的佛一样，看透所有事情，但是不为所动。更让我没有想到的是，您会因为柴郡干酪和切达干酪而激动不已。"在我们谈话的前一天，他很不高兴地推开餐务员端来的柴郡干酪，并且大声喊着"切达，切达，不是柴郡，我说的是切达"。听完了我的话，大家都大笑起来，这位哲学家笑得最开心。后来，他在自己的自传中提到了航行中发生的这件小事。

斯宾塞喜欢听故事，而且很喜欢笑。相比来说，他似乎更喜欢美国故事，我给他讲过不少，每一次他都大笑不止。他急切地想要了解吸引了欧洲人目光的美国西部。我给他讲过一个关于德克萨斯州的故事，他觉得很有趣。有人问一位刚从德克萨斯州移民出来的人，认为地方怎么样，那时那里还很贫瘠，那个人失望地说：

"陌生人，关于德克萨斯州，我所能说的就是，如果我拥有这个州，我就会把它卖了。"

和最初的状况相比，德克萨斯州发生了多么巨大的变化呀！现在这里有四百万人口。据说，1882年德州生产的棉花比全世界其他地方加起来还要多。

带着斯宾塞游览过匹兹堡，与他一起往家走的时候，我想起来另外一个关于到访者到公园散步的故事。他刚一推开门，房子里就跑出来一条大狗，他马上后退，并及时关上了门。主人大声说：

"他不会碰你的。你知道的，咬人的狗不叫。"

"是的，"那个到访者声音颤抖着说，"我知道这一点，你也知道，可是狗知道吗？"

有一天，我看到最大的侄子轻轻地开开门，偷偷地看向我们坐着的地方。他母亲后来问他，这是在做什么，那个十一岁的孩子回答说：

"母亲，我想看看那个曾经在他的书里写学习语法没有用的人。"

斯宾塞听到这个故事后，非常地高兴，还经常提起。他很信任我的侄子。

有一天，我跟他聊起他签署的那份反对修建法国加莱和英国多佛之间的隧道的抗议书，因为我对此感到非常惊讶。他解释说，他个人是非常希望这条隧道得以修建的，他也不相信其他人所提出的反对意见。他之所以签署了抗议书,是因为他知道国民们非常愚蠢,英国军队和海军一定会出面把他们吓跑,恐吓他们,并激起军国主义思潮。到时候,陆军和海军的数量都会增加。他提到了这种情况曾经引起的一次恐慌,还导致花费几百万建立防御工事,最后被证明是没有用的。

有一天,我们坐在伦敦豪华酒店的房间里,俯瞰着特拉法加广场。看着皇家近卫骑兵团经过,我对斯宾塞先生说:

"斯宾塞先生,每当看到一个装扮成戏班小丑的人,我都感到伤心和愤愤不平。我们自认为是十九世纪最文明的种族,但是依然有人甘心情愿把小丑当作一种职业,直到最近,绅士们的唯一职业就是学习如何杀人。"

斯宾塞先生说:"我也有这样的感受,但是我来告诉你怎么克制自己的愤恨。每次内心里升起愤恨,我就用爱默生的故事让自己镇定下来。在法纳尔大楼[①]里,他因为发表反对奴隶制的言论而被从讲台上推搡轰赶下来。他描述说,自己满腔怒火地走在回家的路上。他打开院子的门,抬头透过榆树的枝看了看天空,那棵榆树长在门口和他简陋的房子之间。透过树枝,他看到了星星的点点光芒,它们似乎在对他说:'是什么让您如此生气,先生?'"听到这儿,我笑了,他也笑了起来。我感谢他把这个故事告诉我,在后来的日子里,我经常对自己说这句话:"是什么让您如此生气,先生?"这样就足够了。

斯宾塞先生的美国之旅在德尔莫尼科举行的晚宴上到达高潮。我开车送他到那里,然后觉察到这位大人物非常紧张。他一门心思都放在自己将要做的演讲上。我想他很少在公众面前演讲。他的担心是,观众会认为自己的演讲内容对他们没有什么帮助,毕竟美国人是最早欣赏他的著作的人。他也许参加过很多宴

[①] 在美国马萨诸塞州波士顿的公共会堂,在独立战争中,是爱国者聚会的场所。

会,但是没有哪一个聚会汇集这么多优秀人物。 这是一次非凡的聚会。 这些最有能力的人对斯宾塞表达的敬意是很特殊的。 当亨利·沃德·比彻①在他的演讲末尾对斯宾塞致辞时,宴会到达高潮。 比彻这样说:

"身体发肤受之父母,但是从您那里,先生,我获得了智慧。在关键时刻,是您帮助我安全地走过了生活的沼泽地。 您是我的老师。"

说这些话的时候,他的语气缓慢而深沉。 我从来没有在其他人身上看到如此深厚的感情,很明显,说话者一定是一个非常感恩的受益者。 斯宾塞很感动,在场的人也纷纷评论他的发言。不久后,比彻开了一门关于布道的课程,宣传他对于进化的观点。 人们焦急等待着这一系列课程的结束,因为他的公开对斯宾塞表示感谢已经在教会圈子里引起了骚动。 在他的结束文章中,跟他的发言一样,如果我没有记错的话,比彻说,虽然他直到现在都相信进化论(达尔文主义),但是当他发展到人类的最高级别,其创造者就会赠予他(只有人类可以得到这种赠予)圣洁的精神,让他成为像上帝一般的人。 就这样,他封住了批判者的嘴。

斯宾塞对机械装置特别感兴趣。 跟我一起到工厂参观的时候,我们的新设备给他留下了深刻的印象,后来的几年里,他有时还会提到这一点,并说他对美国的发明才能和抱负的期待已经全部被实现了。 美国人给予他的尊重和关注让他非常高兴。

只要去英格兰,我几乎每一次都会去看望他,即使后来他搬到了布赖顿,在那里他可以眺望大海,这可以缓解他的心情。 从来没有一个人像他一样,似乎总是审慎地做每一件事,选择每一个词,即使是最微小的细节;他做每件事都在追随自己良心的引

---

① 亨利·沃德·比彻(1813—1887):美国牧师,废奴运动的领导者之一。

导。他是哲学家，但是从来不嘲笑宗教事务。但是在神学领域，他对体统不是很关心，因为他认为这是一个有缺点的体系，阻碍了人类的真正成长节奏。同时，他认为奖罚制度是非常低级的。但是，当谈论传统观点时，他从来没有像丁尼生①那样过分。诺尔斯告诉我，丁尼生失控了。儿子做了诗人，并且没有像父亲那样坚决反对严厉的神学。

斯宾塞永远都是一个镇静的哲学家。我想，他的一生中，当这个社会都陷入无节制当中时，他却从来没有错过一件不道德的事情，或者对其他人不公平。他绝对是所有人中最正大光明的。没有人像我想了解赫伯特·斯宾塞那样强烈地去了解另外一个人，因为很少有人像我一样，受惠于他和达尔文。

很多人从小是在教会人士中间长大，每天耳濡目染，听到的思想是这样的：真理和信念对于未来的幸福是至关重要的，而获得真理和信念的唯一途径是经历最严格的卡尔文主义的各项要求。于是，很多人会抵制古老的神学观念。这位有想法的年轻人当然会受到影响，并且附和这种抵制。在他成长到一定年龄之前，他会坚持认为，周围那些最好的、受过高等教育的人一定是正确的。他一直把他们当作榜样，所以不能接受任何人对他们的质疑，比如那个寻找他灵魂的邪恶之人。他一定会找到，除非信念可以来解救。不幸的是，他很快就发现信念并没有帮他。他认为，自己之所以不能看到自己想要看到的、相信他想要相信的，一定是因为自己的原罪。他似乎清楚地知道，自己已经比那个迷失的人好一些，但是他不会成为被上帝选中的人，因为只有部长、老人和非常正统的人才会被选中。

这个年轻人很快就开始了缓慢的反抗，试图在别人面前装得很信任上帝，外表上很同意上帝的行为和教义，但是内心完全不

---

① 英国维多利亚时期的诗人。

能调和外在的赞扬和内在的怀疑。如果那个人身上还有智慧和美德的话，只会产生一个结果，那就是：他经过几个星期的折磨后，他喊出："如果这是难以置信的，那么以上帝的名义，让我们把它变成不足信的。"怀着这样的想法，他不再怀疑和恐惧。

我，还有另外三四个亲密的朋友都处于质疑神学的阶段，特别是里面的超自然元素，或者说关于通过替代救赎和其他一切方法获得重生的所有说法。就在这时，我幸运地接触到了达尔文和斯宾塞的作品：《伦理学素材》、《第一原理》、《社会静力学》以及《人类的由来》。当我在书中读到，人们吸收精神食粮，寻找对他们有利的，保留有益健康的，废弃有毒的，我记得当时感觉阳光像洪水般汹涌而来，一切都变得很清楚明白。我不仅摆脱了神学和超自然力量，还找到了进化的真理。从此以后，"万物都在变得更好，所以一切都会好"成为我的座右铭和安慰的来源。人不是生来就有走向堕落的本能，但是他有从低级形式进步到高级形式的本能。通向完美的道路永远也没有尽头，但是他的脸面对着阳光，站在太阳下，看向高处。

人性就像一个有机物。它本能地抗拒有害的或者错误的东西，吸收经过考验的、有利和正确的东西。如果人类确实有这样的倾向，那么我们就可以推论，宇宙的建筑师已经把这个世界和世界上的人们塑造得很完美，没有罪恶和痛苦，如同天堂里的天使。但是，虽然这位建筑师没有这样做，人们生来也已经被赋予了向前进步而不是向后退步的能力。《旧约》和《新约》，与其他国度神圣的作品一样，都是很有价值的、关于过去的纪录材料。像写作《圣经》的古代作家一样，我们的思想应该放在这一世和我们现世的责任上，就像伟大的圣人和导师孔子所说："履行好这一世的责任，不为来世过多地担忧，这才是最高的智慧。"就让我们等到来世再去考虑在那个来世世界里的责任吧。

我只是这个严肃、神秘和未知宇宙里一粒灰尘而已，甚至连这个也算不上。 我向后退去，然后明白了这样一个真理。 富兰克林是正确的，"对上帝最高级别的崇拜就是服务人民。" 但是，这一切也并不阻止人们对永垂不朽的永久追求。 获得来生与获得这一世的生活一样，都是伟大的奇迹。 既然我们已经活了这一世，为什么不能再有来生呢？ 因为，我们是有理由期待永生的。 让我们怀抱期待。

二十六　布莱恩和哈里森

我们可以通过看一个人的同伴，来判断一个人，同样也可以通过他讲个故事，来了解一个人。布莱恩先生是我见过的最好的说书人之一。他的个性聪明阳光，在不同的场合都可以讲述诙谐率真的故事。

布莱恩在约克郡的发言（我当时陪在他身边）深受人们的赞赏。他的发言特别关注了英语国家的两个分支，即英国和美国之间不断加深的深厚友谊，结尾处还表示希望两国之间的和平和善意可以持续很多的世纪。当他把演讲词读给我听的时候，我觉得"很多"这个词很不协调，就对他说：

"国务卿先生，我能不能建议您换一个词？我不是很喜欢'很多'这个词，为什么不改成'所有'呢？"

"好，这样就完美！"

于是，他的演讲词就变成了："可以在未来的所有世纪里持续下去。"

在从约克郡返程的船上，我们度过了一个美好的夜晚。我们坐在船尾，在月光下听着军乐队的演奏，聊着音乐的感染力。布莱恩先生说,他现在最喜欢的是《同聚美地》①,上一次在加菲尔德总统的葬礼上这支军乐队就演奏过。他觉得自己一生都没有像当时那样被甜美的声音深深打动。那天晚上,他要求军乐队只演奏这一首曲子。他和格莱斯顿都很喜欢简单的音乐,他们喜欢贝多芬和其他古典作曲家,但是听不懂瓦格纳的作品。

我问他,至今为止在国会听过的最成功的演讲是哪一次,他说是一个德国人的发言,宾夕法尼亚的前州长瑞特。他提出了关于为内陆淡水水域拨款的第一个法案。众议院对这个议题的意见存在分歧。严苛的美国宪法解释者认为这不合宪法规定,因为只有靠近咸海的港口在联邦政府的管制下。众议院内部的争论很激烈,一时没有结果。这时,让众议院惊讶不已的是,州长瑞特第一次慢慢站起身。人群马上陷入了沉默。这位年老的德国人前州长要说些什么呢?他以前可是从来没有发过言。他只说了下面的话:

"议长先生,我不是很了解宪法的细节,但是我知道一点:如果一部宪法没有在淡水和咸水里洗过,我是不会买账的。"众议院中爆发出阵阵抑制不住的笑声,议案就这样通过了。

于是就产生了这个新的项目,一种利用政府资金,调用陆军和海军工程师的最好方法。政府付出去的钱很少能有这样的高回报。这是通过灵活调整宪法,满足新增长人口的新需求。不管是谁制定了宪法,今天的我们应该给予它最新的诠释。

如果我们能从那么多优秀故事中作出选择的话,我认为布莱恩先生最好的故事是下面这个:

在奴隶制和地下铁路盛行的时候,在靠近加利泼里斯的俄亥俄河岸上住着一个有名气的民主党人,叫做弗兰驰。他对一些反对奴隶制的朋友说,希望他们能把第一个跨河逃跑的奴隶带到他

---

① 曲子的英文名字是 "Sweet By and By"。

的办公室。俄亥俄河与北方通过地下线路联系在一起。他不明白为什么奴隶们想逃走。试图逃走的奴隶真的被带到他面前,然后发生了如下的对话:

法官:"你从肯塔基逃走,我想,你的主人应该很坏吧?"

奴隶:"哦,不,法官大人,我的主人是很好,很善良的人。"

法官:"那,是因为他给你的活太多了?"

奴隶:"不,我这辈子从来没有劳累过度。"

法官迟疑了一下,继续说道:"他不让你吃饱?"

奴隶:"在肯塔基还能吃不饱?哦,法官大人,我吃得饱。"

法官:"他让你穿不暖?"

奴隶:"我穿的衣服足够好了,法官大人。"

法官:"那么你住得不好?"

奴隶:"哦,大人,一想到我在肯塔基那漂亮的小木屋,我都想要哭了。"

法官停顿了一会儿,继续说:"你的主人是一个善良的好人,你的活不重,吃得饱,穿得暖,住得也好。那么我就不明白你到底为什么想要逃跑了。"

奴隶:"法官大人,我住的地方就在那里,您现在就可以去,归您了。"

法官看到了一束巨大的光。

"自由有千种魅力,
而奴隶们,再怎么锦衣玉食,也体会不到。"

有色种族的人们愿意冒着失去一切的危险去获得自由,这最好地证明了,他们正在稳步接近,并将最终成为共和国的平等公民。

我从来没有见到布莱恩先生像在克卢尼那么快乐。他就像回到了年少时候,我们在一起欢闹。他从来没有用苍蝇做诱饵钓过鱼。我带他去钓鱼,一开始他动作很笨拙,不过很快就掌握了要领。我永远不会忘记他第一次钓到鱼的样子:

"我的朋友,你又教给了我人生一大乐趣。缅因州有上百处可以钓鱼的海湾,以后的假期我就去那里钓鲑鱼啦。"

克卢尼的六月没有黑夜,在明亮的黄昏时分,我们在草地上跳舞,一直跳到很晚。布莱恩夫人,道奇小姐,布莱恩先生,还有其他客人,试着做苏格兰式的旋转,像高地人一样"呐喊"。在那两个星期里,我们快乐得狂欢。两周后的某天晚上,我在纽约的家里设宴,客人主要是克卢尼的来访者。布莱恩先生对在座的人说,他在克卢尼发现了什么是真正的休假,"那就是当生命中最微不足道的小事情成了生活中最严肃的事情。"

1888年,布莱恩先生正与我们乘马车旅行,在途中收到了哈里森总统提名他竞选总统的通知。当时,布莱恩夫妇,玛格丽特·布莱恩小姐,议员黑尔及其夫人,道奇小姐以及怀特·丹姆罗斯克正与我们一起乘马车从伦敦到克卢尼城堡。从爱丁堡出发,在快接近苏格兰的林利斯戈时,我们发现地区教务长和治安官们穿戴整齐,在宾馆里迎接我们。布莱恩先生走进房间,把手里的电报拿给我看,问这是什么意思。电报上写着:"用暗号。"这封电报来自芝加哥代表大会的埃尔金斯议员。布莱恩前一天回复了电报,说不接受总统提名,除非来自俄亥俄州的国务卿舍尔曼也竞选总统。埃尔金斯议员毋庸置疑是想确定跟他通信的是布莱恩先生本人,不是什么突然冒出来的人。

我告诉布莱恩先生,在航行开始前,埃尔金斯议员召见了我,建议我们给每一个优秀的候选人选择一个暗号。我给他列出了一些,然后把备份放在自己的口袋书里。我找了找,很幸运居然找到了。布莱恩先生的暗号是"维克托",哈里森是"喇叭",

来自新泽西州的菲普斯是"星星",等等等等。 我给"喇叭"和"星星"发了电报。 这是晚上发生的事情。

然后我们就回去休息了。 第二天,我们在穿着礼服的市政当局带领的游行队伍引领下,经过主大街,到达了用旗子仔细装饰过的宫殿。 人们发表了欢迎致辞,然后布莱恩发表了演讲,其实是人们大声呼喊,要求他演讲的。 就在这个时候,一封电报送到他的手里:"哈里森和莫顿被提名了。"菲普斯拒绝了,而且布莱恩先生也失去了成为最高官员的机会,成为从英语种族的大多数人中千挑万选出来的人物。 但是他曾经被公平选拔为总统候选人,后来被骗走了纽约州。 后来,事实清楚地证明,那些在后来的选举中试图重复同样把戏的犯罪者已经受到了惩罚。

作为哈里森总统的国务卿,布莱恩先生无疑是非常成功的。同时,泛美国会是他最杰出的成果。 正是在这个时候,我接到了自己唯一一次政治任务,那就是作为美国的代表去出席泛美国会的会议。 这次任务让我得以见到南美各共和国很有趣的方面以及发现他们存在的问题。 我们与其他共和国的代表一起坐下来,巴西的代表也出席了,但是当时他们的国家还不是共和国。 一天早上,国会通知我们说,新的章程已经被批准了,巴西成为姐妹联盟的一员,是第十七个共和国——不过现在已经有二十一个了。现场爆发雷鸣般的掌声,给突然升为共和国的巴西的代表送上热情的祝福。 我发现,南美各国的代表非常怀疑这位老大哥的企图。 一种敏感的独立精神在这个时候很明显地表露出来,而我们有义务意识到这一点。 在这一点上,我认为我们成功做到了,但是其他政府有必要多顾虑并且尊重南部邻居的民族情感。 我们应该追求的不是控制,而是以完美平等为基础的合作。

我坐在曼努埃尔·昆塔纳旁边,他后来成为阿根廷的总统。他对会议议程非常感兴趣。 有一天,他在一件微不足道的小事上开始吹毛求疵,最后跟主席布莱恩激烈地说着话。 我想事情的根源是语言翻译上出现的一处错误。我站起身,溜到讲台上的主席身后,在经过的时候小声对他说,如果现在休会一会儿,意见上的分歧也许就可以解决。他点了点头。我回到椅子上,宣布休会。在休会的空隙,所有的不同意见都得到了满意的解决。当我写这段文字的时候,突然回想起,在离开大厅,路过其他代表身边时,发生了一件小事。一位代表用一只胳膊揽住我,然后用另一只手拍了拍我的胸,大声说:"卡内基先生,您这里比这里更丰盈。"说着指了指我的口袋。我们的南部兄弟总是这么可爱地公开表达自己的情感。在温暖的气候里成长的人总是有着温暖的内心。

1891年,哈里森总统与我一起离开华盛顿,前往匹兹堡去为我捐赠给阿勒格尼的卡内基音乐厅和图书馆揭幕。白天,我们搭乘了巴尔的摩和俄亥俄铁路,一路上非常开心,我们的总统对沿途的景色尤其喜欢。天黑时,我们到达了匹兹堡。面前燃烧着的焦炭炉和密密麻麻的烟囱让他大为吃惊。在他看来,从山顶向下俯瞰,只有"去了盖子的地狱"这几个词能最恰当地形容匹兹堡。他是第一位来访匹兹堡的总统,不过他的祖父哈里森总统在竞选结束前往华盛顿的时候,曾经在从汽船转乘运河船的时候路过匹兹堡。

因为总统的出席,很多人出席了揭幕仪式,一切都很顺利。第二天早上,总统想去看看我们的制钢厂。于是我陪同他到了那里,受到了工人们的热情欢迎。经过每一个部门,我都把部门经理叫来,向总统介绍一下。最后,当见到施瓦布先生时,总统转向我说:

"这是怎么回事,卡内基先生?你介绍给我认识的都是小伙子。"

"是的,总统先生,但是您有没有注意到他们是什么样子的小伙子?"

"注意到了,精明能干,每一个都是,"他这样评价。

他是对的。 在世界的其他地方是找不到工作如此出色的年轻人的。 他们被提拔成为公司的搭档,但是不需要支付任何费用或承担任何风险。 如果盈利不足以支付他们的份额,他们也需要承担责任。 所以,在公司里,让员工成为"搭档"与给"员工"加薪会产生非常不一样的结果。

总统跨河到访阿勒格尼带来了一个很有利的结果。 匹兹堡市政厅的成员们让我想起,我最初提出向匹兹堡捐赠一座图书馆和一座音乐厅,可是市政当局拒绝了。 接着阿勒格尼市的官员们问我是不是可以捐赠给他们,我答应了。 总统到访阿勒格尼为图书馆和音乐厅揭幕让匹兹堡当局觉得当初对我的捐赠的不予理睬是非常过分的。 于是,官员们在揭幕仪式后的那个早上来见我,问我可不可以恢复对匹兹堡的捐赠。 如果我愿意,他们会接受,而且同意拨出比我要求的、更多的费用来维护图书馆和音乐厅。 我非常高兴,本来打算捐赠二十五万美元,最后决定捐赠五十万美元。 我的想法不断增加,于是又创建了卡内基学院。

匹兹堡生活优越的市民们喜欢把钱挥霍到艺术相关的事情上。 这个制造中心很多年前就已经有了自己的常设管弦乐队,而在美国,只有波士顿和芝加哥两个城市有值得吹嘘的乐队。 匹兹堡还涌现出一个自然主义俱乐部和一所绘画学校。 把图书馆、画廊、博物馆和音乐厅集中到一座庞大的建筑里,贡献一曲高雅的四重奏,这是最让我感到满足的事情之一。 这里是我的丰碑,因为我在匹兹堡度过了早年生活,有了新的开始,而对于现在的我来说,在内心深处,我是这座令人尊敬的、烟雾缭绕的城市的忠诚的儿子。

跟我们一起逗留在匹兹堡的时候,赫伯特·斯宾塞听说了匹兹堡最初拒绝我的捐赠的事情。 当我第二次给匹兹堡捐赠时,他写信说,他不明白我为什么愿意恢复捐赠,他永远不会这么做,因为他们不配得到这笔捐赠。 我给这位哲学家回信说，如果匹兹堡接受了我的第一次捐赠，我会得到当地人的感谢，但是同样人们也会攻击和批评我，说我追求的只是人们的赞颂和聊以记忆的一个纪念碑。 也许我确实应该像他那样感到不高兴，但是我心里考虑的是匹兹堡善良的人们，而人们对我的毫无事实根据的质疑只能推动我做得更好，以便在他们中间播种美好的东西，对他们产生一些美好的影响。 多亏了充满善意的命运安排，我创立的卡内基学院正在践行我的这一信念。 在这个方面，匹兹堡扮演了很高贵的角色。

二十七 华盛顿外交

总统哈里森曾经是一名战士,所以他有点好战。他的态度让他的朋友们很担心。比如,他反对对白令海峡问题采取仲裁的解决方式,于是索尔兹伯里勋爵在加拿大方面的命令下,为了解决白令海峡问题,不得不撕毁布莱恩协议,试图采取极端措施。但是最后更平静的商讨占了上风。他还下定决心实施《强制法案》①,抵制南部各州。

在与智利的争端中,要阻止总统采取可能导致战争的行为似乎是不可能的。他已经陷入了个人的愤怒中,因为智利当局在关于他的行为的陈述中用词非常不谨慎。我前往华盛顿,想要看看是不是可以调和交战双方。作为第一次泛美会议的成员,我对来自南部兄弟共和国的代表们很熟悉,而且相处得不错。

很幸运的是,正当我走进肖勒姆宾馆的时候,我遇到了密苏里州的亨德森议员,他曾经是我在泛美会议上的同僚。他停下来跟我打招呼,并看着街对面说:

"你看,总统在跟你打招呼呢。"

---

① 强制法案:发生在美国拒行联邦法危机阶段,是由第22届美国国会通过的法案,目的是扩大总统权力,强迫美国南卡罗来纳州服从联邦税法。

我过了街。

"你好呀,卡内基,你什么时候到的?"

"刚到,总统先生。我正准备进宾馆呢。"

"那你来的目的是?"

"跟您谈一谈。"

"是吗? 那么我们边走边谈吧。"

于是总统挽着我的胳膊,我们在暮色的华盛顿大街上散步,走了大概一个多小时,谈话很热烈。我告诉他,他曾经委派我作为代表去参加泛美会议,而且在会议结束时,他曾经向南美洲的代表们保证,为了向他们表示敬意,总统举行了阅兵大典,不是为了向他们显示我们有一支军队,而是让他们知道,我们没有军队,也不需要军队;让他们知道,在共和国这个大家庭里,美国是老大哥,这里的所有纠纷都将通过和平的仲裁来解决。所以,当我发现总统正在走一条不同的道路,甚至威胁要诉诸战争来解决与小小的智利之间的微不足道的纠纷时,我感到吃惊和悲伤。

"你是纽约人,除了生意和钱,不会想其他的事情。这就是纽约人的思维,他们根本不在乎共和国的尊严和荣誉,"总统说。

"总统先生,如果美国开战,我会是获利最多的商人之一。作为最大的钢铁制造商,我可以轻松地赚到几百万美元。"

"这倒是真的,我把这点给忘了。"

"总统先生,如果我真的要去打仗,我也会去挑一个和我个头差不多的人。"

"那么,难道就因为它的疆域小,你就容忍它侮辱和玷污你吗?"

"总统先生,除了我自己,没有人能侮辱我。荣誉受损一定是自身造成的。"

"你看到了,我们的水手在岸上被袭击,两名水手被杀,难道你能忍受吗?"他问道。

"总统先生,我不认为一群喝醉了的水手之间的争吵会让美国丢脸。 而且,那些根本不是美国水手,看他们的名字就知道,他们是外国人。 如果是我,我会撤了船长的职,因为在岸上发生暴乱,公共和平被扰乱的情况下,他竟然还允许水手上岸。"

我们一直讨论着,直到天黑后到达白宫门口。 总统说当天晚上他已经有外出晚宴的安排,但是他邀请我第二天晚上和他共进晚餐,并告诉我只有家人出席,所以我们可以交谈。

"我很荣幸。 我们明天晚上见,"我说道,然后我们就分开了。

第二天早上,我去见布莱恩先生,那时的国务卿。 他站起身,握住我的双手。

"哦,昨天晚上你怎么没有来和我们一起吃饭呢? 当总统告诉我夫人您也在城里时,她说:'想想看,卡内基先生来城里了呢。 我还有一个空位子,他本可以来的。'"

"布莱恩先生,我想我昨晚没有见到您应该是一件很幸运的事情,"然后我告诉他我与总统之间的会面。

"是的,"他说,"真的很幸运。 总统也许会认为我们两人相互勾结。"

来自西弗尼吉亚的埃尔金斯议员是布莱恩先生的挚友,同时是总统的好朋友。 他碰巧走进来,然后说他见到了总统,后者告诉他,昨天晚上与我谈论过智利的问题,还说我对这个问题的看法很苛刻。

"总统先生,"埃尔金斯议员说,"卡内基先生跟您说话时,不可能像跟我说话时那么坦率。 他的情绪很强烈,但是对于您,他还是有些拘束的。"

总统的回答是:"我向你保证,我没觉得他有一丝一毫的拘束。"

多亏了布莱恩先生特有的和平政策,智利问题的处理方式得到了调整。 据我个人所知,他不止一次帮助美国摆脱外交困境。他有着好斗的美国人的名声,可是正是这个名声让他能够作出让步,如果换做其他人,人民可能并不乐意接受他的让步。

在那天晚上的晚宴上,我和总统进行了长时间的友好谈话,但是他看上去并不是很好。 我大胆地建议他休息一下,不管用什么方法,要暂时离开。 他说他本来打算去一艘缉私船上度过几天的,但是最高法院的布兰德里法官去世了,他必须要去选一个有能力的继任者。 我说我认识一个人,我不能向他推荐,因为我们一起钓过鱼,是很亲密的朋友,所以不能公正地评价对方。 但是总统可以去打听一下关于他的消息,他是来自匹兹堡的夏伊拉斯先生。 总统最后确实任命他担任了最高法院的法官,夏伊拉斯先生各方面的品质都给了他最强大的支持。 如果总统觉得他不是自己中意的那个人,那么我的推荐或者其他任何因素就不会对总统的决定产生一丝一毫的影响。

关于白令海峡的争端,总统非常生气,因为索尔兹伯里勋爵否决了之前约定的条款。 总统坚决反对通过仲裁解决这一纠纷。在这个问题上,布莱恩和总统站在同一条战线上。 之前,索尔兹伯里勋爵还通过他们的大使赞赏了自己的计划,现在却将它抛之不理,这让他愤愤不平。 我发现两人都没有要妥协的想法,总统更是异常激动。 于是我找布莱恩单独谈,向他解释说,索尔兹伯里勋爵是无权的,他不可能逆着加拿大的抗议,强迫他们接受自己仓促统一的条款。 还有一点,他与纽芬兰还有争端,因为后者一直坚持以对自己有利的方式解决问题。 英国政府不会希望把加拿大的不满与纽芬兰搅在一起。 所以索尔兹伯里勋爵已经尽了全力。 后来,布莱恩被说服,而且成功地让总统采取了正确路线。

白令海峡争端导致了几个很有意思的情况。 一天,加拿大总理约翰・麦克唐纳先生和他的党派来到华盛顿,让布莱恩先生安排一次与总统的会面,以便谈论白令海峡的问题。 布莱恩先生说,他会去看总统,然后第二天早上给约翰先生回复。

"当然,"这件事情刚刚发生后,布莱恩先生在华盛顿讲给我听,"我很清楚总统先生是不会以官方形式见约翰先生和他的官员们的,于是当他们打电话来时,我就如实告知了。"约翰先生说,加拿大是独立的,"就像联盟里面的纽约州一样,都是至高无上的。"布莱恩先生回答说,他担心的是,如果约翰先生以加拿大总理的身份与纽约州的州官员们会面,那么人们很快就会听到关于华盛顿的消息,纽约州的官员们也是如此。

总统和布莱恩先生相信了英国当局政府没有办法完成约定的条款,于是他们接受了索尔兹伯里勋爵关于仲裁的提议,相信他已经尽了最大的努力。 布莱恩先生觉得非常失望。 他之前已经建议英美双方在白令海峡各安排两艘小船,双方享有同样的权利,可以登上或者阻止插有对方旗子的船只。 实际上,英美双方通过这种方式可以组成一支联合的警察队伍。 索尔兹伯里勋爵还是应该获得应有的赞誉,因为他发电报向英国大使朱利安·庞斯福特赞扬了布莱恩先生的"非凡的建议"。 这个建议本来可以让双方在世界历史上第一次获得平等的权利,组成公平的兄弟条约。 朱利安先生曾经把这份电报拿给布莱恩先生看。 我之所以在这里提到这一点,是想说明,一些有能力和积极肯干的政客,即使想要合作,有时也不一定能做到像索尔兹伯里勋爵这样。

布莱恩先生确实是一位很伟大的政治家,是一个有着丰富的观点,明智的判断,永远为和平而战的人。 在智利争端、强制法案和白令海峡的问题上,他都可以保持冷静和明智,以和平为先。 尤其要提到的一点是,他主张拉近我们与英语种族的距离。对法国,他抱着无限的感激,因为它曾经支持了美国的独立战争,但是这种感激也不会让他头脑发昏,失去原则。

在伦敦某个晚上的晚宴上,布莱恩先生有片刻短兵相接的经历。 克莱顿-布尔沃条约被提出来。 在场的一位政要说,布莱恩先生给他们的印象一直是对英国存在敌意的。布莱恩否认了这一点,他确实会这么做,据我对他脾气的了解。他关于克莱顿-布尔沃条约的往来交流就是很好的例子。他回复说:

"当我成为国务卿,并且开始接手这个问题时,我惊讶地发现,你们的外交事务大臣总是告诉我们,你们的陛下'期待'什么,而我们的国务卿总是告诉你们,我们的总统'大胆地希望'。所以,当我收到一封来自你们陛下的来信时,我会在回信中告诉你们,我们的总统'期待'什么。"

"那么说,你承认你改变了交流的语调?"这个问题被抛给他。

他立刻说道:"我们面临的情况也发生变化了。美国已经过了'大胆希望'的发展阶段,我们现在也有能力'期待'了。我只是跟着你们学而已。如果您的陛下能'大胆希望',我们的总统也会一直这么做。但是只要你们一直'期待'美国做什么事情,那么恐怕我们也要反过来'期待'你们做些什么了。"

某天晚上,苏格兰制铁公司的约瑟夫·张伯伦先生和董事查尔斯·田南特先生出席了晚宴。晚上,前者说,他的朋友卡内基是一个很不错的人,他们很高兴看到他如此成功。但是他明白的是,为什么美国政府会每年给他价值一百万英镑甚至更多作为保护,让他生产钢轨。

"哦,"布莱恩先生说,"我们并不是这样看待这个问题的。我本身对铁路很感兴趣。以前,我们以每吨九十美元的价格从你们那里买进钢轨,一分钱都不会少。但是,就在我这次离开美国前,我们已经与我们的朋友卡内基签订了一份大合同,每吨钢轨的价格是三十美元。所以,我的印象是,如果不是卡内基以及其他的制造商冒险投资,在大西洋彼岸尝试制造钢轨,我们直到今天还需要以九十美元的价格从你们那里买呢。"

这时候查尔斯先生插进来说:"这一点你也许可以肯定。九十美元这一价格是针对你们外国客户的统一价格。"

布莱恩笑着说:"张伯伦先生,您对付我们的朋友卡内基的这一招不是很高明呀。"

"是的,"他回到说,"怎么会高明呢? 查尔斯先生在旁边这么拆我的台。"大家开心地笑起来。

布莱恩还是一个少有的、会讲故事的人,而且他的话总包含着很深刻的道理。 他讲的故事或说出的话总是很适宜,再吹毛求疵的听众都不会有意见。 他像捕兽夹一样敏捷,是让人感到开心的伙伴,而且他应该会是一个优秀而可靠的总统。 我觉得,他非常地保守,在所有国际问题上都强烈支持和平解决问题。

二十八　国务卿约翰·海和总统麦金莱

约翰·海经常来英格兰和苏格兰看望我们。1898年，就在来斯奇伯见我们的前夕，他被麦金莱总统召唤回去，让他担任国务卿。很少有人创下像他那样的纪录。他总是有很高的抱负，同时能够真诚地激励别人，给予他们全部的信任。他反对战争，他认为战争是"人类所做的最残忍但是最没有用的蠢事"。

在回纽约的路上，我在伦敦见到了他和亨利·怀特（公使馆秘书长，后来担任美国驻法大使）。当时他们正在为菲律宾兼并问题头痛。让我满意的是，我们对此有相似的观点，都认为兼并菲律宾的行动有悖于避免占有远距离和不接壤领域的传统国策。而且，我们一直坚持让美国疆域范围控制在美洲大陆，特别要远离军国主义的漩涡地带。海、怀特还有我在海的办公室一拍即合。在这之前，他曾经给我写过一篇短信：

1898年8月22日，伦敦

我亲爱的卡内基先生：

感谢您的斯奇伯松鸡肉，还有您充满善意的信。上个星期能读到如此善意的、无功而得的话语，让我倍感庄严。我感觉他们在谈论另外一个人,因为我只是完成了自己应该做的。我希望在我离职之前,人们会保持对我的这点善意。

我对您在《北美洲评论》上的文章非常感兴趣,但就我现在的处境,我没办法说非常同意您所说的。我现在唯一考虑的问题是,我们到底还有多大的可能性能够从菲律宾撤兵。我非常欣慰,因为我没有被派去解决这个重大的问题。

命运真的很奇怪:他曾庆幸这样的任务永远落不到自己的头上,后来却被安排去完成这个任务。

当中国处于义和团运动的困境中,海先生独自坚持对中国保持友好态度,并成功地为其保住了公平的和平条约。他把英国当作我们自己种族的一部分,对英国很关心。在这一点上,总统与他有一致的看法,而且无比感激英国没有像其他欧洲势力一样,在古巴战争中支持西班牙。

在我们很多人看来,涉及巴拿马运河的海-庞斯福特条约并不是很令人满意。埃尔金斯议员告诉我,我在《纽约论坛报》上发表的反对意见被送到他的面前,而那一天他正要就此发言,于是我的文章派上了用场。文章发表后不久,我就到了华盛顿,一大早与汉纳议员一起来到白宫。我们发现,参议院对条约的修正案让总统很惊恐。英国会很快同意参议院的要求,我对此并无怀疑,并且把这些话告诉了总统。只要要求合理,它都会答应,因为我们为工程提供资金,而除了我们,英国将是这个工程最大的受益者。

汉纳议员问我有没有看到"约翰",而他与总统麦金莱总是称呼他海先生。我说还没有。接着他让我去安慰一下海,修正案的事情让他闷闷不乐。于是我去找了他。我对海先生说,克莱顿-布尔沃条约已经被参议院修改,几乎没有人知道,没有人会关心。海-庞斯福特条约将会被作为修正案来执行。人们根本不会

301

在乎条约有没有被修改过。 海对此表示怀疑，而且认为英国不会愿意让步。 这件事情过了没多久，再次跟他吃饭的时候，他说我真是一个预言家，现在一切问题都解决了。

当然会被解决。 英国其实已经告诉我们，希望修建运河，而且会全力配合。 运河终于按照期待中的样子修建成了，再也不会带来国际难题。 也许那个时候并不需要建立运河，但是这总好过花费三四亿美元建立具有破坏性的海上霸王，以此来对抗想象中的敌人。 一件事情也许会造成损失，然后终止，但是另外一件事情也许就会成为战争的源头，因为

"当一个人看到别人做坏事
他往往就会把事情做坏。"

海先生很讨厌参议院。 在这一点上，而且只有在这一点上，他会毫不顾忌自己的行为是不是得当。 在1905年的仲裁条约中，参议院擅自改动了一个词，用"条约"替代了"协议"，海得知后反应非常激烈。 我相信这在很大程度上是因为他的健康问题，因为在他的密友们看来，他的健康状况已经很糟糕了。

我最后一次见到他，是在他家里用午餐的时候。 当时参议院修订后的仲裁条约正在罗斯福总统的考虑之中。 支持仲裁的人在前国务卿福斯特的领导下，催促总统接受修订后的条约。 我们认为总统是支持仲裁条约的，但是从后来跟海的谈话中，我明白总统虽赞同，但是内心感到很痛苦。 如果说总统为了安慰患病的密友海，从而否决参议院修订的条约，我也不会感到吃惊。 我很确定，我很难说服自己去做任何惊扰那个高尚灵魂的事情。 即便事情已经发展到这个地步，海依然很固执，断然不向参议院屈服。 走出他的家门，我对夫人说，我不知道能不能再次见到我们的朋友。 我们再也没有。

华盛顿卡内基研究所创建以来,海一直是主席和董事会成员之一,对研究所给予了支持和密切关注。我们非常感激他给予的明智的建议。作为一个政治家,与我认识的其他人相比,他以更短的时间、更稳健自信的方式成就了自己的名声。也许人们会怀疑像他一样的公众人物有没有交情很深的朋友。但是我一直保留着他的一封短信,它满足了我文学上的虚荣心,而且让我了解到了海最可爱的性格和对朋友给不够的温暖。从他去世到现在,我感到世界更贫穷了。

一些关于古巴革命之恐怖的报告掀起了一股热潮,导致了美国-西班牙战争的爆发。总统麦金莱竭尽全力想阻止战争的爆发。当西班牙总理离开了华盛顿,法国驻美大使就成了西班牙的代理人,继续与美国进行和平谈判。西班牙提出让古巴自治,而美国总统说他不知道"自治"这个词的准确含义,他希望古巴能像加拿大一样拥有自己的权利。他明白这些。后来,总统收到法国总理的一封电报,内容是,西班牙同意总统的要求,而这个可爱的人认为所有事情都被解决了。表面上来看,确实是。

在纽约的时候,发言人里德通常每个星期日早上会来见我,而在那一年,我刚从欧洲回来,他就打电话来说,他以前从来没有在众议院面前失控。有那么一刻,他甚至想要去众议院发言,让他们闭嘴。跟他们解释说,总统已经从西班牙那里得到了让古巴自治的保证,但是解释毫无结果。哈!太晚了,太晚了!

"西班牙到底在古巴做什么?"国会这样专横地质疑。很多共和党人已经联合民主党人一起投票,支持对西班牙作战。高涨的情绪如旋风般横扫了众议院,缅因号战舰在哈瓦那港爆炸更是加深了这种情绪,因为美国人认为这是西班牙人所为。但是这一推测高估了西班牙的能力和活跃。

战争开始。普罗克特议员对古巴集中营的陈述震惊了参议院,整个国家都在呼喊,"西班牙到底在做些什么?"坚持和平政策的麦金莱总统孤立无援，只得顺从国家意志。政府宣布说，这场战争的初衷不是为了领土扩张，因为古巴已经被允诺给予独立自治，我们会忠实地遵守这个承诺，不能忘记这一点，因为这是这次战争唯一让人高兴的一点了。

对菲律宾的占有留下了一个污点。这不仅仅是领土扩张，而且是从不情不愿的西班牙那里硬拉过来的，并付了两千万美元。菲律宾人民曾经是我们抗击西班牙的同盟军。在总统的指示下，内阁同意只在菲律宾境内设立一个上煤站点，在最初通过电报发给巴黎的和平委员会的指示里也是这样说的。接着，总统麦金莱到西部走了一圈，说到杜威将军的胜利，他很兴奋。回来后，他有了一个想法，那就是，退兵是不得人心的，于是他改变了原来的策略。据一位内阁成员告诉我，每一个成员都反对改变策略。一位议员告诉我，和平委员会的一位委员从法国发来抗议信。如果这封信能被公之于众，绝对可以与华盛顿的离职演说媲美，写得非常好。

就在这时，内阁的一位重要成员，我的朋友科尼利厄斯·N.布利斯打电话给我，让我到华盛顿去跟总统谈谈这个话题。他说：

"你可以影响到他的决定。自从他从西部回来，我们都没有办法说服他。"

我去了华盛顿，与总统见了面，但是他非常固执。在他看来，如果从菲律宾退兵，国内就会发生革命。最后，总统对内阁说，他不得不屈从于强劲的社会浪潮，但是这只是暂时的，他一定会找到其他的解决办法。内阁终于被他说服，做了让步。

他召见了康奈尔大学的舒尔曼校长，虽然后者一直反对对菲律宾的侵吞，但是总统还是任命他为委员会的主席，出访菲律宾。接着，因抗议美国违背国家传统政策而出名的塔夫脱法官被委任为总督。当法官提出，派一个公开反对领土侵吞的人到菲律宾，似乎很奇怪时，总统说，这正是他这样做的原因。舒尔曼公开反对侵吞，这没有问题，但是不侵吞领土和放弃已经购买的领土是两个不同的主张。这一点很快得到了证明。

布莱恩先生曾经一度想要利用自己的权力在参议院否决与西班牙的和平条约。我去华盛顿的目的是让和平条约付诸实践，并待在那里直到投票通过这个条约。据别人告诉我，布莱恩先生来到华盛顿后，建议自己的朋友们说，通过条约是一个不错的党派竞争对策。这会让共和党在人民面前丢脸，"花费两千万美元，为一场革命买单"将会挫败任何一个政党。于是，七个布莱恩派别的人坚定地投票反对菲律宾吞并。

在纽约的时候，布莱恩曾经来找我谈过这个话题，因为我对购买菲律宾的反对态度已经公之于众。现在我从奥马哈发电报给他，向他解释现在的情形，并请求他让自己的朋友自己做判断。他的回答依然像我前面所陈述的：还是让共和党通过这个条约，然后让全国人民都知道吧。我认为他不配把这样一件预示着严重后果的事情简单地看成党派政治。条约的实施需要发言人投关键票，所以布莱恩的一票能够拯救国家于灾难。在以后的很多年里，我没有办法再跟他保持友好的关系，因为对我来说，他似乎是一个愿意为了党派利益牺牲国家利益和个人信念的人。

投票结束后，我马上去拜访了麦金莱总统，对于他不得不依仗首要对手的支持，我表示了安慰。我向他解释他如何赢得了胜利，并建议他向布莱恩先生致谢。不过，在几千英里之外的这一块殖民占有地成了麦金莱总统以及所有美国政治家的新问题。他们对于其中涉及到的麻烦和危险还一无所知。其实，共和党这一次犯了第一个非常严重的国际错误，正是这个错误把美国拉近了国际军国主义和庞大海军的漩涡。自那以后，政治家们发生了怎样的变化呀！

几个星期前（1907），在白宫与罗斯福总统共进晚餐的时候，他说：

"如果你希望知道在美国哪两个人最希望美国从菲律宾退出，他们就在这里，"说着指了指国务卿塔夫脱和他自己。

"那么为什么不呢？"我问道，"美国人民应该会很高兴的。"

但是总统本人和塔夫脱法官认为，我们的义务是首先让菲律宾做好自治的准备。他们的政策是，"没有万全的准备，不要去尝试。"可是总有一天，你不得不而且终将要尝试。

人们竭力主张说，如果美国不占领菲律宾，德国将会取而代之。可是那些督促者忽略了一点：如果德国想要占领菲律宾，那么就意味着英国答应让德国在澳门建立一个海军基地，与东部的英国基地只有很短的航程。照这样下去，英国就会允许德国在距离利物浦八十英里处的爱尔兰金斯顿建立一个基地。让我感到惊讶的是，采取关键一步后，我们讨论这个问题时，像塔夫脱这样最初反对侵吞的人都开始提出上述关于海军基地的问题。不过我们对外交关系的了解还很少。到目前为止，我们一直是一个统一的国家。如果有一天我们的国家变得不再统一，那该多么让人伤心。

二十九　会见德国皇帝

我作为名誉校长在圣安德鲁斯大学的演讲得到了德国皇帝的关注，他还通过巴林先生传话给我，说他逐字逐句地读了我的演讲稿。他还给我寄来了自己在长子的献祭仪式上的发言。随后，他邀请我去见他，但是受到其他事情的牵绊，直到1907年6月，我才能出发去见他。我和夫人到了德国基尔，美国驻德国大使馆的大使托尔先生和他的夫人在那里等我们，对我们非常照顾。我们在基尔待了三天，通过托尔夫妇的引见，我们认识了很多很有名气的人。

到达基尔的第一个早上，托尔先生带我们到皇帝的游艇上报到。我压根没有期待会在那里遇到皇帝，可是他碰巧就在甲板上。看到托尔先生后，皇帝问他为什么会来游艇上，托尔先生回答说，他是带卡内基先生来报到的。于是皇帝说：

"那为什么不让我现在见见他呢？我想见他。"

我正在和来开会的海军上将们说话，没有看到托尔先生和皇帝从后面过来。感觉到有人拍了拍我的肩膀，我回过头来。

"卡内基先生，这是皇帝陛下。"

我愣了一会儿，才反应过来站在我面前的是德国皇帝。我举起双手，喊道：

"正如我期待的一样，没有任何仪式，皇帝陛下就这样从天而降了。"

我接着说："皇帝陛下，接到您慷慨的邀请，我马不停蹄地赶了两天路来见您。我从来没有为了见一位皇帝这样做过。"

皇帝陛下笑了，那么地迷人：

"哦！是的，是的，我读了你的书，你不喜欢国王们。"

"是的陛下，我不喜欢国王，但是我喜欢国王面具下的那个人，如果我能看到的话。"

"哈！我知道你喜欢一位国王，苏格兰国王罗伯特·布鲁斯。他是我年少时的英雄，我从小是听着他的故事长大的。"

"是的陛下，我也是。他就被安葬在邓弗姆林修道院，在我的故乡。当我还是个孩子时，我经常绕着修道院里高高耸立的纪念碑走来走去。每一块大石头上刻着一个单词，组成了'罗伯特布鲁斯国王'。看着那座纪念碑，我心里充满了热忱，就像一个不断捻动念珠的教徒。但是陛下，布鲁斯不仅仅是一个国王，他是人民的领袖。当然，他不是第一个领袖，华莱士是第一位。陛下，我现在拥有马尔科姆国王在邓弗姆林的宝塔。您从他那里继承了宝贵的苏格兰血统。我想您也许知道那首古老的歌谣《帕特里克·思朋斯爵士》。

国王坐在邓弗姆林的塔里
喝着血红色的酒。

我很乐意某一天能带您去看看那座塔，您可以在那里追念先人。"

皇帝大声喊道：

"那真是太好了。苏格兰人比德国人要灵活和聪明得多。德国人太迟钝了。"

"陛下，只要是涉及到苏格兰，我必须说，您不会是一个不偏不倚的法官。"

他笑了，挥挥手跟我告别，然后大声说："今晚你要与我共进晚餐"，接着就去问候陆陆续续赶来的海军上将们了。

有大约六十人出席了晚宴，我们度过了很美好的晚餐时间。陛下坐在我的对面，很友好地举杯邀我共饮，然后又邀请坐在他右边的大使托尔先生举杯。等他们喝完一杯酒，陛下隔着桌子跟我说话（周围的其他人也可以听到我们的话），问我有没有告诉我隔壁的冯·布洛王子，他的（陛下的）儿时英雄布鲁斯国王安葬在我家乡邓弗姆林，而且我已经买下了他的祖先在皮藤克利夫峡谷的塔。

"还没有呢，"我回答说，"陛下，您的宴会让我非常地轻松愉快。不过请相信，我跟您的大法官们的交谈将会是很有意义的。"

有一天晚上，我们到戈莱特夫人的游艇上与她共进晚餐，德国皇帝也出席了那次晚宴。我告诉他说，我们的罗斯福总统最近跟我说，他很希望国家制度能允许他出国，这样的话他就可以来会见皇帝了。总统认为，如果能跟皇帝陛下多交流，也许能产生很好的结果。我也同意他的看法。德国皇帝表示同意这种说法，并说他也很希望见到美国总统，希望他有朝一日能来德国。我建议说，皇帝陛下不受宪法约束，可以渡海到美国去会见总统。

"哈，但是我的国家需要我留在这里呀！我怎么能离开呢？"

我回答说：

"有一次，我要出国一年，临行前我到工厂跟属下们告别，并对他们表示抱歉，因为我留下他们辛苦工作，忍受酷热。但是后来我发现，我每年都会休息，不管之前有多累，在汽船上度过一个半小时的时光，接受不到来自大西洋的电报，我觉得非常放松。我聪明的经理琼斯反驳说：'哦，天呢！想想我们都多解脱！'所以您的臣民也许会有同样的感受，陛下。"

他开心地笑了，一遍又一遍地笑。我的话给他带来了新的想法。他重申了会见总统的渴望，我说道：

"陛下，等你们两位聚到一起的时候，我觉得我也要在场，因为我担心你们会调皮胡闹。"

他笑着说：

"哦，我明白了！你想让我们聚到一起。我同意，只要你能让罗斯福做头马，并管得住他，那么我就听话地紧随其后。"

"哈，不，陛下。我太了解马了，所以不会尝试去驾驶由两匹小马拉的串联马车。合适的头马不是那么容易买到的。我要做的就是把你们并列地带上轭，然后紧紧拉着你们。"

我从来没有遇到像德国皇帝一样那么喜欢故事的人。他是一个好伙伴，而且是一个很真诚的人，急切地想要维护这个世界的和平，推进它的进步。可以这么说，他一直坚持和平。他引以为傲的一件事是，他在位的二十四年里没有发生过流血事件。他认为德国海军规模太小，还没有能力撼动英国的势力，所以从来没有想到过与英国竞争。不管怎样，我都认为扩充海军是非常不明智的行为，因为根本没有必要。冯·布罗王子也有同样的想法。我相信，德国并不会对世界和平产生多大的影响或带来多大的恐惧，因为德国皇帝是支持和平的，工业发展才是德国的目标所在，在这方面，德国正在大步前行。

我通过德国驻美大使斯顿伯格男爵把《罗斯福的政策》一书送给了德国皇帝。这本书的序是我写的。总统对序文很满意，而德国皇帝收到书以后送给我一尊自己的青铜像和一封珍贵的信。他不仅仅是一位皇帝，更是一位急切希望改善现状，不遗余力推行节制，反对战争，想要维护世界和平的人。

有一段时间，我一直有一种感觉：德国皇帝一定是改变命运之人，而我与他的多次见面更加深了这种感受。我深深期待未来的他能成就伟业，也许未来还有一些事情需要他去完成，而这个任务会让他永垂不朽。现在，在他的统治下，德国已经和平走过了二十七年，但是他有能力通过积极的行动建立起文明国家之间的和平，他一定能做到这一点。仅仅维护自己国家的和平是不够的，他应该要联合其他文明国家，建立起所有国家都乐意采用的、处理所有国际纠纷的仲裁机制。他是不是会因为维护国内和平而永垂青史，还是奋起完成和平使者的使命，建立起主要国家之间的和平，还要等到未来去揭晓答案了。

前年（1912年），在柏林的德国皇宫里，我面对他，向他和平统治德国二十五年做祝贺致辞。我走向他，把装有致辞的小匣子交给他的时候，他认出了我，惊叫道：

"卡内基，二十五年的和平时光啊，让我们期待更多年的和平。"

我忍不住回应道：

"在这个最高尚的使命面前，您是我们的主要伙伴。"

接下来，他一直默默坐在那里，一动不动，从一位位官员手里接过致辞，然后让另外一个官员放在桌子上。人们发言的主要话题是世界和平，在这一点上，我认为如果皇帝陛下不是受到军人阶级的限制，他是可以维护世界和平的。但是，德国皇帝在就任时，身边已经不可避免地跟随着军人阶级，是永恒的搭配，而且这个阶级已经证明了自己在战争事宜上的控制权。如果不能把军国主义压制住，世界和平就无从谈起。

····················

当我今天（1914年）再次读这个故事时，世界的变化如此之大！这个世界在前所未有的战争中备受摧残！人们像野兽一样自相残杀。我不能放弃希望。就在最近，我看到另外一位统治者走向世界的舞台，也许他可以证明自己就是那个会永垂不朽的人。这个在巴拿马运河通行纠纷中维护了国家荣誉的男人成为了总统。 他有着不屈不挠的、天才特有的毅力，抱着真诚的希望，就像人们听说过的那样：

  君王可以成为神，平民会成为王。

对于天才来说，没有不可能的事情！ 看看我们的威尔逊总统吧！ 他的身上留着苏格兰人的血。

【手稿在此处突然终止】